LES ÉGÉRIES RUSSES

DES MÊMES AUTEURS :

Chez le même éditeur :

Les Égéries romantiques, 1996

Gonzague Saint Bris

Les Dynasties brisées, 1992.
Les Aiglons dispersés, 1993.
Les Septennats évanouis ou Le cercle des présidents disparus, 1995.

Vladimir Fédorovski

Les Deux Sœurs, 2003.

www.editions-jclattes.fr

Gonzague Saint Bris

Vladimir Fédorovski

LES ÉGÉRIES RUSSES

JC Lattès

ISBN : 978-2-7096-3559-2

Dieu dit tout, mais il ne le dit pas tout de suite
Lev Nikolaïvitch
TOLSTOÏ

Aimer un être c'est le voir comme Dieu a voulu qu'il soit
Fedor Mikhaïlovitch
DOSTOÏEVSKI

PRÉLUDE

Ce livre est le fruit d'une rencontre autour de Salvador Dali. Nous nous souvenons avec une certaine nostalgie de cette période des années soixante-dix de la fin du XXᵉ siècle : l'un de nous vient de publier son premier roman consacré à une Mitteleuropa imaginaire inspirée de la Russie d'autrefois ; l'autre, jeune diplomate, fraîchement arrivé à Paris, découvre dans la capitale française les empreintes des affinités franco-russes tout en écrivant en cachette des nouvelles, inspirées de recherches formelles d'écrivains occidentaux, interdites en URSS. Entre un écrivain issu de la Touraine romantique et un attaché culturel russe venant de Moscou, reconnaissons que la rencontre n'était pas évidente. C'est à Salvador Dali, trônant à l'*Hôtel Meurice*, et à sa femme Gala que nous la devons. Un de ces soirs dont Paris a le secret, à l'instant même où les notes de gris et de rose s'unissent à la perfection, au-delà des lourds rideaux de la suite du Maître, quand les ultimes couleurs du jour s'évanouissent sur les toits bleutés de la capitale. Alors Dali prit, parmi les illustrations des *Chants de Maldoror* gravées par lui-même, une gravure représentant une jeune Russe et dit : « Voilà Gala, mon égérie russe. » Et se tournant vers nous, frappant le parquet de sa canne, il désigna son pommeau précieux et polychromé en jetant : « Toutes les couleurs de

Kandinsky sont là ! Mais vous, les Russes, c'est votre seul grand peintre. Ce n'est pas par l'art que vous dominez. En revanche, votre littérature est inégalable. » Après un silence suspendu, il lança de son air impérieux : « Mais là où vous culminez, vous les Russes, c'est avec vos femmes au tempérament fou ! » Dans le visage aux yeux d'Asiate et aux pommettes sauvages de Gala, passa la cavalcade d'un sourire. Puis, après un temps de réflexion, comme si elle s'éveillait d'un songe ancien, nous fixant de ses yeux pénétrants, elle dit : « Vous, jeunes Français et Russe, Rastignac et Raskolnikov, vous devez écrire ensemble l'histoire des égéries russes ! » Elle ne pensait pas seulement à elle, ni à son irréductible ennemie, Elsa Triolet, toutes deux dominatrices qui s'étaient réalisées à travers les personnalités de Salvador Dali et de Louis Aragon, mais aussi à Lou Andreas-Salomé, fille d'un général du tsar, féministe avant l'heure, et libertine en paroles, inspiratrice de Nietzsche, Rilke et Wagner, à la princesse Koudacheva, qui deviendra la femme de Romain Rolland, à Dina Vierny qui fascina le sculpteur Maillol, à Lydia Delectorskaya qui inspira le peintre Matisse, à Nadia qui envoûta Léger, à Sonia Terk, qui subugua le peintre Delaunay, à Olga qui portait le nom de Picasso, à la baronne Boudberg, muse de Gorki puis de l'écrivain anglais Herbert Wells sans oublier la baronne Otenengen, l'amie d'Apollinaire ou de Goloubeff qui pasa tant de soirées à enchanter Gabriele D'Annunzio. Russe, elle l'était aussi, Yadwiga l'amie de Guillaume Apollinaire.

Mais comment ne pas mentionner alors cette errance, dans les années 1910, de ces femmes russes venues en France en quête d'absolu : Anna Akhmatova, la poétesse par excellence, qui rencontre Modigliani ; la peintre Marevna sans laquelle l'œuvre de l'artiste mexicain Diego Rivera ne serait pas aussi inspirée, la poétesse Tsvetaïeva dont l'amour épistolaire avec Rilke est entré dans la légende. Il semblerait que l'égérie russe établit une relation à perpétuité avec les créateurs européens. Cette permanence de la femme russe dans le cœur des artistes occidentaux est sans rupture. On ne peut en citer tous les exemples et pourtant, dans les années cinquante, le charme ne s'est pas encore évanoui. Il se poursuit avec Lena Zonina qui se lie avec Jean-Paul Sartre. Il se renouvelle avec Louba Krassine qui épouse Emmanuel d'Astier de La Vigerie, grand résistant et journaliste, fondateur du réseau « Libération ». Notre livre raconte l'histoire passionnante de ces œuvres inspirées et de ces amours renouvelées par une énigme historique et un mystère féminin : l'égérie russe. Il dévoile la qualité des relations entre la Russie et la France mais va plus loin dans l'expression de la diversité des affinités qu'ont connues ces grandes amours. Qu'il s'agisse de passions, de mariages, de liaisons, de relations platoniques, d'amitié épistolaire, d'idéalisation lointaine dont Balzac et Mme Hanska ont été les précurseurs ou de simples coups de foudre qui ne s'effaceront jamais de la mémoire des deux amants, ou encore de ces relations ambiguës entre le modèle et l'artiste, l'inspiratrice et le poète, c'est toujours un fait essentiel de leur vie privée qui reste comme une fenêtre ouverte destinée à contempler le paysage de ce siècle qui s'achève. Mais ce livre n'est pas seulement une promenade dans la vie et dans le tissu des existences réelles, il entre également dans les épaisseurs successives des étoffes de la création artistique et littéraire. C'est ainsi que la ligne classique de Picasso apparaît pratiquement au moment où Olga est entrée dans sa vie, que de l'arrivée d'Elsa date la vie d'écrivain engagé d'Aragon, que, dès sa rencontre avec Gala, Dali trouve un total épanouissement tandis que Maillol connaît un sentiment de résurrection au soir de sa vie en découvrant la somptuosité charnelle du corps de Dina.

Les Égéries russes, ce n'est pas seulement un voyage dans le temps et dans l'espace du Moscou d'avant la Révolution au Paris de Montparnasse en passant par des lieux lointains et magiques comme Koktebel en Crimée, c'est aussi une méditation sur la métaphysique de l'Art. Qu'on se rende au musée d'Orsay ou à celui de l'Ermitage de Saint-Pétersbourg, au Metropolitan de New York ou dans les collections de Tokyo, ces femmes-là nous accompagnent sans cesse dans l'alchimie mystérieuse qui fait, que du fond des tableaux qu'elles ont inspirés, elles portent sur nous un immortel regard. Ce regard bleu de Lydia dans les tableaux de Matisse, un bleu indéfinissable, d'où est issue toute profondeur, ou ce regard brûlant de Gala dont elle disait elle-même qu'il était comme les braises qui demeurent d'une flambée dans la cheminée. Impression qu'exprimera au masculin le poète Maïakovski qui sera inspiré tour à tour par les deux sœurs au caractère de fer que furent Elsa Triolet et Lili Brik. Car, pour lui, certains regards de femmes demeuraient comme des brûlures.

Si après un travail commun de dix-sept ans, nous avons décidé de publier ce livre issu de nos carnets de notes et d'une cascade de rencontres avec les dernières égéries russes, c'est d'abord pour saluer une Europe culturelle de l'Atlantique à l'Oural qui se fera avant l'Europe politique ou en dépit d'elle. C'est ensuite, dans ce monde déchiré par les démons d'un nationalisme renaissant, pour livrer un chant d'amour à l'esprit de paix que les femmes savent donner. Un salut aux grandes inspiratrices qui, en des temps de conflits, ont apporté leur sérénité courageuse aux âmes tourmentées des génies et leur aptitude à fixer ces errants pour qu'ils retrouvent la route de leur destin. Enfin, *Les Égéries russes* est un hymne à la femme. A cette femme qui, seule en temps de crise, sait surmonter les obstacles, qui, mieux que les hommes, passe les temps de troubles, cette femme qui, en Russie aujourd'hui et même en France, est confrontée au fléau de l'inquiétude quotidienne. Combien de fois sont-elles rentrées à la maison décidées à se donner la mort et combien de fois au matin sont-elles reparties pour se battre et gagner le bonheur de ceux qu'elles aimaient.

Ce livre ne fuit pas les questions dérangeantes. Fondé sur des archives récemment ouvertes dans la Russie nouvelle, il bénéficie de documents exceptionnels, archives secrètes, correspondances inédites, rapports de police. Il n'esquive pas la réalité du rôle que l'espionnage volontaire ou involontaire a joué dans certaines de ces amours. André Breton n'accusait-il pas Elsa d'être une espionne du NKVD, ancêtre du KGB soviétique, et les Soviétiques de l'époque ne jetaient-ils pas l'anathème contre la baronne Boudberg qui était, effectivement, un pilier de la fameuse Intelligence Service mais pour les beaux yeux de l'homme de sa vie, Lockhart, agent des services secrets anglais ?

Qui étaient en vérité ces égéries russes ? Des innocentes inspirées, des littéraires illuminées, des voluptueuses gourmandes, des arrivistes forcenées ou encore des espionnes, Mata Hari de la Russie, des cantatrices de l'Orchestre rouge, des agents sur l'oreiller dont la mission était de manipuler d'éminents intellectuels français jusqu'à les métamorphoser en compagnons de route ?

Plus que tous les mystères de la politique, c'est le mystère féminin qui nous a passionnés. Face à la vie déroulée devant nous des *Égéries russes* nous n'avons eu qu'une pensée, celle de Tolstoï : « Tout ce que je comprends, je ne le comprends que parce que je t'aime. » Et, dans cette fin de siècle bouleversée, ce qui nous a impressionnés, c'est la dignité de ces femmes confrontées à la fois aux coups du sort et aux forces du mal mais que l'amour a finalement sauvées. Elles ont toutes fait la prière de Fedor Dostoïevski : « Mes pères et mes mères, je me demande qu'est-ce que l'enfer ? Pour moi, c'est la souffrance d'avoir perdu le droit d'aimer. »

1

ANNE DE KIEV, TU SERAS REINE DE FRANCE !

Comme dans un conte de fées – mais cette fois-ci c'est la vérité –, il était une fois un prince de France qui voulait épouser l'incarnation de la beauté. Il cherchait une dame à la longue chevelure et dont la bouche surtout serait un chef-d'œuvre. Il convoqua le moine d'Aurillac qui avait été son précepteur et était devenu son conseiller, le célèbre Gerbert, pour lui demander quelle épouse il devait choisir. Le futur pape Sylvestre n'eut que deux mots : « La sagesse et la beauté. »

Le jeune prince comprenant la leçon prit son temps afin d'approcher la perfection. Il envoya en ambassadeurs et en explorateurs les meilleurs de ses hommes de confiance à travers toute l'Europe : Gauthier, évêque de Meaux, Roger II, évêque de Chalans, et Gosselin de Chauny. Après avoir parcouru d'interminables sentiers poussiéreux et de longues routes sous le soleil ou dans le froid, ils ouïrent que la merveille qu'ils recherchaient était encore plus loin, à Kiev, dans cette Russie fraîchement christianisée. Ils décidèrent de se réunir selon la volonté de leur jeune roi pour aller tous les trois comme des mages quérir la princesse Anna Yaroslav, connue pour sa piété à laquelle elle alliait une beauté déjà légendaire. Son père, Yaroslav le Sage, le grand bâtisseur de l'église Sainte-Sophie aux treize coupoles, était réputé pour sa mesure. Il était le fondateur de monastères à travers toute la Russie où les religieux traduisaient les manuscrits grecs en slavon. Les chroniqueurs confirment qu'il rédigea lui-même le premier code juridique russe qui s'appelait déjà *La Pravda*[1]. Aujourd'hui, Moscou est à trois heures par air de Paris. Au XIe siècle, le voyage de Kiev à Reims coûtait près d'un an d'efforts dans un parcours hanté de dangers, à travers les forêts de bouleaux de Pologne et les territoires où s'exerçait la férocité fameuse des bandits germaniques. Mais la femme russe – et c'est l'une des clefs de son charme – accepte toujours son destin. Imaginez cette jeune princesse qui chevauche sous la neige ; elle n'a jamais vu l'homme qui va devenir son seigneur, elle ne connaît pas la langue du pays qui l'attend mais elle va de l'avant avec abnégation et panache. Elle emporte dans ses coffrets précieux, les fameux *soundouk* russes, l'Évangile d'Ostromir qui deviendra une des énigmes de l'histoire de la chrétienté. Car ce livre aura le plus étrange destin. C'est sur lui qu'une suite de rois de France prêtera serment lors de leur sacre à Reims. Était-ce déjà une manifestation secrète du pouvoir caché de la première égérie russe ? Une des clefs du charme de la femme russe consiste, tout en montrant une rare faculté d'adaptation, à conduire avec une fermeté invisible le destin auquel elle a décidé de se vouer. Étrangement, c'est un même paysage mental qui attend la jeune femme de vingt-sept ans chez son futur mari de douze ans son aîné. Tous deux sont les enfants de pères très pieux. Tous deux vivent dans

1. La Vérité.

des royaumes ravagés par la guerre, dans des pays aux frontières indéfinies, sans cesse modifiées par des luttes fratricides.

C'est le monde médiéval avec les hauts murs de haine et le sang des combats sans merci. Celui qui deviendra son mari et régnera sous le nom de Henri Ier est le petit-fils de Hugues Capet et le fils de Robert le Pieux. Dès qu'il succède à son père, il voit se liguer contre lui les grands vassaux qui soutiennent son plus jeune frère, Robert. En 1034, il offrira imprudemment le duché de Bourgogne à ce dernier pour le calmer. En 1035, il entre en lutte contre les barons normands et Guillaume le Bâtard. C'est pendant cette période qu'est construite l'église romane de Conques puis la cathédrale de Bayeux. En 1054, le roi envahit la Normandie mais il est battu par Guillaume qui, plus tard, deviendra le Conquérant. Pourtant, il est à l'origine d'un message nouveau transmis par son père qu'il a su imposer à la France : la paix et la trêve de Dieu. Anne, de son côté, a connu le même parcours. N'a-t-elle pas, elle aussi, un père pieux et bâtisseur de lieux saints, cerné par onze oncles qui veulent lui ravir son royaume ? N'apporte-t-elle pas de Kiev le même appel à la fin des combats, présageant ainsi ces égéries russes qui ont toujours surgi pour un acte d'amour des périodes de crise, des guerres civiles, des campagnes meurtrières ou des cités ravagées ? Anne était la première d'entre elles, chevauchant fièrement à travers la douce France pour rencontrer Henri.

Dès qu'il la voit, il s'enflamme, il ne peut se contenir, obsédé par cette bouche qui était à l'origine de sa quête amoureuse et dont la grâce et la sensualité le saisissent à l'instant. Il pose ses lèvres sur les siennes comme pour boire le philtre d'amour à la fontaine de sa propre soif. Ainsi a-t-il atteint son idéal féminin. Mais ce baiser fulgurant, vécu sans frein devant la cour royale et la suite de la princesse russe, est, plus qu'un symbole, un emblème dont le souvenir perdure. Car avec le mariage de Henri de France et de Anne de Kiev célébré à Reims en 1054 commence la prodigieuse histoire d'un amour sans cesse renouvelé qui, sous des formes toujours inattendues et toujours originales, ressuscite cette attirance mystérieuse entre la France et la Russie et unit l'Europe au nid de l'aigle bicéphale. Cette permanence de sentiments et cette répétition soigneuse dans l'attrait réciproque entre deux espaces situés aux extrêmes attacheront les âmes de ces deux peuples en des enracinements amoureux.

Anne de Kiev est devenue Anne de France. Elle donnera deux enfants à Henri et leur bonheur sera grand même si leur mariage est de courte durée. Après huit ans de vie partagée, le roi meurt en 1060 et Anne se consolera finalement avec le comte de Crépy en des promenades nocturnes à travers les forêts, balades qui firent grand bruit dans le royaume. Afin de pouvoir l'épouser, Crépy est contraint d'enlever la reine. Ce qu'il fait bien sûr avec son adorable consentement qui donnait plus de saveur encore à leurs étreintes déjà gourmandes. Cette attitude d'abandon n'entamera en rien la foi religieuse d'Anne qui demeure extrêmement pieuse. La légende veut qu'elle soit la fondatrice de l'abbaye de Senlis, où – dit-on – elle fut enterrée. Mais certains voyageurs ont aussi raconté que, soudainement saisie par cette fameuse nostalgie russe, la reine de France se serait enfuie pour retrouver les vents suaves des grands espaces parfumés par les herbes. Quoi qu'il en soit, elle laissera de son passage une tradition charmante qui permet de réunir chaque année, pour un dîner offert en sa mémoire, les trente veuves les plus pauvres de Senlis. Ainsi la royale égérie russe laissait ses premières empreintes en France. Or il faudra attendre près de mille ans pour que l'avalanche d'égéries venues de Russie couvre les sommets du XXe siècle de ses cristaux scintillants. Entre-temps, on ne peut pas dire que ces affinités électives aient jamais été effacées. Comment nier que les huguenots français écartés par l'Édit Royal, aussi bien que les aristocrates, après l'effroi causé par la Terreur, aient trouvé dans un exil à Saint-Pétersbourg le secours et la consolation ?

Comment oublier le dernier coup de foudre de Balzac pour Mme Hanska, son premier long périple à travers l'Europe en 1843 pour la rejoindre à Saint-Pétersbourg où il séjourne plusieurs mois, et le non moins pittoresque voyage qui le conduit en Ukraine, en 1847, puis en 1848 au château de Wierzchowino, où il passera les deux dernières années les plus heureuses de sa vie, épousant sa bien-aimée le 14 mars 1850 ? Comment passer sous silence les aller et retour passionnés de Théophile Gautier, Alexandre Dumas fils, Vogüé ou Ségur ? Comment occulter la frénésie russe qui anime les romans de la comtesse de Ségur, née Rostopchine, ou la passion de Tourgueniev pour Pauline Viardot, sœur de Maria Malibran, qui montre combien cette attirance entre deux peuples était réciproque, embellie par son amitié avec Flaubert et Maupassant ?

Ainsi est né sur la troïka de l'histoire à travers Astolphe de Custine, Joseph de Maistre ou Melchior de Vogüé, dans les neiges du temps, le chassé-croisé perpétuel des errances et des attirances.

2

LES AMANTS DE LA PLACE ROUGE

Moscou, avril 1900. En ce premier printemps du début du siècle, deux amoureux vêtus d'étrange façon déambulent sur la place Rouge. Elle arbore la tenue d'une Merveilleuse du Directoire et lui est habillé tel un Incroyable. La multiplicité des poches de son costume intrigue les passants moscovites, mais sans doute moins que la vérité qui émane de ce couple, dans la brume argentée recouvrant les coupoles multicolores de Saint-Basile.

A trente-sept ans, déjà mariée, cette femme à la silhouette puissante, cette libertine en mots à qui rien ne fait peur, vient de faire l'amour pour la première fois. Son amant, l'un des plus grands et des plus sensibles poètes d'Europe, restera à jamais marqué par cette égérie, fille d'un général du tsar, qui l'a fixé de son regard, impavide au plus fort de leur nuit d'amour. Elle, c'est Lou Andreas-Salomé, lui, c'est René Maria Rilke, vingt-deux ans. Dans ses veines, elle a déjà tout l'esprit de l'errance-attirance. D'origine balte mais d'ascendance huguenote française, sa famille d'Avignon avait fui les persécutions du XVIe siècle. Un chaotique voyage, suivant l'itinéraire contraire de celui d'Anne de Kiev, par Strasbourg d'abord, la Prusse ensuite, les pays baltes, enfin Saint-Pétersbourg, qui deviendra le refuge des ancêtres de Lou. A l'orée du XIXe siècle, le tsar les anoblit.

C'est d'une enfance à Saint-Pétersbourg que naît toute la magie de son souvenir. Dans cette Venise du Nord, aux rues droites dessinées comme des canaux, conçue par le plus européen des souverains du pays, Pierre le Grand, la jeune fille à l'âme russe boit jusqu'à la lie la culture venue avec les vents de l'Ouest. C'est la mort de son père qui la fait basculer dans l'âge adulte. A dix-huit ans, s'amorce en elle ce curieux mélange qui va colorer sa vie jusqu'à la confusion. Le mariage intérieur entre amour et culture atteint chez elle un tel degré qu'il la poussera à fuir l'amour physique, ruinant ses liaisons. Cela commence dès 1879 quand une ébauche d'amour platonique signe sa première déception profonde. Elle croit aimer le pasteur Gillot, de l'Église réformée hollandaise de Saint-Pétersbourg, il lui fait découvrir la monumentale métaphysique allemande, l'entraîne dans les arcanes de la littérature française.

Déjà ce premier amour est bâti sur un décalage. Alors que le pasteur perd la tête et fomente le projet d'un enlèvement romantique réussi, elle rêve encore en l'écoutant parler des architectures de Kant et des musiques soupirantes de Musset. A tel point que lorsque Gillot ose enfin se déclarer, lui qui, marié et père de deux enfants, est maintenant prêt à abandonner sa famille pour fuir avec la jeune fille, Lou tombe des nues et devant sa déclaration s'effondre sur le parquet, évanouie. Cette désillusion la marque pour toujours. Alors qu'elle rêvait de partager avec lui la contemplation des neiges éternelles de la philosophie, il lui offre la banalité d'une escapade en montagne avec pour refuge la désolation d'un chalet retiré, essentiellement destiné aux lassantes cérémonies de l'amour physique. Cette vierge hiératique cherchera désormais son idéal plus haut, dans un dialogue d'élection avec la figure de la déesse Europe. Errances et attirances. Elle est ainsi, en conformité, sans le savoir, avec le philosophe russe Soloviev, qui mettait en garde d'éventuels disciples manquant de discernement : « Tout transfert de relations charnelles dans le domaine surnaturel est le comble de l'ignominie et la cause d'une ruine totale. »

La longue route dès lors commence, à l'image des fugues de l'impératrice Sissi dont l'âme Wittelsbach ne peut se suffire d'une adresse unique même impériale. Lou, la révoltée, se cherche. De Zurich, où elle suit des cours de théologie, jusqu'à Rome, où son professeur suisse de philosophie, le célèbre Biedermann, a précédé sa venue en la recommandant comme un pur « diamant ». En effet, elle brille de tous les feux de son intelligence. Et sur tous les fronts. Des salons aristocratiques du Colisée aux officines révolutionnaires où elle rencontre Garibaldi qui l'enflamme ; d'Herzen, l'exilé russe qui conspire éternellement contre le tsar et, en éditant son journal *La Cloche*, attend le grand tocsin qui sonnera le renversement du régime, à Wagner, avec qui elle entreprend des conversations interminables où toutes les facettes de son esprit brillent séparément ou de concert, en suivant un rythme secret dont le compositeur croit entendre la musique. Peu à peu, elle prend conscience du fait que, dans ses rapports avec les hommes, le même schéma se reproduit perpétuellement : avec elle, ils sont incapables d'imaginer un simple rendez-vous galant, une étreinte furtive ou l'affaire d'une seule nuit. Fascinés, captivés, hypnotisés, ils sont immédiatement hantés par l'idée de passer leur vie entière avec elle et ne pensent qu'à une forme de salut : la demande en mariage.

Comment cette perspective pourrait-elle convenir à Lou, l'oiseau libre ? Aussitôt proposée, aussitôt refusée. Tel fut le cas par exemple de ce jeune philosophe allemand d'origine juive, Paul Rée, qui, au retour d'une saison de jeu malheureuse à Monte-Carlo et après une soirée passée à parler avec Lou, médite toute une nuit pour lui proposer aux aurores l'éternité nuptiale. Rée ne sait pas encore qu'il est déjà l'introducteur et le maître de cérémonies d'une fantastique aventure amoureuse et chaste, où il restera toujours présent, mais dont l'acteur principal deviendra Friedrich Nietzsche, l'auteur alors obscur de pensées fortes, exprimées par des formules cinglantes. A trente-huit ans, le génie est encore inconnu. Bien sûr, on l'écoute avec fascination dans le salon de Malvida de Meysenburg quand il parle avec feu de son admiration pour Wagner, mais qui sait de quoi traite son ouvrage *Humain, trop humain* ? C'est Rée lui-même qui écrit à Nietzsche pour évoquer sa rencontre avec une jeune et fascinante égérie du Nord. Dans sa lettre, il ne tarit pas d'éloges sur cette âme russe dont la qualité intellectuelle reste pour lui une énigme. Le mystère est l'arme de séduction première des égéries russes. L'identification de la femme russe à l'âme énigmatique de son pays natal est une part du secret de ce pouvoir de séduction qui ne pouvait avoir échappé à Alexandre Blok, poète russe du XXe siècle par excellence :

Russie, ô ma Russie misérable,
Tes chansons portées par le vent
Et tes isbas grises sont pour moi
Comme les premières larmes d'amour.

Je ne saurai te plaindre
Et ma croix, je la porte précieusement
Au premier sorcier venu
Livre ta beauté sauvage

Qu'il te séduise, qu'il te trompe
Tu ne peux ni te perdre ni périr

Seul le souci va assombrir
La beauté de ton visage.

Nietzsche sera foudroyé par l'implacable et céleste mécanique de Lou, par cette volonté d'acier qui, tel l'éclair, traverse ses jugements les plus doux et par l'éclat de son regard « perce-cœur », comme disent les Moscovites. Beaucoup plus tard, il dévoilera toute la vérité à Richard Wagner : « Lou est de loin l'être le plus intelligent que j'aie jamais rencontré. » On sent dans cette confidence la soumission d'un des plus grands intellectuels de son siècle qui croit avoir trouvé la voix de son maître. Cet instant de lucidité dessine déjà la lignée des égéries russes. C'est par la même attitude qu'Aragon s'inclinera devant Elsa, que Dali confiera la gestion de son génie à Gala et qu'un certain Romain Rolland vieillissant s'abandonnera à une certaine princesse Marie Koudacheff. A l'instar de celle de Stefan Zweig, s'établit ainsi une autre confusion des sentiments.

Les incertitudes des créateurs – dont le manque de confiance en soi n'a jamais été assez mesuré – sont dissimulées par le paravent de leurs déclarations emphatiques, de leurs engagements sommaires et leurs prises de position brutales. La peur, se glissant dans le vide sans fond qui sépare leurs inquiétudes intérieures de leurs proclamations publiques assurées, ne peut être effacée que par l'impérialisme sentimental d'une femme qui devient leur guide intolérant et caché. Là, dans les bas-fonds de l'inconscient se joue l'alliance infernale entre le féminin dominant et le masculin fléchissant. Cette ambiguïté des sexes est reconnue par Wagner dans son essai *Le Féminin dans l'homme,* écrit quelques jours avant sa mort au palais Vendramin à Venise et demeuré inachevé. C'est pourquoi dans un bal des masques tournant en carnaval, ce n'est pas la réalité qui est travestie mais le travestissement qui devient réalité. Ainsi Lou incarne pour Nietzsche une masculinité sublimée. Une fois toutes les ambiguïtés admises, tous les tabous brisés, tous les entrelacs de l'inconscient évoqués, une fois que l'esprit a parcouru en éclaireur audacieux tous les chemins, que toutes les figures d'attachement ont été imaginées, le « triangle russe », ou couple à trois, apparaît comme une solution naturelle et même simplificatrice. Dans le brouillard bleuté qui habite l'esprit de Lou, ce songe s'était déjà fait jour mais avec une naïveté aussi chaste que charmante. Lors de sa première rencontre avec Paul Rée, elle lui conte le rêve de sa vie : vivre dans une grande maison avec deux amis créateurs avec qui elle pourrait lire et parler librement. Le ménage à trois, version artiste. C'est lui qui entraînera les deux amis dans ces sables mouvants qu'elle leur a présentés comme une plage du désir.

Cette « Sainte-Trinité » initiée par la femme ne durera que six mois. Comment expliquer cette précipitation vers la fusion, du moins spirituelle comme elle l'affirme ? Est-ce la peur du temps qui passe pour trois êtres dont la vie semble abrégée ? Une jeune poitrinaire à qui l'on recommande des climats cléments, un joueur à demi aveugle qui se distrait par des facéties et un philosophe aux prétentions de prophète qui, en apprenti sorcier, déchaînera les forces obscures dont il sera lui-même la victime. Mais le démon de la jalousie n'a pas dit son dernier mot et, dans ce triangle trop parfait pour que la nature puisse l'accepter, les accidents de géométrie vont se multiplier. Tout commence bien pourtant par un séjour chez elle, en Thuringe. A Tautenburg, Nietzsche prend assez vite conscience du fait que, si la jeune femme lui marque sa préférence pour sa suprématie intellectuelle, elle poursuit avec Rée des jeux adolescents qui l'agacent. Ce doute se creuse si profondément en lui qu'il finira par prendre la fuite au lendemain d'un séjour à Leipzig ; une tentative de réconciliation à trois lui apparaîtrait comme un douloureux point de non-retour. Le philosophe cherche pour sa consolation un soleil nu dans les paysages réparateurs du Midi. Mais d'atroces douleurs physiques accompagnent ce voyageur en sursis, douleurs qu'accentuent les troubles psychologiques dont il souffrira jusqu'à sa fin. Il va jusqu'à songer à se donner la mort. On dirait qu'en lui infligeant à distance cette horrible blessure, Lou sait qu'elle va provoquer le sursaut de son génie, comme si le coup porté en pleine crise allait se révéler salutaire. En effet, il écrit alors son chef-d'œuvre *Ainsi parlait Zarathoustra*.

Pendant ce temps, Lou poursuit, à Berlin cette fois, son vague compagnonnage avec Rée, sans que les cinq ans qu'il dure permettent à celui-ci aucun progrès dans leur intimité, bien qu'il en exprime le désir constant. Ces mois sont pour elle plutôt consacrés à l'affirmation de son talent. C'est à Berlin qu'elle devient un écrivain et c'est de là qu'elle fait rayonner les effets de sa plume en adressant aux journaux de Saint-Pétersbourg des articles et des extraits de ses essais qui propagent la pensée occidentale dans son pays natal. Son mariage, en 1887, avec Friedrich Karl Andreas, un orientaliste célèbre, la place une fois de plus auprès d'un homme étrange. De petite taille, né à Java, fruit d'un métissage inattendu, dans lequel trois pays donnent leur touche – l'Allemagne, la Malaisie et la Perse –, ce sang-mêlé portant la barbe, affublé d'une grande cape sombre sous de longs cheveux noirs, a dû pour la convaincre par un geste spectaculaire tenter de se planter un couteau dans la poitrine la veille de leurs fiançailles. Mais une fois encore, cette capacité au sacrifice ne suffira pas à ce qu'elle lui ouvre la porte de sa chambre à coucher : elle ira même jusqu'à exiger qu'il s'engage à ne jamais souiller le temple de son corps.

LOU ET RILKE : LE VOYAGE VERS TOLSTOÏ

C'est en 1897 qu'un élan romantique, cette fois incontrôlable, la jette dans les bras de Rilke. Dès que l'acte est consommé, elle prend au sérieux son rôle d'égérie russe et commence par exiger qu'il change son nom. Grâce à elle, il demeurera dans l'éternité Rainer Maria Rilke. Rilke est encore un très jeune homme et ce grand amour déterminera non seulement sa vie, mais aussi toute son œuvre. Étrangement, c'est encore dans la figure du couple à trois, que va se développer ce sentiment passionné, car si Lou a trouvé son amant, elle n'a pas pour autant abandonné la complicité platonique avec son mari. D'ailleurs c'est à trois, que passionnés par la langue et la culture russes, ils vont entreprendre leur pèlerinage en Russie.

Il s'agit pour eux de rechercher un paradis perdu, un lieu magique, où une spiritualité épanouissante ne peut coexister avec les exigences d'efficacité matérielle de l'Occident. C'est aussi le songe d'une société patriarcale et pastorale qu'ils veulent retrouver sur les traces du grand Tolstoï. En deux voyages, ils vont parcourir tout l'espace de la Russie centrale : « l'âme du laboureur n'est pas encore tout à fait défigurée par la ville et la caserne ouvrière ». Subjugués par la poésie de cette terre, ils vont la chercher chez les paysans. L'un d'eux leur raconte les instants de joie et de bonheur qu'il connaît, seul, en labourant son champ, dès le lever du jour lorsque le chant de l'alouette carillonne dans le ciel printanier et l'air si pur. Dès 1900, Rilke a montré sa fascination pour la Russie en publiant un cycle de brefs récits consacrés à ce pays : *Comment le vieux Timoféi mourut en chantant, La Chanson de la justice, Comment la trahison vint en*

Russie. Dans un article sur l'Art russe, datant de la même époque, il rendait hommage à la peinture inspirée de l'histoire russe dans l'œuvre de Vasnetsov, le meilleur peintre de l'esprit national selon lui. Il entreprend enfin la traduction de *La Mouette* de Tchekhov. Cette admiration de la Russie d'hier éclate dans une de ses lettres à Leonid Pasternak (père de Boris), où il évoque « votre belle et incomparable langue ». Dans un courrier enthousiaste, il exprime sa passion pour la littérature et la terre russes : « Quelle joie de lire dans l'original les vers de Lermontov ou la prose de Tolstoï ! Comme je savoure cela ! » Lou et Rilke vont vers les gens, ils cherchent le véritable visage de la Russie.

Profondément européens, mais reniant les attitudes arrogantes de l'« européanisme », ils s'enfoncent dans les marchés de la Soukharevka et de Smolensk en quête d'authenticité. Ils écoutent de longues heures, autour d'un samovar fumant, les récits des tisserands et des typographes. Ils découvrent au-delà des robustes racines cet être nouveau : l'ouvrier paysan. Rilke, avec son visage immaculé de fille sous un chapeau de feutre, avec ses grands yeux clairs et son bouc châtain, qui le fait ressembler comme un frère au prince Muichkine de Fedor Dostoïevski, flâne avec Lou dans les musées et les galeries. C'est une Russie idéalisée qui se dévoile à lui. Lou, elle, se fait remarquer par son costume à la couleur voyante et la manière qu'elle a d'interroger inlassablement les passants étonnés par sa tenue. Entre les isbas et les églises, la campagne et les marchés, les fleuves géants et les blés dorés qui semblent toucher dans le lointain un ciel d'étoffe azurée, Lou comprend qu'elle est en train de réaliser un autre rêve à trois, la Russie, Rainer et elle. Plus tard, Rilke aura les mots de la fin : « Sans cette femme je n'aurais jamais trouvé ma voie » et « Ce que je dois à la Russie ? Elle a fait de moi celui que je suis, c'est d'elle qu'intérieurement je suis sorti, toutes mes sources profondes sont là-bas », « La Russie fut, dans un certain sens, le fondement de tout ce que j'ai vécu et reçu ». Les amoureux déambulent dans Moscou et, main dans la main, à travers l'Arbat, découvrent ses ruelles. Enfin, ils donnent l'image du vrai bonheur, comme une authentique icône d'amour. Devant les maisons colorées de bleu et de jaune, devant l'hôtel particulier aux colonnettes immaculées où Pouchkine rencontra pour la première fois sa future femme, Nathalie Gontcharova, ils passent comme deux adolescents. Les gens leur sourient, les passants se retournent sur eux, étonnés de tant d'harmonie. Cela ne les trouble pas. Car ils ont rendez-vous sur terre avec leurs rêveries célestes. Ne sont-ils pas tous les deux, cette fois-ci, proches de la transfiguration, comme dans cette strophe du maître Soloviev sur la puissance de la beauté ?

Sachez ! Aujourd'hui, l'Éternel féminin !
Vient sur la terre dans un corps incorruptible,
Dans la lumière sans déclin de la nouvelle divinité,
Le ciel s'est fondu avec l'abîme des mers[1].

Ils sont prêts maintenant pour le sacre du printemps à Iasnaïa Poliana, chez Tolstoï. Ce voyage culmine et prend son sens pour eux dans une rencontre avec le comte. Le mois de mai en Russie donne le signal de l'éclatement d'une nature trop longtemps bridée par le gel. Après un long hiver de six mois, le chant rougeoyant des coquelicots n'annonce pas seulement le réveil d'une terre endormie par le froid, mais aussi la libération de Lou qui, dans l'épanouissement de l'amour, oublie les lacis de ses attitudes passées. Avec son jeune amant, le poète, elle vit

1. *Histoire de la littérature russe, L'âge d'argent*, Paris, Fayard, 1987.

sous les caresses la plénitude de ses trente-neuf ans. A l'approche de Iasnaia Poliana dans la blancheur des bois de bouleaux, ils cherchent à imaginer la demeure du maître. Elle la voit comme un château fort conforté par la puissance de son génie. Lui le décrit comme le nid d'un gentilhomme, animé par des rires d'enfants. En vérité, c'est une maison de maître à la russe, rectangulaire, plutôt confortable pour une demeure de campagne.

A Rossinière, dans son majestueux chalet du canton de Vaud, au pays d'Enhaut, le peintre Balthus nous racontait comment, lorsqu'il avait dix ans, Rilke lui avait décrit sa visite de jeune poète chez le vieux Tolstoï.

Le comte vivait pieds nus, prêchait la théorie du pardon universel. Il était végétarien et sa femme, refusant qu'il jeûne, lui préparait un porridge dans lequel elle introduisait en cachette un bouillon de viande. Il avait fondé une école dans sa propriété et avait écrit lui-même un manuel pour les enfants, de même qu'il avait simplifié pour eux la Bible. Quand Tolstoï se disputait avec sa femme, les paysannes le consolaient.

Lorsque Lou et Rainer Maria Rilke passent l'entrée de Iasnaïa Poliana, deux petites tours rondes coiffées de vert, ils se regardent étonnés, car le lieu ne ressemble en rien à ce qu'ils avaient imaginé séparément. En entrant dans cette « clairière lumineuse », ils découvrent les hêtres, les aulnes et les grands sapins noirs traversés de rayons d'or. Ils s'engagent dans la *prechpeckt*, la grande allée bordée de bouleaux dont les talus s'ornent de myosotis et d'orties blanches, qui les conduit directement à la demeure. Le vaste parc qui l'entoure s'étend jusqu'à une rivière et il est composé d'une succession de petits bois coupés de pièces d'eau. A la saison chaude, la vie de la famille se déroule dans la grande véranda couverte, ombragée de vignes vierges. Lou et Rainer entrent dans le vestibule où trône une horloge anglaise du XVIIIe siècle.

Dans les pièces du bas est la fameuse « chambre des voûtes » où Tolstoï écrivit en sept ans son *Guerre et Paix.* C'est dans le petit salon du premier étage que sa femme Sonia en a recopié les cinq mille feuilles manuscrites. Autour de la maison, l'allée de noisetiers prolonge la façade nord. Devant son péristyle est l'orme centenaire appelé « l'arbre des pauvres », sous lequel, chaque jour, paysans, pèlerins, mendiants, et victimes attendent le barine pour lui demander aide et avis. Dans le parc, le petit pont de bouleaux est l'endroit préféré de la « mère chérie » de l'écrivain. Tolstoï y vient souvent, montant Délire, son grand cheval noir. Lou et Rainer seront reçus dans la « grande pièce » qui a retenti de la mélancolique *Sonate à Kreutzer* et où, un vendredi saint, Tolstoï revint brutalement sur ses aspirations végétariennes pour avaler subrepticement une côtelette. C'est une vaste salle à manger avec des tableaux de famille, un samovar d'argent et un piano noir, où tout le monde se retrouve, les enfants, les amis, les familiers, les visiteurs. Non loin de la maison, au bout de la plantation de sapins, dans une allée étroite, voici le banc préféré de l'écrivain en perche de bouleaux.

Au milieu de ses terres règne un personnage à la terrifiante vitalité, le comte Tolstoï.

Malgré son âge, il déborde de force et n'hésite pas l'hiver à plonger dans l'eau glacée, ébrouant son corps rouge de froid. L'été, on le voit jouer au tennis avec ses filles et courir lestement après les balles. Comme le raconte Stefan Zweig : « A soixante-sept ans, il a la curiosité d'apprendre à monter à bicyclette. A soixante-dix ans, il patine agilement sur la piste miroitante ; à quatre-vingt-deux ans, à un pouce de la mort, il fait encore siffler la cravache au-dessus de sa jument, lorsque après vingt verstes d'un violent galop, elle s'arrête ou regimbe. Non, conclut Stefan Zweig, il n'y a pas de comparaison possible. Le XIXe siècle ne connaît point d'exemple d'une telle vitalité digne des premiers temps du monde. »

Dans la propriété, ils aperçoivent un bâti de bois, au bord de l'étang où les femmes se préparent à se baigner séparées des hommes, et une petite cité lacustre où elles se sèchent. Le village est près du grand étang. Durant la promenade Tolstoï dira : « Il y a la mémoire de la famille exprimée par mes ancêtres, exprimée en moi par mon caractère. Il y a la mémoire universelle, divine, spirituelle. C'est celle que je connais depuis le début du commencement, et d'où je proviens. »

Rilke avait déjà rencontré Tolstoï l'année précédente à Saint-Pétersbourg. C'est en mai que les deux amants se présentent en modestes pèlerins chez le grand auteur de *Guerre et Paix*. Ils tombaient assez mal, car Tolstoï était dans l'une de ses crises de paradoxe aigu où il semblait furieux contre lui-même, déchiré entre ses rêves d'humilité et sa condition de grand seigneur, ses poussées d'orgueil et sa passion du renoncement, un état qui rendait agressif ce septuagénaire qui se savait aussi civilisé qu'il était sauvage. Il accueillit distraitement les deux visiteurs, faisant mine de ne pas les reconnaître, puis les laissa en attente dans le vestibule de la demeure. Le fils aîné du comte s'efforça de faire oublier au couple cet accueil décevant. Ayant cru comprendre, dans les phrases prononcées par Tolstoï, qu'il leur proposait une entrevue plus tard, les amants décident de faire une promenade dans la propriété dont ils ne reviennent que vers midi. Ils espéraient qu'à cette heure, après ce long chemin, ils seraient conviés à déjeuner par le maître. Au moment où de retour dans le vestibule ils se posaient cette question, éclata soudain, derrière une porte vitrée, le bruit d'une violente discussion. Un pas de plus et ils étaient en plein drame psychologique : c'était la comtesse Tolstoï qui faisait une scène à son mari. « Nous attendîmes quelques instants, prêtant l'oreille à ces vociférations, et nous allions nous décider à repartir, définitivement déçus, lorsque la porte s'ouvrit et que la comtesse parut. Elle sembla décontenancée de nous trouver là, puis, nous dévisageant d'un air sévère, elle nous demanda ce que nous désirions. C'était une femme encore belle, aux grands yeux noirs, et dont la voix tranchante avait un accent presque mâle. "Nous attendons le comte", dis-je. "Mon mari est souffrant et ne pourra vous recevoir", répondit-elle avec une certaine brusquerie en se détournant. Heureusement, Lou Andreas-Salomé eut la présence d'esprit de déclarer que nous avions déjà vu Tolstoï, et la comtesse, regrettant peut-être sa réponse trop abrupte, murmura des paroles d'excuse. Pour prendre contenance, elle choisit quelques livres sur une étagère et se retira. De nouveau, nous étions seuls, de nouveau la dispute se développait à la cantonade. Nous reconnûmes la voix de la comtesse dont les exclamations, les sanglots interrompaient la voix courroucée du comte. Des portes claquèrent, la scène se déplaçait vers l'intérieur de la maison, entraînant, semblait-il, d'autres personnes dans son tumulte. Il y eut quelques minutes de silence, puis la porte s'ouvrit à nouveau et nous vîmes paraître Léon Tolstoï. Il était à la fois las et exaspéré, ses mains tremblaient légèrement, mais son regard était absent. Il ne parut pas tout d'abord nous remettre et, distraitement, il nous posa quelques questions, sans écouter les réponses. A son tour il se retira. De l'autre côté de la paroi, nous entendions des chuchotements, une voix de femme éplorée, secouée par les larmes, la voix radoucie de Tolstoï...

Le comte reparut. Il tenait sa canne à la main. Son regard, cette fois, était tout à fait lucide, et même étrangement perçant sous ses sourcils touffus. "Voulez-vous déjeuner avec les autres ou vous promener avec moi ?" questionna-t-il d'une voix forte où l'impatience se mêlait à l'ironie. Même si l'accueil que nous avions reçu de la comtesse avait été moins rébarbatif, notre choix était fait d'avance : nous préférions naturellement la promenade. Nous sortîmes ensemble. Tolstoï marchait à côté de nous à grandes enjambées, parlant d'abondance, comme à lui-même. Nous allions à travers la campagne, dans un paysage de bouleaux et d'herbages, dont il connaissait toutes les beautés et où il semblait enfin redevenir lui-même. De temps à autre, il mordillait une herbe ou arrachait une fleur dont il humait le parfum et qu'il laissait tomber un peu plus tard, négligemment, au hasard des gestes dont il ponctuait ses paroles. Nous parlâmes de beaucoup de choses différentes : du paysage qui nous environnait, de la Russie, de Dieu, de la mort... Comme il parlait russe et s'exprimait avec vivacité, je ne comprenais pas toujours toutes ses paroles. Mais ce qu'il disait avait un accent de puissance élémentaire, un air de force et de majesté. Je regardais parfois en catimini cette large figure aux pommettes saillantes, aux oreilles énormes sous les mèches blanches que le vent agitait, aux narines dilatées qui humaient le printemps avec une sorte de sensualité. Il marchait vêtu de sa blouse paysanne, la longue barbe flottant, le geste ample comme un prophète, l'œil aigu et terriblement présent. C'est cette image qui m'est restée de lui, et c'était bien plus que ses paroles... [1] »

« En retournant à pied vers Kolowska, écrit-il à Sofia Nicolaievna Schill, nous jouissions de ce pays de Toula, où la pauvreté et la richesse se côtoient, non pas comme des contraires, mais comme des paroles différentes, très fraternelles, expression d'une seule et même vie qui s'accomplit en cent formes jubilantes et insoucieuses. »

Après Iasnaïa Poliana, Lou et Rilke prennent le train pour Kiev où ils passent une quinzaine de jours, visitant

1. Rilke, Pasternak, Tsvetaieva, *Correspondance à trois : été 1926*, Paris, Gallimard, 1983.

les cathédrales Sainte-Sophie et Saint-Vladimir. Ensuite, ils embarquent et suivent le Dniepr jusqu'à Krementchoug, traversent l'Ukraine et demeurent quelques jours à Poltava d'où ils empruntent le train pour atteindre Kharkov, Voronej et Saratov. Là, ils montent à bord de l'*Alexandre-Nevski*, pour remonter la Volga, le long des rives de Tarass Boulba : « Tout ce que j'avais vu jusque-là, note Rilke, n'était qu'images et idées, de pays, de rivières, de monde. Ici, tout est grandeur nature. J'ai la sensation d'avoir lu l'œuvre du Créateur. »

Le voyage en bateau dure du 25 juin au 2 juillet et s'achève à Iaroslavl'. Les amants décident alors de s'arrêter dans un village à cinq verstes de la ville : « J'ai passé trois jours dans une petite isba, à vivre comme un paysan parmi les paysans. J'ai dormi sans literie et partagé avec mes hôtes leur maigre nourriture. Il faisait beau, grâce à quoi cette vie primitive fut pleine de charme... » Ils rééditeront cette expérience par une semaine chez Drojine. Ce séjour renforce encore leur humeur tolstoïenne ornée par la beauté de la nature. Subjuguée de bonheur, Lou Andreas-Salomé écrit à Sofia Schill : « Il y a un tel calme, une telle poésie dans la vie laborieuse de ces gens, une telle force d'âme, une telle puissance d'âme, que l'on s'émerveille et que l'on répète après Tolstoï : "Va jusqu'au peuple et apprends la leçon qu'il te donne." »

3

TROIS PETITES FILLES POUR UN NOËL MOSCOVITE

Moscou à la veille de Noël 1910. Les traîneaux à carillons glissent sur la neige. Dans le pittoresque quartier de l'Arbat, sur le boulevard Tverskoi, les passants se pressent pour leurs derniers achats. Dans la petite foule, on remarque la haute stature d'un homme portant chapka, en grand manteau de fourrure d'ours. Les enfants se retournent sur lui, impressionnés, et, sur son passage, leurs parents murmurent son nom : Chaliapine. Sa gloire est immense en Russie. Chanteur à l'Opéra impérial, sa belle voix de basse fait vibrer les femmes et trembler les lustres. Il est accompagné de son petit bouledogue français qui comme les Moscovites, mais peut-être avec plus d'admiration encore, fixe son maître. En cette fin d'après-midi, les marchands ambulants proposent leurs mets pour la table des fêtes : du saumon qui vient d'arriver d'Arkhangelsk, des vodkas variées : l'ukrainienne au poivre, celle de Biélorussie aux herbes sauvages et, pour les femmes, la fameuse Kliukovka parfumée aux baies du grand Nord, qu'accompagnent de délicieux pirojki, encore chauds.

Sous le ciel rose et gris et les couleurs crépusculaires

de Moscou, trois petites jeunes filles pleines de malice font le pari de toucher le manteau de Chaliapine. La plus rapide d'entre elles s'appelle Gala Diakonova. On la remarque par ses yeux en amande et le mouvement de sa bouche volontaire. Cet exploit accompli, elles rentrent dans la maison de l'austère professeur Tsvetaieva, le père de deux d'entre elles, et se blottissent sur un divan dans la chambre mansardée de Marina. Par les fenêtres à double vitrage, elles peuvent contempler les gros flocons qui tombent sur la ville, et, dans l'attente du réveillon, elles se mettent à rêver à haute voix. Marina Tsvetaieva, l'aînée, prend la parole la première, devançant sa sœur Anastasia et leur amie, Gala, dont les brefs éclats de rire et les haussements de sourcils pointus expriment la vivacité précoce. Mais ce rire lui-même est singulier. Bref et soudain, jaillissant comme de la gorge d'une biche effarouchée, c'est un spasme de joie instantanée.

Ce soir pourtant la fillette en vareuse de matelot est sage et concentrée, parle de choses sérieuses, songe à l'avenir. La tête penchée, sa tresse tombant négligemment sur son épaule, Gala écoute Marina qui lui confie son rêve : poète elle-même, elle veut épouser un poète. Les deux auditrices approuvent immédiatement. « Un homme d'affaires, jamais ! » clame Anastasia et Gala de jeter : « Un vieux général, surtout pas ! » Sur les deux autres adolescentes, Marina a la supériorité d'être allée à Paris. Elle a vu Sarah Bernhardt et visité le tombeau de son idole, Napoléon. Avec une force imprévue qui révèle l'indépendance de son caractère, elle lance son magnifique défi : « Je me connais ! Bonaparte, je n'aurais osé l'aimer que le jour de sa chute. » Anastasia Tsvetaieva se souvint encore de cet instant. Elle dit : « Gala écoutait Marina comme si elle écoutait courir une eau vive. » Marina, tout entière dans son rêve impérial, s'est mise à traduire *L'Aiglon* de Rostand. Gala redoute la fin de ce songe éveillé.

Ce soir, elle devra rentrer chez elle, quitter la luxueuse demeure des Tsvetaieva pour un appartement d'où son père est trop souvent absent.

Gala se singularisait déjà par son inimitable fierté. Elle ne se demandait jamais pourquoi elle était moins bien habillée que ses amies. Elle se contentait de rêver à l'amour, aux voyages, aux gens et aux sifflements des trains. Le soir sous sa lampe, elle se livrait à la lecture de son « Dostoïevski » préféré. Telle la Tatiana de Eugène Onéguine, « précocement, elle aimait les romans. Ses livres lui font office de tout ». Gala Diakonova, future femme d'Éluard puis épouse de Dali, puise déjà dans *Le Joueur* les forces et le goût du défi qui marqueront toute sa vie. Marina Tsevtaieva deviendra une des plus grandes poétesses de langue russe, découvrira le Paris des artistes de Montparnasse et ses Ballets russes. Elle inventera l'amour fou à distance avec Rilke et Boris Pasternak avant de connaître un destin tragique en se suicidant dans une petite ville de l'Oural. Quant à Anastasia, nous l'avons rencontrée, c'est une dame digne, qui signait encore il y a quelques mois avec défi ses articles dans *Les Nouvelles de Moscou* : Anastasia Tsvetaieva, quatre-vingt-dix-sept ans !

Pour toutes les trois, il y aura un symbole de l'affinité entre Moscou et Paris : Diaghilev. Car 1910, c'est l'arrivée des Ballets russes.

4

LE TONNERRE DES BALLETS RUSSES

Le tonnerre russe tomba ce soir-là sur la scène du Châtelet. Les journalistes parisiens, qui découvraient les Ballets russes, parlaient de l'arrivée des barbares. Paris recevait en plein visage ce vent frais venu des steppes sauvages qui, d'un coup, dépoussiérait l'art occidental. Serge Diaghilev, magicien et chef de bande, avait réussi son entrée. Tout le monde attendait une tournée heureuse, mais personne n'avait présagé le coup de foudre : ce fut pour les Ballets russes un véritable triomphe. D'abord l'apparition de talents exceptionnels : Nijinski, le danseur prodige, Chaliapine aux accents de tonnerre, Pavlova, avec ses inimitables pas de deux, et enfin Ida Rubinstein, statue d'audace et de sensualité. Ce soir-là, elle laissa glisser de ses épaules superbes les voiles de Cléopâtre. En acceptant d'interpréter l'extase de l'amour devant le public étonné, elle coupa le souffle d'une assistance parisienne pourtant coutumière des extravagances. Son apparition en reine d'Égypte, entourée de ses amants insolents, portée par la musique de Glazounov, dans le costume transparent dessiné par Bakst, cachant à peine sa nudité splendide, provoqua un choc profond qui demeurera à tout jamais dans l'histoire de l'art. On attendait une petite actrice dans un déshabillé, c'est une reine des sorcières qui surgit, métamorphosant la salle par la seule expression de sa magie. Tout était nouveau, tout était révolutionnaire et rien ne pouvait être attendu. Les décors de Bakst et Benois avec leurs roses choquants, leurs jaunes agressifs et leurs violets tranchés, présageaient les couleurs de la peinture moderne. Les cheveux des danseurs, comme ébouriffés par une tempête intérieure, faisaient figure de flambeaux au-dessus de leurs costumes de pourpre et d'or. La musique elle-même était si déconcertante pour des oreilles françaises que certains parlèrent de « vandalisme musical ». Chacun comprit pourtant que c'était une véritable illusion de la vie qui avait été ainsi créée devant eux. Sur les planches du théâtre transformé en temple d'Égypte, les filles du pharaon s'adonnaient sans pudeur aux jeux de l'amour. Pleines de grâce, elles déployaient leurs caresses lascives. On aurait hurlé à la vulgarité, si la touche géniale du chorégraphe Fokine n'avait transfiguré cette scène en un sommet de l'art.

Pour la première fois, on atteignait la perfection : costumes, musiques, décor et peinture étaient en absolue symbiose, et sur cet ensemble étonnant passait un souffle nouveau. Benois, le Russe d'origine française, qui laissa un témoignage précieux sur cette période, dira plus tard : « Notre primitivisme sauvage, russe, notre simplicité et notre naïveté se sont révélés à Paris dans cette ville culturelle par excellence, plus sophistiquée, plus fine et, par conséquent, plus avant-gardiste que l'art élaboré sur place. Nous avons besoin de nos spectacles russes pour l'orgueil de la Russie, mais ce qu'il y a de plus surprenant, c'est que Paris en a encore plus besoin que nous. Nouveaux thèmes, nouveaux visages, nouveaux corps, nouveaux sentiments. Nouvelle ère dans l'art. » Pourtant, au tout début, ce fut une aventure. L'arrivée des Russes en caravane de Tziganes dans un petit hôtel du boulevard Saint-Michel suscita l'étonnement. D'une chambre à l'autre, on entendait des exclamations russes qui sonnaient comme les appels de la steppe. Car même un Russe bien élevé ne parvient pas à contenir ses sentiments. Le Pont-au-Change, qui était leur passage obligé pour se rendre au Châtelet, devint une véritable curiosité pour les badauds. Certes, les femmes russes, avec leur don inimitable de l'intégration, s'étaient fondues dans le décor avec leurs petits chapeaux et leurs bas de soie, mais les hommes, d'après les témoins, eurent beaucoup de peine à s'acclimater. Les Ballets russes jetèrent leur dévolu sur certains restaurants *Bouillon Duval* ou *Bouillon Durand,* sans oublier le *Tourtel,* boulevard de la Madeleine. C'est là que débuta un drame sournois. L'ami et secrétaire de Diaghilev s'était épris d'une étoile de la troupe et la jeune ballerine avait répondu à ses avances. Le maître s'en offusqua et se déchaîna contre le traître. Pourtant, Diaghilev était lui-même infidèle puisque tous ses regards étaient dédiés au jeune Nijinski.

Parmi tous ses talents, Diaghilev avait un don prodigieux de la publicité. Alors que sur toutes les colonnes Morris était affichée l'image de Pavlova, le murmure des salons porté par les confidences de Diaghilev, animant tous les soupers de la capitale, n'avançait plus qu'un nom, celui de Nijinski. « Il paraît que vous avez parmi vos danseurs un prodige, un garçon d'un talent formidable ? » Cette même question qu'on entendait partout suscitait un sourire malicieux chez Diaghilev, satisfait des progrès de sa propagande. En regardant ce garçon au physique somme toute ordinaire, de taille moyenne, avec une grosse tête, aux yeux bridés hérités de l'invasion tartare et au cou épais, on ne pouvait deviner que c'était un génie de la danse. Même pendant les répétitions, même à la générale, il restait dans cette léthargie qui ne laissait rien prévoir. C'est la scène et la présence du public, comme toujours avec les grands, qui opéraient sa métamorphose pour le transfigurer en une perfection chorégraphique. Son costume jaune et blanc aux parements d'argent, en harmonie avec ceux, jaunes et dorés, des ballerines qui l'entouraient, couvrait un corps dont la danse allait révéler la présence divine. Ses bonds de singe dans le rôle génial de *Petrouchka* du compositeur Stravinski – une autre découverte de Diaghilev, défricheur de talents – devait pétrifier tout Paris. Celui qui allait rester dans l'Histoire avec le surnom de « Clown de Dieu » était un nègre génial dans *Shéhérazade*, l'esprit même de la fleur dans *Le Spectre de la rose*, sans oublier ses performances dans *Gisèle* et *La Sylphide*. Aussi à l'aise dans les rôles classiques que dans les attitudes modernistes, il marqua le public par ses bonds surnaturels, tel un complice enfantin de l'infini. Danseur absolu, acrobate du destin, l'étonnant trapéziste ne se rattrapera pas et glissera, un jour, dans l'abîme de la folie. Il finira sans spectateurs, égaré par lui-même, se jetant contre les hauts murs de l'asile psychiatrique, au terme de sa course dorée.

Mais qui était cet étonnant démon, tentateur des talents, Serge Diaghilev ? Né dans une famille de la petite noblesse du centre de la Russie, il vient à Perm puis suit les cours de droit à la faculté de Saint-Pétersbourg où il fonde un journal, *Le Monde de l'Art*. Aussitôt éclate son don d'organisateur et de sourcier des personnalités. Il se réalise avec faste à travers les êtres dont il a su s'entourer. Sa création se porte autant sur ceux qu'il produit que sur les arts auxquels il s'attache. Chaque fois qu'il fait une tentative solitaire de création, c'est un échec, comme pour son premier opéra. En revanche, lorsqu'il crée son « cercle magique », ni les Russes ni les Occidentaux ne résistent aux circonvolutions de sa ronde fantasque. De Cocteau à Picasso, d'Erik Satie à Stravinski, sans compter tous les collaborateurs qu'il éblouit de la poudre d'or qu'il répand généreusement, aucun créateur n'est privé de son identité propre en servant la singularité de Serge. Tous les artistes russes assistent à ses spectacles, toutes les égéries tentent de capter son âme. Homme de paradoxe, prince de la contradiction, sa biographie « porte la marque d'une belle et attirante folie ». « Malgré le sourire qui ne quittait pas son visage, il émanait de Diaghilev une sorte de froideur et de fatuité immenses. Sans aucun doute, c'était une figure marquante et brillante, grâce à ses dons si divers. Il était richement doué musicalement, sensible à la beauté dans toutes ses manifestations, connaisseur en musique, chant, peinture, grand amateur de théâtre, d'opéras, de ballets ; c'était un organisateur habile, plein d'initiative, un travailleur infatigable qui savait stimuler les gens au travail, se servir d'eux en prenant de chacun juste ce qu'il fallait, permettre aux talents de s'épanouir, les charmer, tout en les attirant, qui savait aussi bien se séparer des gens sans pitié aucune, que les exploiter.

C'était un chef véritable, un dirigeant aux penchants de dictateur qui connaissait sa valeur ; il ne tolérait rien, ni personne qui pût se mettre en travers de son chemin et rivaliser avec lui. Enveloppant, insinuant, cruel et désagréable, cordial, dévoué et soudain incertain, exigeant et capricieux, audacieux jusqu'à l'insolence et l'arrogance, intime et cajoleur, il pouvait avoir des amis et des admirateurs, mais n'inspirait aucun sentiment neutre de bienveillance : il pouvait être charmeur ou rebutant, mais il n'était ni sympathique ni antipathique. Figure complexe et accusée, il savait louvoyer au milieu des intrigues, jalousies, calomnies et potins dont le monde artistique foisonne[1]. » Tel était Diaghilev[2] dépeint par son ami Chtcherbatov,

---

1. Valentine Marcadé, *Le Renouveau de l'art pictural russe, 1863-1914*, Lausanne, l'Age d'Homme, 1972.
2. Diaghilev dont l'influence ne s'est pas éteinte, même à l'orée de ce siècle

homme pourtant peu porté à le flatter, tant ils étaient différents par leurs origines, leurs dons, leur tempérament et l'expression de leur goût.

Si la qualité de Diaghilev, qui a dépassé la mémoire de ses actes, est justement de pouvoir associer et réunir ceux qui pouvaient créer ensemble, il possédait une autre vertu qui dépassait peut-être sa conscience. Autour de lui, ses volontés se réalisaient, mais de surcroît le climat qu'il savait créer était à l'origine d'alliances que lui-même ne soupçonnait pas. Comme le disait Cocteau : « Si ces mystères nous dépassent, feignons d'en être les organisateurs. »

nouveau. Tandis que le créateur américain Calvin Klein travaille ses nouveaux modèles à Long Island en s'inspirant des dessins de Bakst, le pape du rock and roll, Mick Jagger, retiré dans la Loire en son château de Fourchette, prépare ses concerts en pensant au maître russe : « Dans l'absolu, j'aimerais faire comme Diaghilev qui considérait chacun des ballets comme unique et détruisait les décors d'une ville à l'autre. Je sais bien que c'est impossible, mais je me dis : "Quand même soyons Diaghilev et faisons quelque chose de nouveau avec de l'amour." »

5

QUAND OLGA ÉPOUSE PICASSO

La rencontre de Picasso avec une jeune égérie russe est à porter au crédit de Diaghilev. Car la trace lumineuse que les Ballets russes laissent dans toute l'Europe de 1917 a servi aussi à allumer les feux de l'amour, les brasiers du désir. Il est certain que Picasso trouve toute satisfaction en compagnie de la troupe des Ballets russes, comme Stravinski, avec qui il aime flâner des heures durant. Chacun est parfaitement à l'aise dans la modernité de l'autre. Picasso a toujours su utiliser l'art pour résoudre ses propres problèmes par le jeu des réfractions pluridisciplinaires. C'est ce qui explique sa complicité avec les écrivains, mais aussi son goût pour les musiciens. Et quand il parle à ses amis des soixante danseuses russes, c'est certainement parce que, déjà, il a fixé son choix. Une seule le captive parce qu'elle l'a déjà capturé. Elle s'appelle Olga Khokhlova. C'est l'une des plus jeunes ballerines. Sa beauté est pure. Pour elle, Picasso va suivre la troupe des Ballets russes de Florence jusqu'à Naples, renouant avec cette Italie qu'il a connue à Rome où il devait faire une ultime mise au point du ballet *Parade.* A la fin de ce périple, où l'amour a tenu le premier rôle, il écrit à Gertrude Stein et lui ment par omission. Pas un traître mot sur Olga : « On va peindre les décors ici. J'ai été à Naples d'où je vous ai envoyé quelques cartes. J'ai soixante danseuses. Je me couche très tard. Je connais toutes les dames romaines. J'ai fait beaucoup de fantaisies pompéiennes qui sont un peu lestes, et j'ai fait des caricatures de Diaghilev, de Bakst et des danseuses. » Pourtant, c'est Olga qui sera sa première femme. Avec elle, il peut oublier les horreurs de la guerre. Après Naples et Pompéi, c'est le retour à Paris fin avril. En mai 1917, voici la première de *Parade* au Châtelet. Début juin, Picasso part pour Madrid avec la troupe de Diaghilev et Olga. Le 12 juillet, les amis de Picasso leur offrent un banquet à Barcelone. Olga a quitté la troupe de Diaghilev. Novembre, c'est l'échec de *Parade* dans un hiver d'Espagne. Début décembre, Olga et Picasso s'installent à Montrouge. Ils passent Noël dans les bras l'un de l'autre. Pour l'Espagnol aux yeux noirs, cette jeune beauté sereine est un havre de paix après les épreuves qu'il vient de vivre, ses tourments personnels et les événements mondiaux. Habité par un désir, inattendu chez lui, de sécurité, il semble aspirer à la vie bourgeoise et cherche en tout cas le réconfort.

Olga est arrivée au bon moment. De même que Rilke a associé Lou à sa découverte de la Russie éternelle, de même Picasso pourrait faire la fusion entre les fastes des Ballets russes et son destin avec Olga la danseuse. Mais dans la jolie petite tête qui domine ce corps parfait, qu'il ne se lasse pas de célébrer, a germé un rêve d'amour ornant une vie normale. Picasso croit désirer la même chose, il s'offre enfin le luxe paresseux de s'installer dans un bonheur tranquille. Ils goûtent d'abord le décor moderne de l'hôtel *Lutétia* qui restitue encore parfaitement aujourd'hui l'atmosphère de cette époque Art Déco. Olga croit qu'elle accède déjà à la réalisation de son rêve. Picasso, qui maintenant est connu, vend bien ses tableaux.

Elle voit plus loin pour lui, mais l'ambition qui l'anime pour son amant est bien au-dessous de son génie à lui et crée entre eux un désagréable trompe-l'œil. Elle pense qu'il sera couronné quand il deviendra un peintre à la mode, un arlequin de la société parisienne, un artiste courtisé par les ministres, un demi-dieu pour dîners de maîtresses de maison, une valeur artistique qui fera office d'assurance pour les marchands d'art. Dans ce paysage social au goût sucré du meilleur des caramels, elle se promène déjà en robe blanche dans les allées du bois de Boulogne, parmi les bourgeois ébahis qui la saluent au bras de son petit maître. Lui cherchait l'évasion dans une Asie majeure. Il a trouvé les meubles d'acajou, les cigares, les pénibles conversations digestives au salon, les jaquettes et le smoking. En bonne fille de colonel de l'armée tsariste elle impose à son élu le mariage orthodoxe dans l'église de la rue Daru, sous le soleil prometteur de juillet.

C'est 1918, la guerre touche à sa fin, l'amour peut commencer. Pendant la cérémonie religieuse, les popes sur leurs marches dorées découvrent dans l'assemblée le spectacle insolite de l'intelligentsia parisienne qui s'est entièrement russifiée le temps de l'office, tout à fait soumise à la beauté du rite russe, enivrée d'encens et de chants. Ils sont tous là, des bougies à la main. Max Jacob, Cocteau l'incrédule élégant, Wilhem Apollinaris Kostrovitzky dit Apollinaire, le grand poète polonais-français, et quelques marchands d'art aux vestes voyantes qu'Olga considère déjà comme les amis de la famille. Sous les poignées de riz jetées sur sa chevelure d'ébène, la mariée est rayonnante. Elle vient de contrer en une cérémonie traditionnelle les bouleversements du monde. En effet, la Russie dont elle est issue est ravagée par la Terreur rouge, la guerre civile a commencé, la Tcheka, nouvelle police politique d'un certain Lénine, fusille sans compter, la famine réveille la peur ancestrale des campagnes, les plus beaux régiments du tsar sont en déroute et, dans la tête de ses fidèles, résonnent encore les coups de pistolet assassins d'Ekaterinbourg. Olga ne rêve que d'oublier. Auprès de la tour Eiffel, elle veut sa tour d'ivoire. Elle va tenter de la bâtir, rue de La Boétie dans deux appartements superposés, où elle laisse à l'artiste son espace vital. Pour une Russe, l'essentiel est de s'installer, d'avoir un chez-soi. Excellente ménagère, elle sait faire régner à la maison un ordre parfait. Comment Pablo Picasso, qui a eu le courage intellectuel nécessaire pour se lancer dans des aventures aussi anticonformistes que *Parade,* et dans des chocs d'opinion aussi forts que l'apparition des *Demoiselles d'Avignon,* va-t-il prendre cette nouvelle vie ? Lui, qui a su même remettre en cause le cubisme, est encore hanté par ses troubles théoriques et ses incertitudes morales. Il a besoin de repos.

Le 23 rue de La Boétie, appartement procuré par les marchands, le change de la vie de bohème de Montmartre, digne du décor de Fernande au *Bateau Lavoir.* Mais un contraste étrange s'installe entre le niveau du mari et l'étage de l'épouse dans cet appartement à deux vitesses. Tandis que le vernis des boiseries et le confort des canapés indiquent qu'Olga s'embourgeoise en prenant le thé avec sa nouvelle amie chilienne Mme Errazuriz, et en faisant des plans sur la comète avec Léonce Rosenberg, qui s'occupe désormais de vendre les toiles de Picasso et contribue à affermir le changement de statut social entrepris, Pablo, lui, n'a pu s'empêcher de reconstituer son bric-à-brac d'autrefois. Dans ce bonheur bourgeois arrive une nouvelle noire : Apollinaire est mort. Quand il revient de l'enterrement, attristé, Pablo erre dans ses souvenirs, entre ses toiles du Douanier Rousseau, de Cézanne, de Corot, de Matisse, ses masques nègres et toutes sortes d'objets hétéroclites dont l'assemblage, à son étage, est comme le paysage dévoilé de son âme. Olga le regarde attendrie, mais ce deuil n'est pas le sien. Inconsciemment, elle a déjà entrepris, sans pouvoir en mesurer l'effet, de séparer son homme des vacarmes, des aventures et des tapages nocturnes de l'amitié masculine. Elle est aidée en cela par les marchands insinuants qui ne pensent qu'à mettre l'artiste au travail. Et l'on peut dire qu'ils y ont réussi en partie. C'est vrai que l'arrivée d'Olga consacre un changement de style dans l'art de Picasso qui s'était ébauché auparavant. Olga est classique, souvent traditionnelle, mais elle a tout de même été initiée par l'éclat des Ballets russes, et on ne peut pas dire que le scandale de *Parade* lui ait fait peur.

Ce n'est donc pas directement pour lui plaire que Picasso change de ligne et revient aux portraits classiques. Cette évolution remonte à plus loin, peut-être même à l'année 1914, mais elle a été retardée par les malheurs privés et le traumatisme ambiant de la Grande Guerre. Ce n'est qu'en 1917, l'année d'Olga, qu'elle s'affirme au grand jour. Pablo est fier de la beauté de sa femme qu'il produit dans les salons, il est heureux aussi de cette halte artistique déjà acquise après l'austérité. Cela se reflète dans les nombreux portraits auxquels il s'adonne d'une main agile. Le sommet de ces essais est *La Femme à la mantille* dont la composition évoque une idée de la rigueur qu'il a atteinte, et de l'élégance qui est devenue sa loi... On y remarque aussi un décalage heureux entre le léger pointillisme qui orne le visage et les abords de la silhouette qui apparaissent inachevés comme à l'état de dessin. Cette technique du portrait, où l'ébauche n'est pas tout à fait écartée puisqu'elle demeure comme un soutien de songe à l'exactitude du trait, entre dans l'air du temps et plaît aux Parisiens.

DRAME TCHEKOVIEN

C'est Matisse qui révèle les conditions rocambolesques qui sont à l'origine du mariage d'Olga Khokhlova avec Pablo Picasso. A la fin de sa vie, il aimait raconter cette histoire et la répétait volontiers, notamment à Lydia Delektorskaïa et à Dina Vierny qui nous l'ont rapportée. Olga, après sa rencontre avec le peintre espagnol, était venue à son atelier pour un entretien galant, qui avait tourné très vite à un tête-à-tête brûlant. En sortant, un peu enivrée par la découverte de leurs désirs réciproques, Olga ne prend pas garde et fait une mauvaise chute qui provoque une entorse. C'est un drame pour elle : elle ne peut plus danser. C'est l'impasse pour Picasso, qui, l'ayant privée de son art, croit devoir l'épouser. Le vieux maître, dit-on, riait dans sa barbe en rapportant cette anecdote cocasse.

Comme nous le confiait Dina Vierny, lors d'une promenade dans l'ancien couvent des Récollets, transformé en hôtel particulier sous Louis XV, et qui deviendra la Fondation Maillol dont elle fut l'égérie russe, l'amour n'est pas un sentiment irréversible. Elle signifiait par là que le cœur n'est jamais conquis définitivement et qu'un amour qui veut durer doit sans cesse être ressourcé à la fontaine du désir. Car le créateur, toujours assoiffé de surprise, peut difficilement supporter ce qui pour d'autres apparaît comme la béatitude même de la vie bourgeoise. En poussant progressivement Picasso à s'éloigner de ses meilleurs amis, dont Braque, Juan Gris et bientôt Max Jacob, Olga gagnait dans l'immédiat mais perdait sur la perpétuité. Elle s'était donné l'illusion que son mari-amant était d'accord sur cette domination encore accompagnée de douceur. Et les témoins extérieurs pouvaient partager cette impression, comme David Cooper par exemple, pour qui « à partir de 1918, Pablo était disposé à plonger dans la société mondaine, parce qu'il recherchait la vie sous d'autres formes et parce que cela faisait un contraste complet avec la monotonie de sa vie antérieure. Néanmoins, Picasso ne perdait pas la tête. » Comme l'a si subtilement analysé Pierre Daix dans son excellent ouvrage sur la vie de Picasso : « Ainsi, celui-ci n'a jamais commis de portraits mondains, dans le sens où Juan Gris l'a écrit à Kahnweiler, comme Derain ou Van Dongen. Ce qui ne veut pas dire que des femmes du monde ne soient jamais apparues sous ses crayons mais toujours choisies parmi ses relations proches – Mme Wildenstein est la meilleure amie d'Olga[1]. » Et Pierre Daix ajoute : « Je dirai, pour éclaircir les choses, que la femme, pour lui est formes, lignes et couleurs dignes d'études ; comme l'un quelconque des objets qu'il peut utiliser dans le champ des élucubrations d'ordre plastique ; et encore quelque chose de plus, susceptible de satisfaire ses sens[2]. »

Quoi qu'il en soit, la faille invisible qui a commencé de miner ce couple n'est pas dangereuse tant que le principal intéressé y est encore indifférent. D'autant que le bonheur de la paternité, avec la naissance du petit Paul dans la période des Arlequins, sous les couleurs desquels il prendra plaisir à le peindre, offre un attendrissant sursis à un amour qui n'est pas encore mort. Mais le soir où Pablo rentre chez lui et prend soudain conscience que la différence de leurs décors – déjà apparue à tous – est plus qu'une variation amusante sur leurs caractères divergents et leurs origines contraires, il ressent brutalement cette différence comme une aliénation qui, de jour en jour, s'affirme. Alors sa décision est prise, sans qu'il ose mur-

1. Pierre Daix, *Pablo Picasso le créateur*, Paris, Éd. du Seuil, 1987.
2. *Ibid.*

murer pour lui ce mot aux accents définitifs : divorce. A cet instant, l'indomptable artiste prend vraisemblablement conscience d'un coup de ce que Marc Chagall nous confiait, un soir d'été à Saint-Paul-de-Vence : « Ils appartenaient tous deux à des planètes différentes. » Pour Brassaï qui a rencontré Picasso dans l'appartement de la rue de La Boétie, la crise du mariage commence en 1924-1925, si ce n'est plus tôt. La valeur de son témoignage s'appuie sur une description pointilleuse : « J'avais devant moi un homme simple, sans affectation, sans morgue, sans pose. Je regardais aussi l'étrange lieu : je m'attendais à un atelier d'artiste et c'était un appartement transformé en capharnaüm... Sans doute jamais logement bourgeois ne fut aussi peu "bourgeoisement" meublé : quatre ou cinq pièces – chacune sa cheminée en marbre surmontée d'une glace – entièrement vides de tous les meubles habituels, remplies de tableaux entassés, de cartons, de paquets, de baluchons, de la plupart des moules de ses statues, de piles de livres, de rames de papier, d'objets hétéroclites, posés pêle-mêle, au long des murs, à même le sol, et recouverts d'une épaisse couche de poussière. Picasso avait planté son chevalet dans la pièce la plus vaste – ex-salon sans doute – seule pièce sommairement meublée. La fenêtre donnait au sud et offrait une belle vue sur les toits de Paris, hérissés d'une forêt de cheminées rouges et noires entre lesquelles apparaissait, fine et lointaine, la silhouette de la tour Eiffel[1]. »

A l'œil de Brassaï rien n'échappe et sa précision visuelle est presque un constat d'huissier ennobli par la touche de l'art. « Comme au *Bateau Lavoir*, ici il avait loué un, puis deux appartements superposés et identiques. Leur contraste était frappant ; en bas, pas le moindre

1. Témoignage rapporté par Pierre Daix dans son ouvrage, *Pablo Picasso le créateur, op. cit.*

laisser-aller, pas un grain de poussière. Parquet et meubles reluisants, lustrés. Olga veillait jalousement à ce que Picasso n'impose pas l'empreinte puissante de sa personnalité sur un domaine qui était considéré comme le sien propre... Artiste arrivé, il en avait tous les attributs, tous les signes extérieurs : une Hispano-Suiza, conduite par un chauffeur en livrée, les complets de grands tailleurs, les chiens de race. Picasso recevait dans son salon le comte Étienne de Beaumont, Misia Sert, Erik Satie, Manuel de Falla, Arthur Rubinstein, Jean Cocteau, les célébrités du jour, le Tout-Paris, sortait beaucoup, fréquentait les premières de théâtre et de ballet, assistait aux réceptions et aux grandes soirées, toujours en compagnie de sa femme, belle et élégante[1]. »

Cette vision extérieure d'une idylle au bord de la perfection sociale cachait mal la fissure intérieure qui s'agrandissait. C'étaient les prémisses de l'échec d'une jeune femme qui voulait imposer au grand créateur le carcan d'une vie bourgeoise et n'avait pas encore assimilé toutes les subtilités et les sortilèges de celles qui deviendront les vraies égéries russes. Au lieu d'en être la première, elle en était déjà l'antithèse. Était-elle allée trop loin ou au contraire pas assez profond en lui, au pays perdu de ses fantasmes ? Était-elle restée une île exotique séparée par une mer étroite d'un continent immense qu'était Picasso et qu'elle n'avait su explorer ? Nul ne le sait, sauf peut-être une autre femme qu'il rencontre dans le quartier de l'Opéra le 8 janvier 1927. Elle a dix-huit ans et s'appelle Marie-Thérèse Walter. C'est un choc sensuel, et Picasso est frappé par la densité du bleu de ses yeux. Un éclair d'azur qui tranche avec la grisaille parisienne. Il l'aborde d'une façon banale, on dirait aujourd'hui comme

1. *Ibidem*

un dragueur, en pleine rue. Mais combien de grandes histoires d'amour sont nées de ces rencontres à l'improviste où le destin, lui-même surpris, n'a pas eu le temps de planter le décor. Il commence par la suivre, puis ose l'aborder. Il entame la conversation et sent aussitôt qu'elle y trouve de l'intérêt. Mais dans cet échange bref et intense où le feu du désir bouscule ses mises en scène, le peintre va avoir une surprise. « Mademoiselle, vous avez un visage intéressant. Je voudrais faire votre portrait. Je suis Picasso », lui dit-il. Toute la première partie de sa déclaration, elle l'a parfaitement comprise. Mais au nom de Picasso, la jeune fille n'a pas cillé. Elle ne le connaît pas. Aussitôt commence le cortège des rendez-vous secrets. Changements de décors. Ils sont souvent balnéaires. Picasso lui demande de venir le rejoindre subrepticement à Dinard. La contempler face à la mer convient à la luminosité de ses yeux. Ils rééditeront ces rencontres maritimes de la Bretagne au Midi, où le rendez-vous est fixé à Juan-les-Pins. Chaque fois, Picasso prend soin de l'installer tout près de l'adresse conjugale avec une insolence mêlée d'imprudence. Les vagues de la passion se mettent à influencer les lignes de ses tableaux, comme si le mouvement marin entrait lui-même dans sa peinture. C'est du moins ce que remarque Brassaï qui indique un changement de courant : « Picasso aimait la blondeur de ses cheveux, son teint lumineux, son corps sculptural... Depuis ce jour, toute sa peinture commence à onduler... A aucun moment de sa vie, sa peinture ne devint aussi ondoyante, toute en courbes sinueuses, les bras enroulés, les cheveux en volutes[1]. »

Pendant ce temps-là, Paul grandit. Olga est en plein désarroi. La tentative de la petite danseuse des Ballets

1. *Pablo Picasso le créateur, op. cit.*

russes tourne au drame tchekhovien. Olga aurait-elle perçu les changements de la peinture de Pablo qui se produisent dès qu'une femme entre dans sa vie ? Olga adore toujours le ballet mais, étrangement, Pablo a cessé de dessiner des danseuses. Et voilà qu'il va jusqu'à s'orienter vers les sujets qu'elle déteste... Les nuits bleues, le jazz, la corrida. En lui tout est révolution et elle ne peut percevoir que ce changement est si profond qu'il deviendra politique. Alors qu'elle est restée une Russe blanche marquée par les terribles épreuves des siens, l'amitié entière qui lie Éluard à Picasso – peut-être plus que la rage de la guerre d'Espagne – le pousse plus nettement du côté des communistes. Olga a voulu se remettre à lire Tolstoï, mais la première sentence d'Anna Karénine la poignarde au cœur : « Toutes les familles heureuses se ressemblent. Chaque famille malheureuse est malheureuse à sa manière... » De la même façon, l'amour d'Olga pour le génie d'Espagne court à la catastrophe. Mais rien de pire que ces agonies qui n'en finissent plus, où parfois réapparaît l'espoir du salut avant de retomber soudainement sous l'emprise des ténèbres.

La rupture est consommée en 1935 et, pour ne pas revoir Olga, Pablo évite la Côte d'Azur et passe l'été à Boisgeloup. A Paris, il revient à ses errances et à sa vie de bohème et rompt avec les amitiés mondaines de sa femme. Étrangement, le seul milieu qui leur reste en commun et qu'il continue à fréquenter est l'univers des Ballets russes où il prend plaisir à revoir ses vieux amis, Massine et Jean Cocteau. Picasso demande le divorce et Olga, tentant de le refuser – « parce qu'elle proclame qu'elle l'aime encore » –, ne fait que provoquer sa hargne, bientôt son mépris. Dina Vierny qui le connaissait bien, nous a rapporté – lors d'une conversation récente dans un café de la rue de Grenelle qu'elle avait coutume de fréquenter avec Prévert – l'un des ultimes échanges de ce couple brisé. « Tu prétends m'aimer, disait Pablo à Olga. Peut-être, mais alors c'est comme un morceau de poulet rôti que tu veux croquer jusqu'aux os. »

Pourtant Picasso est touché, ce refus du divorce le déprime. Il erre dans Paris et tente de changer ses habitudes pour ne plus retomber sur les lieux heureux qu'il a connus naguère avec elle. On le voit d'abord aux *Deux Magots* mais c'est finalement au *Flore* qu'il prendra ses quartiers, s'installant toujours à part, et cherchant chaque fois la solitude d'une table déserte.

Cette situation l'a à ce point bouleversé qu'il a cessé de peindre. Il ne fréquente même plus son atelier et la vue de ses propres dessins l'exaspère tant chacun d'eux lui rappelle le souvenir d'instants heureux qui accentue encore son chagrin. Son seul et grand réconfort est son plaisir de vivre avec Marie-Thérèse, sa jeune maîtresse, pour laquelle il a gardé l'éblouissement de la première rencontre. Elle vient d'accoucher d'une fille qu'elle nomme Marie de la Conception, en mémoire de la petite sœur de Picasso morte à La Corogne. Pablo, quant à lui, préféra l'appeler Maïa, et prendra un plaisir immense à jouer avec l'enfant.

Dans son malheur, Olga cherche la consolation dans un retour à ses racines. A Paris, il n'y a que la rue Daru, où elle s'est mariée avec Pablo, qui peut lui redonner le parfum de sa chère Russie et de son bonheur perdu. Devant la flamme pure des cierges, l'encens bleu et la figure du Christ cernée d'or dans l'iconostase, elle prie, et ses lamentations ressemblent aux vers d'Anne Akhmatova.

Envoie-moi d'amères années de maladies,
La fièvre, l'insomnie, l'étouffement.
Prends-moi et l'enfant et l'ami
Et le don mystérieux des chants.

Ainsi va ma prière pendant la liturgie
Après les tourments de ces jours si longs :
Que le lourd nuage sur la sombre Russie
Devienne une nuée dans la gloire des rayons[1]. »

Olga finira ses jours, abandonnée dans le midi de la France. A Nice, les responsables des œuvres de bienfaisance russe lui rendent quelques visites, mais c'est le désespoir qui est son compagnon.

Comme nous l'a raconté Pierre Cabanne, celle qui avait été l'épouse épanouie d'un Pablo Picasso, sortant avec elle en smoking, une ceinture de toréador autour des reins, errait désormais dans les rues de Nice, comme une illuminée hantée par son passé. Sous la lumière crue du Midi, Olga reçut cette ultime blessure de la vision réelle d'un bonheur qui lui avait échappé : une femme en robe légère, tenant ses enfants par la main et se dirigeant vers la plage : c'était Françoise Gillot, la nouvelle compagne du peintre.

1. *Anthologie de la Poésie russe*, Paris, Aubier-Flammarion, 1970.

6

ERRANCES ET ATTIRANCES

La plus douce des invasions russes a enchanté le Paris des années 1900. Aux avant-gardes de ces bataillons de charme d'égéries russes qui envahissent le cœur de la capitale s'impose l'étrange personnage de la baronne d'Œttingen qui va y créer en quelques semaines un salon si brillant qu'il n'aura d'égal en Europe que celui lancé à Munich par une autre Russe à l'irradieuse présence, Marianna Werefkin. La baronne, qui surgit en 1903, a trois noms. Tantôt elle est Jadwiga dans l'éclat de sa baronnie, tantôt elle est Édouard Angibout quand elle peint, tantôt elle est Roch Grey quand elle écrit. D'origine aristocratique russe, elle est venue à la découverte de l'Europe avec son cousin Serge Jastrebzoff qu'elle fait d'ailleurs passer pour son propre frère sous le nom de Serge Férat. Il est artiste lui aussi et peint des œuvres cubistes qui peuvent rappeler avec leurs coloris intenses la manière de Juan Gris. La baronne d'Œttingen attire rapidement à elle non seulement ceux qui seront les phares de l'art du XXe siècle, Apollinaire et Max Jacob, mais aussi les créateurs compatriotes qui sont arrivés dans le brillant sillage des Ballets russes tels Larionov et sa femme Gontcharova, ou encore Marc Chagall et Sonia

Terk qui deviendra l'épouse de Delaunay. Pour affermir le pouvoir de sa « sœur », Férat a l'idée de créer une revue d'art et de littérature qui paraîtra irrégulièrement jusqu'en 1914 mais qui sera sa tribune. Les rédacteurs des *Soirées de Paris* se réunissent bien entendu chez la baronne et c'est un festival de mots. On y reconnaît les tenants de l'avant-garde parisienne : Survage, Exter, Max Jacob, Baranoff-Rossiné, qui, par leurs articles illustrés, contribuent à la diffusion du cubisme en Russie où la revue a aussi ses abonnés éblouis.

A Munich, même combat, les Russes contribuent à cette réflexion capitale sur l'art moderne. « L'art commence où la vie finit », ne cesse de répéter Marianna Werefkin. « J'aime les choses qui ne le sont pas. Tout m'ennuie dans le monde des objets. Je me suis créé une vie d'illusions. Tout y est merveille et visions. » Cette grande mystique obsédée par la vie intérieure et qui perçoit les ondoiements perpétuellement changeants du monde sensible, introduit bizarrement la spiritualité russe dans le domaine des arts. Pour elle, Dieu est l'unique promoteur de toute création et, dans une illumination présageant l'art abstrait, elle jette devant un Kandinsky ébranlé et déjà condamné : « Je crois qu'outre les vanités du monde et les caprices de la vie, il y a un corps immuable animé par une vérité immatérielle vers laquelle je me sens, par toute mon âme, entraînée. » C'est par ces mots nébuleux qu'elle accueillait d'ailleurs le plus souvent les invités, rappelant le style d'une autre égérie mystique, la baronne de Krudener qui étourdissait et enveloppait dans sa fumée philosophique, en l'hôtel de Talleyrand à Paris, pendant l'occupation des Cosaques sur les Champs-Élysées, le tsar Alexandre Ier. Mais, à Munich, le tourbillon mystique est encore plus cosmopolite. Américains, Anglais, Espagnols, Finlandais, Polonais, Russes, Serbes, Tchèques se succèdent aux genoux d'ivoire de Marianna. Leonid

Pasternak, le père du poète, se souvient de l'atmosphère de la ville : « Paris, c'est un tourbillon effervescent, dit-il à ses étudiants. Munich, c'est une ville allemande tranquille et calme ; ennuyeuse peut-être pour certains, mais pour les études, elle peut donner beaucoup. Là-bas, on sait peindre, et c'est l'essentiel, c'est la base. » Mais son fils, déjà étudiant en philosophie dans les universités allemandes, prenait cela avec plus de joie et d'humour : « Paris, c'est une femme, Munich, c'est la bière ! » Ce garçon tourmenté aux yeux en amande, fils de Leonid, professeur mais aussi peintre, et de Rosa la pianiste, a été élevé à Moscou dans une atmosphère de haute culture, rencontrant les Rilke, les Scriabine, les Tolstoï. Il se cherche un destin. Après six années de musique, il étudie les lettres et la philosophie à Marbourg. L'Allemagne va le ramener vers la Russie et son vrai destin, la poésie.

C'est un chant qui s'enfle et qui monte
Le claquement de glaçons écrasés,
C'est le froid de la nuit sur les feuilles,
Ce sont deux rossignols qui s'affrontent.

Ce sont les pois suaves d'une rame abandonnée
Les larmes de l'univers dans les cosses
Figaro qui s'abat sur le potager
Et grelons du pupitre et des flûtes

C'est cela qu'à tout prix la nuit veut retrouver
Dans les fonds ténébreux des baignades
Pour porter une étoile jusqu'au vivier
Dans ses paumes mouillées, frissonnantes.

On étouffe, plus plat que les planches sur l'eau,
Et le ciel est enfoui sous les aunes,
Il siérait aux étoiles de rire aux éclats,
Mais dites, quel trou perdu que ce monde !

écrira-t-il dans sa *Définition de la poésie*[1].

Car les Russes dans leurs errances exportent leur poésie et transportent avec eux de la Giselstrasse au boulevard du Montparnasse tout l'incroyable attirail de leur magie : les icônes, les samovars, les portraits de famille, les meubles anciens peints, les poupées gigogne et les loubok, ces dessins folkloriques russes qu'on trouve dans les foires de Nijni-Novgorod ou de Omsk, au pays de Michel Strogoff. Les langoureuses mélopées de la plaine voyagent avec eux dans la musique tzigane et dans ces conversations interminables qui commencent à cinq heures autour du thé brûlant pour se poursuivre tard dans la nuit, sur le sens de la vie, la création et la spiritualité de l'art, jusqu'à ce que l'on perde le sens des mots dans l'éclat de diamant des petits verres de vokda. Si cette nation a donné au monde un mot dont ce dernier a parfois même oublié l'origine, nul ne peut nier qu'il exprime toute l'influence de l'esprit russe : « intelligentsia ». Ce mot ambulant est l'image du caractère russe qui se découvre dans son avidité effrénée de tout ce qui vient de l'étranger. Et si le rideau de fer qui a établi la nuit communiste sur tout un peuple pendant soixante-dix ans dans un paysage de guerre froide a pu apparaître comme un écrasant destin définitif, il n'a jamais effacé cette permanence qui ira jusqu'à traverser les goulags et les persécutions de la Loubianka. Car, comme le dit le proverbe russe : « Là où même l'eau ne passe plus, le livre

1. *Anthologie de la Poésie russe, op. cit.*

passe. » Et force est de constater que, dans ce pays, la littérature et les arts jouent un rôle qui est indispensable à l'essence même de la nation, et qui seul a su assurer, de Pasternak à Soljenitsyne, son réveil quand les forces du mal étaient parvenues à chloroformer toutes les volontés. C'est pourquoi, dans ces foyers russes, partout allumés en Europe, on ne peut considérer la poésie comme un simple art d'ornement ou la conversation comme un égarement de fantaisie. Toujours brûle la petite flamme de la vigilance, le désir de l'éternel retour, la blessure de cette terreur qu'on ne peut oublier, la dignité offusquée et retrouvée d'une nation : en décembre 1930 à Leningrad, sous les hurlements des loups de Staline, Ossip Emilievitch Mandelstam écrit ce poème :

Je reviens dans ma ville familière, jusqu'aux larmes,
Jusqu'aux vaisseaux sanguins, jusqu'aux ganglions enflés
[de l'enfant

Te voilà de retour, avale donc sans tarder,
L'huile de foie de morue des réverbères de Leningrad sur
[les quais.

Reconnais sans tarder cette journée de décembre
Où au goudron funeste se mêle le jaune d'œuf

Pétersbourg ! Je ne veux pas mourir encore,
De mes téléphones tu gardes les numéros,

Pétersbourg ! Je les ai encore les adresses
Pour aller retrouver les voix des morts

Mon escalier est noir, et dans la tête,
Arrachée au mur, résonne la sonnette

Et toute la nuit durant, j'attends les hôtes chers,
Agitant à la porte les lourdes chaînes de fer[1].

MODIGLIANI : UN AMOUR D'ARCHANGE

Dans ces mêmes années trente, et en cette même ville de Leningrad, une femme est frappée par les interdictions continuelles de publier sa poésie. C'est la plus grande poétesse de la Russie de toutes les époques, Anna Andreïevna Akhmatova. La vie de cette femme-là est une tragédie de tous les instants, hormis ses deux années de rencontre à Paris avec l'archange. Était-ce l'amour ? Non, c'était plus que cela. Ce sentiment si pur et si transparent dont l'altérité admirable ne peut être traduite que par la poésie d'Anna ou la peinture de l'archange Amedeo Modigliani, nous hésitons à le décrire. D'ailleurs, ne serait-ce pas un sacrilège de se substituer à elle pour entrer dans ce parcours aérien que seuls ses mots, ses images, son cœur mis à nu, peuvent restituer dans son écriture sans reproche et d'où se dégage une intériorité sublime ? Quand les mots les plus beaux ont lâché leur sens en route, à force d'être usés, abîmés, écharpés, sa musique élevée ou divine nous redonne le rythme de son âme et nous invite à la contemplation du cœur, à la paix, à une nouvelle méditation sur le verbe aimer. Elle a laissé cette page qui apparente son souvenir de la rencontre avec l'archange, par sa qualité inégalée, à une sorte de chef-d'œuvre de la poésie de la Renaissance qui n'aurait même pas eu besoin d'exister. Que faire ? Seulement regarder longuement son portrait, en deux traits, dessiné par l'archange et écouter sa voix si digne, si fluide et sonnante

1. *Anthologie de la Poésie russe, op. cit.*

comme le cristal : « Je crois volontiers ceux qui ne le décrivent pas comme je l'ai connu. Et voilà pourquoi. *Primo*, j'aurais pu connaître juste un côté de sa substance "côté lumineux" – moi, je suis devenue d'ailleurs une étrangère vraisemblablement peu compréhensible, une femme de vingt ans venue d'autres parages. *Secundo*, moi-même, j'ai remarqué en lui quand nous nous sommes rencontrés de nouveau, en 1911, qu'il était en quelque sorte devenu plus sombre avec des traits plus tirés. Il m'a écrit durant tout l'hiver de 1910. Je me souviens de quelques phrases de ses lettres, dont une : "Vous êtes en moi comme une hantise." Il écrivait des vers, dont il ne m'a pas parlé. Comme je comprends maintenant que ce qui l'a frappé le plus en moi c'est ma capacité de deviner les pensées des autres, de voir les songes des autres, et d'autres petites choses qui sont habituelles pour ceux qui me connaissent suffisamment. Il répétait tout le temps "on communique". Il disait souvent : "Il n'y a que vous pour réaliser cela." Probablement tous les deux nous comprenions une chose substantielle : tout ce qui s'est passé était pour nous deux, préhistoire de notre vie, la sienne très courte, et la mienne trop longue. Le souffle de l'art n'a pas encore enveloppé de cendres nos deux êtres, c'était sans doute une heure légère et lumineuse juste avant l'arrivée de l'aube. Cependant, l'avenir comme on le connaît jette son ombre bien avant qu'elle entre, elle frappe à la fenêtre, en jouant à cache-cache derrière les réverbères, transgressant les songes, et faisant peur par ce Paris effarant de Baudelaire, qui nous guettait quelque part à côté. Tout ce qu'il y avait de divin en Modigliani perçait comme une étincelle issue de l'obscurité. Il ne ressemblait à personne au monde. Sa voix vit toujours dans ma mémoire. Je l'ai connu misérable et c'était incompréhensible comment il vivait. Comme peintre il n'a pas eu un brin de reconnaissance. A cette époque (en

1911), il vivait dans l'impasse Falguière. Il était si pauvre que quand nous étions assis dans le jardin du Luxembourg, c'était toujours sur les bancs et jamais sur les chaises payantes, comme il eût été convenable de le faire. Il n'a jamais eu un mot pour se plaindre de ses difficultés matérielles évidentes, ni de cette non-reconnaissance aussi flagrante. Une fois seulement en 1911, il m'a dit : "L'hiver passé, c'était si dur que je ne pouvais même pas penser à ce qui m'est le plus cher." Il me paraissait cerné par le cercle épais de la solitude. Je ne me souviens pas qu'il disait bonjour à qui que ce soit au jardin du Luxembourg ou au Quartier latin. Les uns et les autres se connaissaient plus ou moins tous. Je n'ai jamais entendu de sa bouche un nom de connaissance. D'un ami ou d'un peintre. Je n'ai jamais entendu de sa part une blague quelconque. Je ne l'ai jamais vu éméché, ni senti de sa bouche l'odeur du vin. Probablement, il a commencé à boire beaucoup plus tard. Cependant le haschisch commençait à être mentionné dans ses conversations. Il n'avait pas à ce moment-là une amie évidente dans sa vie. Il ne m'a jamais fait le récit de ses amours précédentes, ce qui est hélas, pratiqué par tout le monde. Il ne m'a jamais parlé de quoi que ce soit de terre à terre. Il était toujours bien élevé, ce qui n'était pas chez lui une conséquence de l'éducation, mais la conséquence de la hauteur de son esprit. En ce temps-là, il travaillait beaucoup la sculpture, dans la petite cour de son atelier. On entendait dans l'impasse sonner la frappe de son petit marteau. Les murs de son atelier étaient pleins de portraits accrochés de haut en bas, jusqu'au plafond, j'ai l'impression. Je n'ai jamais vu leurs reproductions et je ne sais pas s'ils ont été sauvegardés. Sa sculpture, il l'appelait "La chose". Il me semble qu'elle a été exposée chez les Indépendants en 1911. Il m'a demandé de venir la voir mais il ne m'a pas approchée pendant l'exposition parce que je n'étais pas venue seule.

La photo de cette "chose" a disparu durant une des perquisitions chez moi. En ce temps-là, Modigliani était fou d'Égypte. Il m'emmenait au Louvre voir le département égyptien et il assurait que tout le reste n'était pas digne d'attention. Il dessinait ma tête dans l'ornement des reines d'Égypte et des danseuses. Il semblait complètement conquis par le grand art de l'Égypte. L'Égypte était sans doute sa dernière passion. Dès ce moment, il est devenu si original que nul ne peut se souvenir de quoi que ce soit d'autre quand on contemple ses toiles. Maintenant cette période de Modigliani est curieusement appelée "période nègre". Il disait : "Les bijoux doivent être sauvages" (à propos de mes colliers africains) et il me dessinait quand je les portais. Il m'emmenait voir le vieux Paris derrière le Panthéon, la nuit au clair de lune. Il connaissait très bien la ville, mais une fois nous nous sommes tout de même égarés. Il me disait : "J'ai oublié qu'il y a une île au milieu." C'est lui qui m'a montré le vrai Paris. A propos de la Vénus de Milo, il disait que les femmes bien faites d'après lesquelles cela vaut la peine de faire les sculptures ou les tableaux sont toujours un peu pataudes lorsqu'elles sont habillées. Quand il pleuvait – et à Paris il pleut souvent – il prenait toujours un énorme parapluie noir un peu abîmé. De temps à autre, nous étions assis sous ce parapluie sur le banc du jardin du Luxembourg. La pluie tiède d'été battait son plein. Le vieux palais à l'italienne était à peine endormi et nous récitions à deux voix Verlaine qu'on connaissait par cœur, et étions heureux de dire ensemble les mêmes poésies. J'ai lu dans une de ses biographies américaines, qu'une certaine Béatrice X a eu une influence considérable sur Modigliani. C'est elle-même qui le nomme "Perle et pourceau". Je voudrais témoigner que Modigliani était aussi cultivé, bien avant de connaître Madame Béatrice X, c'est-à-dire en 1910. En plus, c'est difficilement imaginable qu'une dame qui qualifie un grand artiste de pourceau puisse éclairer qui que ce soit... Des gens plus âgés que nous nous ont montré l'allée du jardin du Luxembourg à travers laquelle Verlaine venait entouré des admirateurs de son café pour se rendre au restaurant dans lequel il avait coutume de dîner. Mais en 1911, sur cette allée passait non pas Verlaine, mais un monsieur de haute stature dans un veston irréprochable, en chapeau haut de forme avec à la boutonnière une rosette de la Légion d'honneur. Et les voisins murmuraient : Henri de Régnier. Modigliani ne voulait pas entendre parler d'Anatole France. Comme d'ailleurs d'autres Parisiens éclairés. Il était heureux que je ne l'aimasse pas non plus. Verlaine existait au jardin du Luxembourg comme une statue qui vient d'être inaugurée cette année. A propos de Victor Hugo, Modigliani disait simplement : "Hugo, c'est déclamatoire !" Une fois peut-être nous avons mal fixé notre rendez-vous. Et quand je suis venue chez lui, je ne l'ai pas trouvé et j'ai décidé de l'attendre quelques minutes. Entre mes bras, il y avait un énorme bouquet de roses rouges. Une fenêtre au-dessus des portes fermées de l'atelier était ouverte. J'ai commencé à jeter les roses à travers la fenêtre. Sans attendre Modigliani, je suis partie. Quand nous nous sommes finalement rencontrés, il s'est étonné de savoir comment j'avais pu entrer dans une chambre fermée car il portait la clef sur lui. Je lui ai expliqué comment cela s'était produit. "C'est impossible ! Les roses étaient si joliment disposées." Modigliani aimait errer à travers Paris la nuit, et souvent en entendant ses pas sonores dans la rue endormie, je m'approchais de la fenêtre et à travers les persiennes je suivais son ombre qui s'arrêtait longuement devant ma porte. A cette époque, Paris était ce que déjà dans les années vingt on commençait à appeler "le vieux Paris" ou le Paris d'avant-guerre. Les fiacres étaient encore nombreux. Les cochers avaient leurs propres restaurants ou leurs petites gargotes qu'on appelait tout simplement *Au rendez-vous des cochers.* Les gens de mon âge, encore jeunes, n'avaient pas encore été tués à Verdun ou pendant la bataille de la Marne. Tous les artistes "de gauche", à l'exception de Modigliani, ont été reconnus. Picasso était aussi célèbre qu'aujourd'hui, seulement à l'époque on disait : "Picasso, Braque." Ida Rubinstein jouait *Shéhérazade,* les ballets russes devenaient une tradition élégante (Stravinski, Nijinski, Pavlova, Karsavine et Bakst). Maintenant nous nous rendons compte que le destin de Stravinski n'était pas lié aux années 1910 et que son œuvre est devenue un sommet de l'expression de l'art du XXe siècle. A l'époque, nous n'avions pas mesuré la dimension de ce grand artiste. Le 20 juin 1910 a eu lieu la générale de *L'Oiseau de feu.* Le 30 juin 1911, Fokine a monté *Petrouchka* chez Diaghilev. Werner, l'ami d'Edison, m'a désigné à la *Taverne du Panthéon* deux tables et a dit : "C'est ici que vos sociaux-démocrates sont installés. Voilà celle des bolcheviks, voici celle des mencheviks." Les femmes, avec un succès aléatoire, essayaient de porter les jupes-culottes, ou enveloppaient leurs jambes de tissus sous des jupes entravées. La poésie était déjà tombée en désuétude et les gens achetaient les poèmes à cause des vignettes qui étaient faites à l'époque par des peintres plus ou moins connus. Je comprenais déjà que la peinture de Paris avait dévoré la poésie française. René Gil tentait de propager une poésie scientifique. Et ses soi-disant disciples assistaient aux prestations de leur maître avec beaucoup de difficulté. L'Église catholique canonisa Jeanne d'Arc.

Et Jehanne, la bonne Lorraine
Qu'Anglois brûlèrent à Rouen...

Je me suis rappelé les paroles de cette ballade immortelle en regardant les statuettes de la nouvelle sainte. Elles étaient d'un goût douteux et on a commencé à les vendre dans les boutiques près des églises. Modigliani était désolé de ne pouvoir comprendre la langue de mes vers et disait qu'il les soupçonnait de cacher quelques paroles miraculeuses, tandis que c'étaient les premières tentatives timides qui ont été publiées justement en 1911 dans le journal *Apollon...*[1] »

Vingt-huit ans plus tard, le 9 août 1939, un ami, lors d'une visite à Anna Andreïevna, remarque au mur un petit tableau, un merveilleux dessin au crayon, son portrait. Il lui demande l'autorisation de le décrocher pour mieux le regarder et dit aussitôt : « C'est un Modigliani. » Alors elle se met à parler de lui : « Vous comprenez, ce n'est pas la ressemblance qui l'intéressait, c'était la pose. Il m'a dessinée une vingtaine de fois... Il était juif, italien, petit de taille, avec des yeux dorés, très pauvre. J'ai tout de suite compris que quelque chose de grand l'attendait. C'était à Paris. Par la suite, revenue en Russie, j'ai questionné tous les voyageurs ; ils n'avaient jamais entendu ce nom-là. Et maintenant, tout le monde me demande s'il est bien vrai que je l'ai vu... » Ne disait-elle pas, Anna Akhmatova :

La vraie tendresse, par nature,
Est discrète et ne trompe pas.
Tu as beau entourer de fourrures
Doucement ma gorge et mes bras,
Et parler en toute innocence
Du premier amour de ta vie,
Je connais trop bien l'insistance
De tes regards inassouvis.

---

1. Anna Akhmatova, *Poetitchekoe Stranstie,* traduction des auteurs, Moscou, Éd. Radonga, 1991.

La vie d'Anna aussi est placée sous le sceau de la persécution. L'interdiction de publier pendant presque cinquante ans, la vision de son fils Lev déporté dans les camps, son deuxième mari également envoyé au Goulag, elle, personnellement attaquée par les inquisiteurs de Jdanov, et les années de guerre à Tachkent où elle est durement atteinte par la maladie, interdite de voyages à l'étranger pendant des décennies ; tant de malheurs, si bien que les souvenirs que l'on vient de restituer reflètent, non seulement son attachement à Modigliani, mais l'exquise fraîcheur de ses impressions, alors que plus de cinquante ans les séparent de son récit. Entre la première perception qui la lie à l'Archange, cette heure lumineuse d'avant l'aurore qu'ils évoquaient ensemble à Paris, et sa mort le 5 mars 1966 à Moscou, que de temps, que de douleurs, que de vers à la pureté pouchkinienne pour celle qui fut à la fois inspiratrice magnifique et grand poète :

En quoi donc nous importe-t-il
Que tout retourne en poussière
Sur quels abîmes j'ai chanté
Dans quel miroir j'ai pu vivre ?
Je ne suis ni le rêve ni la consolation
Et encore moins la grâce,
Mais peut-être le plus souvent
Qu'il ne faut, tu te rappelleras
Ces lignes dont le murmure s'apaise
Et ce regard qui cache au fond de soi
La couronne aux épines rouillées
Dans le tremblement de son silence.

« Au cours des années terribles du règne de Iejov[1], raconte Akhmatova, j'ai passé dix-sept mois à faire la queue devant les prisons de Leningrad. Un jour, quelqu'un m'a reconnue. Alors la femme aux lèvres bleuâtres qui était derrière moi et qui n'avait certainement jamais entendu prononcer mon nom sortit de la torpeur dans laquelle nous étions tous plongés et me demanda à l'oreille (là-bas on ne parlait qu'en chuchotant) : "Et ça, vous pouvez le décrire ?" J'ai dit : "Je le peux." Alors une espèce de sourire glissa sur ce qui jadis avait été son visage[2]. »

Voilà qui était Anna Akhmatova qui subit toutes les tragédies de son pays et qui résista à tous les outrages de l'Histoire. La petite fille, qui naît près d'Odessa en juin 1889 d'un père ingénieur mécanicien de la marine et qui va rester jusqu'à l'âge de seize ans dans le décor enchanteur de Tsarskoïe Selo, sous la protection du village de la famille impériale – où Pouchkine était venu faire ses études au lycée, et où la splendeur colorée des jardins et des façades empêchait de voir la réalité du monde –, ne pouvait imaginer que la férocité d'un univers nouveau allait tenter de briser son destin. Comme chez beaucoup de celles qu'on appellera « Les Egéries russes », la séparation de ses parents est une porte trop soudainement entrouverte sur les accidents meurtriers du sentiment. Tout d'abord, elle ne comprend pas, mais elle part avec sa mère en Crimée où elle fait ses études secondaires. L'errance la conduit à Kiev où elle commence ses études de droit, puis à Saint-Pétersbourg où s'épanouit son don pour

1. Chef du NKVD.
2. *Requiem*, in *Poème sans héros et autres œuvres*, Paris, La Découverte, 1991.

les lettres. Cela va la conduire directement vers son rêve ; épouser un poète romantique. Et celui qu'elle s'est choisi, Nicolas Goumilev, avec lequel elle se marie en 1910, s'il est un grand poète, est un mari difficile. Elle aime les poèmes de son recueil *La Route des conquistadores*, mais il est intouchable, inaccessible et reste pour elle mystérieux. D'une grande intelligence, il a suivi des cours de vieux français à la Sorbonne et se passionne pour ses voyages d'exploration en Afrique. Il va même s'engager comme volontaire dans l'armée active en 1914, mais après la débâcle, quand il revient en héros en Russie en 1918, c'est son mariage qui est dans la débâcle et il divorce alors d'Anna. Cependant, il restera pour elle, toujours, comme un mystérieux ami, courageux et imprévisible. Il finit fusillé, devenant dans l'opinion le martyr des bolcheviks, si bien qu'à l'annonce de son exécution dans les rues de Saint-Pétersbourg, sous le deuil de la neige maculée de sang, les passants effrayés diront : « Ils ont même osé faire cela. Massacrer la poésie ! » Anna, elle, écrira :

Il aimait trois choses au monde :
Les chants des vêpres, les paons blancs,
Les vieilles cartes d'Amérique.
Il n'aimait pas quand pleurent les enfants,
Il n'aimait pas le thé à la framboise,
Les crises de nerfs féminines.
... Et moi, j'étais sa femme[1].

1. *Le soir*, in *Poème sans héros et autres œuvres, op. cit.*

LA CANTINE VASSILIEV

Parmi les jeunes artistes qui précèdent Anna Akhmatova à Paris, l'une des premières se nomme Marie Vassiliev ; c'est une fraîche jeune fille, aux propos souvent naïfs mais dont la liberté de corps et d'esprit accompagne une passion bientôt exagérée pour les meilleurs crus de Bordeaux. Elle bénéficie d'une bourse de l'impératrice Alexandra, et Matisse devient son professeur en 1905. A partir de 1909, elle participe au Salon des Indépendants et au Salon d'Automne, et se lie d'amitié avec André Salmon, le critique d'art qui a passé sa jeunesse en Russie. Elle connaît aussi Paul Poiret, le premier grand couturier qui, intrigué par ses peintures, ses projets de meubles et ses poupées, dont certaines sont de véritables caricatures des gens célèbres qu'elle côtoie, décide de la faire connaître à l'orée des années vingt. Mais Marie est plus qu'une artiste et au moment où elle devient également une maîtresse de maison, elle crée un lieu inoubliable à Paris qui, lui aussi, sera, ô combien fécond, pour la création. Elle inaugure en effet dans son atelier au 21, avenue du Maine, l'Académie Vassiliev qu'elle doublera pendant la Première Guerre mondiale d'une cantine où de nombreux Russes exilés rencontreront les artistes français. Les femmes russes ont le don du « foyer ». Foyer au sens familial du terme, mais aussi au sens théâtral. L'Académie Vassiliev, et surtout la cantine, font la synthèse des deux et quel bonheur pour ceux qui ont l'âme bohème et si souvent l'estomac creux de trouver enfin un lieu commun et une assiette pleine. Les nourritures sont donc à la fois spirituelles et terrestres. Tandis qu'à l'Académie Vassiliev, certaines conférences resteront célèbres comme celle de Lounatcharsky sur la « Jeune Peinture française », ou celles de Léger sur « Les origines de la peinture et sa valeur représentative » et « Les réalisations picturales actuelles », à la cantine se presse une pléiade d'artistes aujourd'hui célèbres : les Polonais Kissling et Apollinaire, les incontournables Picasso et Max Jacob, les flamboyants Diego Rivera et sa compagne russe, Marevna, Marie Laurencin et Fernand Léger, les hommes d'action en état de trêve tels Boris Savinkof, ancien terroriste et futur ministre du gouvernement provisoire russe de Kerenski, ou Ilya Erhenbourg, bolchevique avant l'heure et maintenant romancier, et aussi des Américains comme Hemingway ou les gens des Ballets russes comme le beau Massine. Tous les peintres de Montparnasse, toutes les futures sommités de la poésie et des combats intellectuels sont passés par là. De temps en temps éclatent dans cette cantine surchauffée, où les rires et les défis se disputent à l'esprit, des scènes inoubliables et parfois osées.

Certaines égéries sourient encore du jour où les Suédois les plus beaux, debout sur les tables, sous les applaudissements crépitants des spectatrices, s'étaient dénudés avec une gestuelle emphatique et progressive jusqu'à montrer l'intégralité de leur impeccable plastique de Vikings. C'est dans cette tenue d'Adam du Nord qu'ils se mirent à danser, cette prestation provocante ayant pour but de leur assurer le prix de leur repas qu'ils collectaient en passant, enfin rhabillés, dans les rangs d'un public hilare. Durant cette scène érotico-comique, on avait entendu le franc rire de Marevna, la compagne de Diego Rivera[1], une des égéries russes. Elle a laissé de cette époque un témoignage attachant : « A la cantine Vassiliev, la cuisine était si bonne, surtout pour son prix de soixante centimes, pour lequel on vous servait à la fois une soupe

1. Diego Rivera qui se trouvera être plus tard avec Frieda Kahlo au Mexique, le voisin de Trotsky et qui fera le voyage à Moscou.

et un plat du jour. On y buvait aussi des boissons alcoolisées mais il n'y en avait pas pour tout le monde car Marie Vassiliev, assez portée sur la bouteille et toujours la première, oubliait rarement de lever le coude. De toute manière, nous trouvions toujours des gens qui étaient prêts à nous offrir un verre. Très souvent, j'ai rencontré ici Modigliani, qui était déjà connu pour ses sculptures, mais surtout pour sa faiblesse envers la cocaïne, le haschisch et l'alcool. C'était un vrai tempérament poétique. Il était cultivé, il avait beaucoup lu, mais surtout il était complètement désintéressé. Il ne cherchait ni l'argent ni même la gloire. Il était incapable de lutter contre la drogue et les boissons fortes qui peut-être l'inspiraient et lui permettaient d'oublier la condition misérable de sa vie d'artiste[1]. » Ce Modigliani-là, c'est l'archange tombé des nues, c'est l'Amedeo de l'après-Akhmatova, un homme usé par les stupéfiants dont la fin est proche et qui, s'il est mort dans le plus total anonymat, connaîtra une immense gloire par son œuvre quand il aura rejoint le ciel.

C'est Gorki qui donne à Marevna son nom en souvenir des contes naïfs russes. Une femme tourmentée par son enfance sans famille qui s'est imposée à Montparnasse à la fois par sa peinture et par son charme. Tout commence pour elle par une brève aventure avec Picasso. S'il ne s'agissait pas d'un grand amour, elle aura l'intelligence de construire sur ce fragment de liaison une véritable amitié, solide et durable. C'est Picasso, plus tard, qui, en la retenant à Paris, l'a empêchée de commettre le pas fatal : un retour en Russie pendant la guerre civile : « Ne va pas là-bas, c'est une folie. Nous allons faire de toi une artiste meilleure que Marie Laurencin. » Le Mexicain Diego Rivera, qui était assis à la table d'à côté, ne disait

1. *Les souvenirs sur Volochine*, traduction des auteurs, Moscou, l'Écrivain soviétique, 1990.

rien mais, dans son regard fiévreux, il y avait comme une promesse et cette fois-ci, Marevna comprend de qui elle sera l'égérie.

Avec son grand chapeau, son stick mexicain, sa stature de colosse et sa barbe d'ogre gentil, Diego Rivera était un personnage exotique qui apportait à *La Rotonde,* à *La Coupole,* mais surtout à la cantine Vassiliev, un perpétuel soleil mexicain et une permanente bonne humeur basanée. Il avait croisé Marevna à la cantine, seul endroit ouvert dans le quartier durant la guerre de 1914. Il ne pouvait s'y sentir dépaysé car sur les murs étaient tendues des tapisseries polynésiennes aux teintes vives et aux taches couleur de sang séché qui rappelaient les nuances préférées de sa palette.

Rivera, qui est pour le moment attaché à l'école de Paris et va se lancer dans un genre différent, deviendra maître des grandes fresques qui font la gloire de la culture latino-américaine. Il fait fusionner dans ses œuvres la violence des coloris aztèques et les mystérieuses géométries mayas. Lorsqu'on lui demande de qualifier son art, il n'a qu'un mot « païen ». Et quand on le questionne sur son choix en faveur de Marevna, il insiste sur le fait que seuls deux extrêmes peuvent vraiment s'attirer. Quant à Marevna, elle confie : « J'aimais tout ce qui venait de l'Orient, je pense que c'est justement cela qui m'a séduite en Rivera. Mis à part Picasso, c'est le seul de la foule qui nous a entourés que j'ai aimé réellement. Il n'était pas très beau. Son apparence était celle d'un grand Sarrasin. La première fois que je l'ai vu, c'était dans un petit restaurant italien à côté de la Rotonde, un autre haut lieu de Montparnasse que tenait une certaine Rosalie, une véritable mamma napolitaine. Un artiste de Montparnasse ne pouvait ignorer cette vieille Italienne passant une partie de son temps à se battre avec ses clients qui refusaient de payer. Mais au fond quel bon cœur avait cette femme !

Dans son restaurant, chacun se sentait comme chez soi. Elle aidait non seulement Modigliani qui, malgré leurs querelles incessantes, était son favori, mais tant d'autres artistes qui ne sont pas près de l'oublier[1]. » C'est dans ce restaurant rappelant la Péninsule que Marevna voit pour la première fois entrer un géant habillé en ouvrier dont les pantalons sont pleins de taches de peinture. Il est accompagné de plusieurs amis russes sculpteurs et de celle qui partage sa vie, et qui pratique l'art de la gravure. Elle est russe aussi et s'appelle Angeline. Elle ne peut imaginer que son géant mexicain sera victime d'une illusion d'optique : une Russe peut en cacher une autre.

COUP DE FOUDRE A LA COUPOLE

Quelques jours plus tard, cette fois-ci à *La Coupole*, Marevna participe à un étrange rituel d'amitié que Rivera vient d'inventer pour sacrer la fraternité entre elle, lui et Volochine. Cette coutume indienne, selon ses dires, scelle l'amitié pour l'éternité. Adaptée au contexte occidental, elle consiste en un mélange initiatique de breuvage pétillant et de sacrifice humain. Rivera, avec un long couteau, se fait une estafilade sur le pouce et laisse son sang couler dans une coupe de champagne que les trois amis partagent afin d'être liés pour l'éternité. Entre ceux qui vont devenir amants, on remarque la silhouette légendaire de Max Volochine qui jouera un rôle essentiel dans le monde des égéries russes. Poète venu de Crimée, il connaît tout Paris. Esthète par excellence, il est un orfèvre en matière de littérature occidentale, quoique son physique majestueux, cheveux fous, barbe fleurie sur une haute stature,

1. *Les souvenirs sur Volochine, op. cit.*

en fassent l'archétype même du Russe rêvé. Pour Benois, la fascination qu'exerçait Volochine sur les deux sexes était d'une double nature. Elle provenait d'ailleurs de la vision tour à tour différente que Volochine avait de lui-même. Parfois le géant se considérait, surtout lorsqu'il chaussait ses petites lunettes rondes dues à sa myopie précoce, comme un grand garçon au cœur timide d'où émanait une sorte de bonne volonté maladroite, à la manière de Pierre Bézoukhov, personnage géant myope et tendre de *Guerre et Paix*. Parfois, au contraire, il avait du mal à s'arracher à la contemplation de son grand corps, tant il lui paraissait correspondre dans sa perfection au canon de la beauté grecque. C'est du passage subit de ce premier état au second que naissaient les accents de son immense séduction, car alors celles ou ceux qui l'approchaient n'étaient plus en état de faire la différence entre son attachante humilité et son orgueil olympien. A ces variations raffinées, il ajoutait la puissante évidence de la trinité de son tempérament ; allemand par le sang, russe par l'âme, français par la culture. Ce qui créait autour de lui la plus grande admiration était qu'on avait du mal à comprendre d'un seul coup la diversité de ses dons, la totalité de ses qualités et la multiplicité de ses pouvoirs. C'était un véritable seigneur de la Renaissance. Peintre, ses visions pouvaient s'apparenter, d'après Benois, à certains paysages de Poussin ou de Turner. Poète, il avait parfois les accents d'un Goethe ou d'un Victor Hugo. Il était aussi un philosophe original et un journaliste d'exception. Il savait encore d'une manière prodigieuse pousser les êtres vers leur destin. C'était un éducateur-né, un parfait pédagogue et il n'avait peur d'aucune de ces mystifications où se révélait son effrayante maîtrise. Comme chez Diaghilev, l'humain était son instrument, mais si l'inventeur des Ballets russes jouait sur les deux sexes, c'est aux femmes exclusivement que Volochine réservait ses pouvoirs faustiens. Mais ce serait négliger les effets de son influence que de penser qu'il cherchait seulement à dominer la femme. Au contraire, c'est en reconnaissant l'immensité du rayonnement inhérent à sa nature qu'il allait créer, à travers elle, la chaîne de son influence. Les femmes, qu'il avait formées, allaient agir à leur tour sur des hommes épris d'elles, sans toujours mesurer à quel point, en croyant satisfaire leurs vœux propres, elles subissaient en vérité l'influence de Volochine. Pourtant, ce grand poète n'était pas un manipulateur conscient, mais la vitalité contagieuse de son intelligence produisait naturellement des effets comparables aux ondes qui succèdent au jet d'un caillou dans l'eau. Le charisme qui émanait de lui n'était pas né d'une nature elle-même motivée par des forces obscures, mais, à l'inverse, d'un être rayonnant et bon, naturellement solaire. Si le portrait de Volochine retrouve dans notre livre les dimensions toujours grandissantes qui furent celles de son influence dans la vie réelle russe à cette époque, c'est parce que nous ne pouvons occulter la fonction essentielle qui fut la sienne de sculpteur de personnalités de nos égéries.

Combien de fois, au soir tombant, dans son petit appartement du boulevard du Montparnasse, sous la lueur jaune émanant de sa lampe qui éclairait la forêt murale de ses vieux papiers – cachant dans les recoins les « bleus » de Claudel, les lettres de Gorki, les épais dossiers de Romain Rolland – celle qui avait été la princesse Koudachev, veuve d'un officier de l'Armée blanche, avant d'être l'inspiratrice de l'auteur de *Jean-Christophe*, nous disait ce qu'elle devait, c'est-à-dire presque tout, à Max Volochine. Une autre grande dame, la poétesse Marina Tsvetaieva, n'a-t-elle pas écrit dans son essai sur Volochine : « Il provoquait par son excès de vie l'amour chez les femmes et l'amitié chez les hommes. Il était à la fois un créateur d'êtres, de rencontres et de destins. Ce qui le qualifiait par-dessus tout, c'était sa joie de donner. Trois mots dominaient sa vie : magie, mythe, mysticisme[1]. »

Ainsi était Volochine, d'origine noble, né à Kiev en mai 1870. Après le collège de Feodosia, il entreprend des études de droit à l'université de Moscou d'où il est exclu pour avoir participé à une manifestation d'étudiants. Il vit de longues années à Paris, sa seconde patrie. En 1900, il collabore aux revues symbolistes, mais définit son art comme « néo-réaliste ». Ses évocations de Paris, ses portraits, ses villes italiennes, ses croquis révèlent, au-delà de ses errances, l'éventail de ses attirances. En 1917, il s'établit définitivement dans sa propriété de Koktebel en Crimée, qui dans ces années de tourmente devient à la fois un havre de paix et un point de ralliement pour les écrivains en péril. Face à la guerre civile et à la guerre extérieure, Volochine se veut au-dessus de la mêlée et désire surmonter sa vision apocalyptique de la Russie, par un retour en force aux pures injonctions de l'esprit.

1. *Les souvenirs sur Volochine, op. cit.*

7

LA HAUTE ÉCOLE DES ÉGÉRIES RUSSES

Au nom de Crimée, quelles images surgissent en vous ? Celles du tsar Nicolas II, excellent nageur qui plonge dans l'écume des flots émeraude devant Alix, sa femme, admirative, et le petit cercle intime de la cour impériale qui a le privilège de l'accompagner sur cette Riviera russe ? Celles de ces femmes aux robes immaculées, aux ombrelles jaunes qui protègent du soleil leur teint de lait quand elles se promènent sur les terrasses ornées de colonnades du palais Vorontsov surplombant la mer, un étrange palais russe construit dans le style de l'époque des Tudors associé à des éléments de l'architecture orientale ? Celles de Yalta, paisible station balnéaire tout à coup transformée en un rendez-vous historique pour le partage du monde, dont demeure la fameuse photo que le temps n'a pas rendu floue et où apparaissent, en février 1945, les trois grands champions, pressentant déjà leur prochaine victoire commune sur le nazisme ? Ce palais blanc de Livadia qui était l'ancienne résidence d'été des tsars ?

C'est Yalta et son climat délicieux dont les vertus curatives étaient fameuses et dont on pouvait lire dans les journaux il y a quelque cent ans : « Partez sur la côte méridionale de la Crimée, vous ne regretterez ni la Suisse, ni les Abruzzes. » Yalta et son air imprégné de l'arôme des fleurs et de la senteur des pins saturés de sel, Yalta, radieuse, romantique, splendide avec sa frange blanche de vagues, couverte d'un manteau de vergers et de parcs qui descendent en cascade vers la mer. Yalta où les palaces et les centres de cure immaculés se découpent sur fond de verdure luxuriante et de montagnes gris-vert qui soulignent, sous un astre éclatant, le charme du paysage, car les montagnes qui entourent la baie la protègent des vents du Nord. La mer y apporte sa tiédeur en hiver et sa fraîcheur pendant l'été. Yalta, le paradis russe où l'hiver est court, où les gels sont rares, où les amandiers fleurissent déjà en février, quand les pentes montagneuses se recouvrent de perce-neige, de tendres violettes, de crocus dorés. Le printemps précoce s'y change très vite en un été chaud et pratiquement sans pluie. Yalta qui reste belle en toute saison parmi les cyprès et ses hauts pins. Yalta, la station où la saison des bains dure de mai à octobre dans le décor grandiose de la mer Noire et des montagnes de Crimée. Yalta ou le rendez-vous doré de l'ivresse. Yalta ou la destination immaculée de la sérénité. Le rendez-vous de l'ivresse, il est à Massandra, là où l'or du soleil méridional, le souffle des montagnes, les vents marins frais, la beauté des vignes ont engendré le goût et le bouquet particuliers des vins de Crimée. Les poètes ne peuvent y être indifférents : Kokour de table, vins du type xérès, madère de Crimée, portos du rivage sud et enfin la fierté du pays, ce muscat blanc, qui curieusement s'appelle « Krasny Kamen », ce qui signifie Pierre Rouge. Quant à la destination immaculée de la sérénité, c'est sans doute la « datcha blanche » d'Anton Tchekhov où l'écrivain a vécu les dernières années de sa vie de 1899 à 1904. C'est là dans cette demeure légère, blanche, élégante, construite sans style particulier qu'il a écrit *La Dame au petit chien, Douchetchka* ainsi que ses pièces les plus fameuses, *Les Trois Sœurs* et *La Cerisaie.*

Le ruban blanc et bleu de Yalta s'étire sur près de quatre-vingts kilomètres le long du rivage méridional de la Crimée. L'aristocratie de l'ancienne Russie aimait ces promenades au large le long du rivage de la mer Noire. Les yachts glissaient sur le miroir des eaux transparentes, une brise fraîche caressait le visage des passagers, tout était enchanteur ; la senteur des embruns, les palais blancs et les parcs verdoyants que domine la couronne dentelée du mont Ai-Pétri. Les montagnes touchent la mer, y tombent à pic en laissant découvrir de petites criques pittoresques tandis que sur fond de ciel d'azur naissent bientôt les tours d'un château bizarre, accroché au bord d'un rocher abrupt : « Le Nid d'hirondelles », ce palais de conte de fées qui fait rêver le visiteur étranger. Ainsi est cette Côte d'Azur russe, nid d'hirondelles, nid d'égéries.

La Crimée, c'est encore autre chose que ces images fantomatiques qui vibrent sous la chaleur de midi et qui se fondent sous un ciel délavé dans la densité bleutée d'un éden méridional. La Crimée, c'est d'abord une grande péninsule au bord de la mer Noire qui est depuis Pierre le Grand le symbole de la puissance militaire russe. C'est à cette frontière de l'empire des tsars que les Romanov ont su repousser depuis des générations les prétentions de l'Empire ottoman à la domination. Ainsi, le charme de la Crimée est-il composé d'un doux mélange où l'on retrouve à la fois les loisirs des officiers-poètes qui égaient leur temps de garnison de vers romantiques, et des jeunes filles naïves en villégiature qui rêvent de rencontrer l'amour comme dans les ultimes récits de Tchekhov, lui-même mort à Yalta.

La Crimée, c'est enfin Odessa, la ville métisse par excellence où Richelieu fut le nom d'un gouverneur français et où les superbes et grandioses esplanades de pierre, immortalisées par le génial film d'Eisenstein, descendent jusqu'à la mer. C'est sous ce climat enchanteur qu'Alexandre Pouchkine a perdu la tête pour un petit pied, celui de l'épouse du tout-puissant gouverneur Vorontsov, et les vers qu'il écrira à cette occasion, sommet de la poésie lyrique, entreront à jamais dans le subconscient russe. Pouchkine qui aimait se promener dans l'oliveraie du gourzouk et qui y a travaillé à son poème *Le Prisonnier du Caucase,* non loin d'une grotte qui désormais porte son nom. Malheureusement, ce moment d'égarement, s'il a enrichi l'histoire de la poésie, a coûté fort cher à l'amoureux impudent. Immédiatement, Pouchkine se trouve transféré en Bessarabie, là, au vert pays des raisins, où l'incorrigible poète, amoureux de l'éternel féminin, trouve encore à s'épancher, mais cette fois auprès de la beauté ensorcelante des gitanes.

Loin des villégiatures à la mode et des rendez-vous recherchés de la Crimée, dans la sauvagerie d'une nature inviolée, se dressait sous les vents qui venaient d'une mer encore proche, la propriété de Max Volochine à Koktebel. L'aridité du paysage et la rareté des herbes donnaient à cet ensemble désertique un aspect de noblesse dépouillée et de force primitive. Ce n'est qu'au loin, vers les montagnes, parmi leurs sommets animés par le bruit des torrents, qu'éclatait la luxuriance d'une végétation tout entière dédiée au climat de l'altitude, et notamment ces grosses fleurs rouges que la poétesse Marina Tsvetvaieva, disciple de Volochine, comparait à des têtes d'enfants. La passion de Benois pour ce panorama minéral, et sa connaissance des décors méditerranéens en Europe, l'amenaient souvent à comparer les pourtours de Koktebel et ses rochers découpés à la perfection à des sites grecs où les Anciens avaient choisi de bâtir leurs temples. Mais si l'on considère les centaines d'aquarelles peintes par Volochine lui-même sur la vaste propriété où il choisira de résider pendant près de vingt ans, on sera peut-être tenté de comparer la beauté spartiate de ces lieux avec certaines régions d'Espagne où l'état brut de la nature nous ramène à la splendeur de l'âge de pierre. A quelques verstes du village de Koktebel s'élève encore la demeure de Volochine avec ses étages de bois peint et sa grande terrasse d'où le maître aimait à réciter des vers en plein air. Aujourd'hui, elle est devenue en sa mémoire une résidence d'été pour l'Union des écrivains. Il n'est pas rare d'y voir séjourner, comme nous avons eu le privilège de le faire, de jeunes auteurs à qui l'atmosphère semble laisser en héritage les mille pensées testamentaires de Volochine. Cette demeure inspirée attire aussi, dès l'éveil du printemps, celles qu'on appelle en Russie « Okololiteratournié Jenchiny ». Ce qui pourrait se traduire littéralement par « les femmes près de la littérature », voire « ces femmes qui partagent l'inspiration et la vie des hommes de lettres ». Quoi qu'il en soit, aussi passionnées, aussi jolies et aussi inspirées qu'elles soient, aujourd'hui à Koktebel, elles ne pourront sans doute jamais ressusciter le bouquet odorant et polychrome que seul le maître jardinier de la féminité, Volochine, avait su composer. Car il réunissait avec un si grand discernement son parterre de grâces que certains allèrent jusqu'à prétendre que sa maison de Koktebel était devenue la haute école des égéries russes. En effet, chaque année, de mai à septembre, le génial touche-à-tout recevait dans sa propriété de Crimée des jeunes filles venues de Saint-Pétersbourg et de Moscou, dont la splendeur physique n'était pas le seul argument dans ces séjours dédiés aux jeux de l'esprit. En homme à femmes de qualité, Max Volochine avait l'élégance de considérer la beauté de ses invitées comme le simple ornement de ce qui pour lui était primordial, les degrés de leur intelligence et l'intensité de leur talent. Une fois installées dans leur chambrette, les jeunes invitées de

Volochine connaissaient les étapes successives de son université d'amour ; longues conversations sur les œuvres immortelles, désignations du chef-d'œuvre qui correspondait à leur caractère propre, lecture dans l'après-dîner, devant l'assemblée, des pages qu'elles avaient écrites, conseils personnalisés sur la conduite d'une vie, d'après la fine étude psychique que le maître de maison leur avait consacrée, et fêtes masquées dans la nuit où les égéries en herbe pouvaient exprimer sans frein l'extravagance qui les caractérisait et toutes les folies interdites qui leur passaient par la tête. Au moment de ces fêtes improvisées, où les gestes les plus spontanés et les initiatives les plus fantasques étaient salués par l'approbation générale, le maître Volochine pouvait délier ces belles disciples déchaînées de l'influence de ses discours, en leur jetant brièvement : « Sois toi-même. » Bien entendu, les récits de ces soirées folles, accompagnés des plus noires rumeurs colportées de Moscou jusqu'à Saint-Pétersbourg, allaient accréditer l'idée que Volochine était un organisateur de bacchanales en rase campagne. Il faut dire que la façon dont il psalmodiait des poèmes la nuit, de la plus haute terrasse de sa maison qu'on appelait la Tour Volochine, avait de quoi effrayer les moujiks aux aguets, que les cris de nuit, les chants et les sarabandes autour des feux ne contribuaient pas à rassurer. La présence de ces jeunes femmes au visage doré par le soleil, portant d'insolites costumes masculins avec des culottes bouffantes à la turque, autour d'un mage vêtu d'une longue chemise de damas dont dépassaient à peine d'étranges pantalons qu'il avait coupés à mi-cuisses pour une raison connue de lui seul, avait de quoi dérouter les enfants de la plaine et les villageois voisins qui, nuitamment, venaient enquêter sur cette demeure qu'ils disaient hantée. Bientôt, un bruit persistant se mit à courir la campagne : Volochine était un satrape assoiffé de chair fraîche et un ordonnateur de messes noires. C'était bien loin de la vérité, car malgré les aspects désordonnés de sa vie à Koktebel et la liberté de mœurs dont il avait fait la loi d'accueil en sa demeure, combien de véritables chefs-d'œuvre sont-ils dus à des séjours dans sa maison, combien d'artistes formés auprès de lui, combien de carrières de créateurs parties de là ? Sans compter les vies sauvées pendant la terrible période de la Révolution et de la guerre civile où, au péril de sa propre existence, Volochine n'a cessé de pratiquer une hospitalité à tout instant dangereuse. Car les Blancs, persuadés que Koktebel était un repaire pour ces Juifs auxquels ils attribuaient dans leurs fantasmes la paternité de toute la révolution, traquaient là-bas aussi Mandelstam, le grand poète lyrique du XXe siècle qu'ils finirent par arrêter sur place et qu'ils auraient à l'instant fusillé, si Max n'était pas intervenu personnellement en faisant habilement adresser son message par une ambassadrice de charme au nom impressionnant pour ces aristocrates en uniforme, la princesse Koudacheva, veuve d'un martyr blanc. Celle-là même qui deviendra plus tard la femme de Romain Rolland.

Anna Akhmatova apporte un témoignage aussi précieux qu'ironique sur les méthodes de séduction, les manèges et les manœuvres d'encerclement de Max Volochine : elle se moque carrément de sa façon incantatoire de séduire celles qu'elle appelle « les demoiselles d'archives ». Elle sourit de ces oies blanches fascinées par le vol de l'aigle qui les abasourdit de compliments et de comparaisons flatteuses, d'effets oratoires et d'images grandioses destinés à flatter leur vanité en éveil. Elle rapporte comment elle écouta le témoignage ému de l'une des futures victimes du mage : « Avec exaltation, d'une voix qui s'étrangle, elle me parle de Maximilien. "Il est venu à Moscou. Nous étions toutes réunies. Et il a dit..." Il a dit à l'une, dis-je en l'interrompant : "Vous êtes la muse de ces lieux, à l'autre : Vous êtes, vous, Sapho..." "Comment le savez-vous ?", s'écrie la demoiselle, abasourdie de ma perspicacité. "Je viens à l'instant de l'inventer"... En fait, Max adorait séduire. C'était sa deuxième profession. Arrivait à Koktebel quelque personne du sexe faible, il l'emmenait le soir se promener au bord de la mer. "Vous entendez le bruit des vagues ? C'est pour vous qu'elles chantent." Et ensuite la demoiselle racontait à tout le monde que Max l'avait révélée à elle-même. Sa dévotion lui était acquise jusqu'à la fin de ses jours, car personne, ni avant ni après, ne lui avait parlé ainsi pour la raison très légitime qu'elle était sotte, insignifiante, laide, etc. [1] »

VOLOCHINE, DÉMON DU MIDI

Ainsi était Koktebel, une université libre des talents naissants, une pépinière de princes de la poésie et un parterre d'inspiratrices au jardin des délices. Un homme, un mage, un sage régnait en maître sur cet éden de femmes, Volochine. Et pourtant un être humain peut-il avoir tout contrôle sur ses semblables ? Le soir, à la terrasse de Max, tout le monde se retrouvait pour le culte de la Lune. Car ce que Max Volochine savait créer, c'était justement la magie de la création. Plus tard, la littérature russe, et le monde aussi, sauront combien de grands talents ont éclos à Koktebel, combien de vies d'artistes splendides ou fragiles y ont pris leur départ. « Passion de l'art et atmosphère inoubliable, Koktebel, pour nous tous, c'est la seconde patrie, plus précisément, le lieu où la spiritualité est née [2] », écrit Marina Tsvetaieva.

Ossip Mandelstam, mort dans les camps staliniens,

---

1. *Les souvenirs sur Volochine, op. cit.*
2. *Ibidem.*

considéré comme l'un des plus grands poètes russes, Marina Tsvetaeiva, déesse des poétesses, qui se suicidera par désespoir dans l'impasse communiste de 1941, Maria Duvivier, poétesse franco-russe, future comtesse Koudacheva, future Mme Romain Rolland, Ilya Ehrenbourg, poète et compagnon de route au rôle ambigu mais qui, à la fin de sa vie, jeta aux autorités communistes le défi de son dégel avant d'envoyer, pour qu'elles soient protégées, toutes ses archives en Israël, Sofia Parnok, la Sapho russe, combien d'âmes et combien de noms sont aujourd'hui les fantômes de Koktebel ? Ils ne peuvent se résigner à quitter ce paradis où le sable, sous la réverbération du soleil, paraît bleuté à l'horizon. La beauté de Koktebel apparaît comme dans un mirage, mais sous les rayons de l'astre, comment oublier aussi les blessures du soleil ? La Crimée, c'est le midi de la Russie et le démon de midi va frapper Volochine dans la plénitude de ses quarante ans. Mais celui-là n'est pas seulement un démon des sens car le faune se prenait aussi pour un Faust. C'est en démiurge que Volochine va vouloir créer l'être parfait, la poétesse idéale, le modèle absolu. Au laboratoire de ses secrets, il échafaude alors une formidable mystification, un énorme mensonge dont il parfait le dessin et l'architecture en contemplant, assoiffé de désir, celle qui pour lui trahira son amant. Dans cette entreprise surhumaine, l'architecte fondait son chef-d'œuvre sur les sables mouvants de l'identité estompée, allant jusqu'à cacher son château de cartes derrière des paravents eux-mêmes peints en trompe-l'œil. Au paradis des faux-semblants, le magicien se retrouvait heureux, manipulant en coulisse son jeu de marionnettes dont la plus belle était un être humain délicieux et fragile.

D'Élisabeth Dimitrieva, petite femme obscure, professeur d'histoire, jolie mais un peu boiteuse, Max Volochine a décidé de faire son Rastignac en jupon. Le Vautrin de la littérature russe va réussir au-delà de ses espérances, si bien qu'en 1910, celle qu'il aime et qu'il place sur un piédestal, sous un faux nom, avec de fausses œuvres mais avec un vrai sentiment, va devenir une égérie, la plus connue des poétesses russes du moment. Volochine a tout inventé pour elle et d'abord un nom superbe : Tchérubina de Gabriac. Puis, il lui a proposé le pacte noir avec le mensonge : « Vous devenez la matière même de ma création et je fais de vous la plus grande poétesse russe. » Il l'a si bien modelée, si bien métamorphosée, si bien sculptée pour qu'elle intrigue et fascine l'opinion publique que, quand elle entre en scène, sous les habits neufs du mensonge et les vêtements pourpres de l'imposture, c'est Marina Tsvetaieva qui, ayant refusé à Volochine le même rôle, accepte de frapper les trois coups : « Aristocrate, pas russe, évidemment ! Belle, évidemment ! Catholique, cela va sans dire ! Riche, intensément ! Une lord Byron au féminin, même en oubliant sa discrète claudication. Elle incarnait alors les signes extérieurs du bonheur accompagné de pureté et de désintéressement ; tout ce qui, inévitablement, va conduire au malheur[1]. »

Le luxe du malheur intérieur poétique s'ajoutant au prestige de la beauté et aux privilèges de la fortune faisait le triomphe de ce qui est la substance même de la poésie ; la recherche « du malheur malgré tout ». Dans l'esprit obsédé de publicité de Volochine, il s'agissait que sa création incarne ce romantisme dont l'apparence extérieure fastueuse cache un cœur appauvri et brisé. Le premier instrument qu'utilisera Volochine pour sacrer son faux personnage en vraie poétesse, c'est le journal *Apollon*, un mensuel lu dans toute la Russie et toujours impatiemment attendu. En une pleine page, sur son instigation, la poétesse inconnue d'origine franco-écossaise adresse au

1. *Les souvenirs sur Volochine, op. cit.*

journal une magnifique lettre armoriée, griffée d'une agile et noble écriture féminine qui présente ses premiers vers. Elle y parle de Ronsard, d'un amour comblé à l'âge de treize ans, révèle qu'en une prémonition adolescente elle savait que son destin serait accompli à dix-sept. La beauté de sa poésie qu'orne le mystère de sa personne produit un effet formidable. Toute la Russie, curieuse de la connaître, est en attente d'un nouveau poème, l'empire est subjugué. L'imposture première a parfaitement fonctionné d'autant plus qu'en adressant au journal ses premiers vers la poétesse inconnue a accompagné sa lettre d'une moisson de fleurs séchées. Même la grande poétesse russe, Marina Tsvetaieva, efface de son cœur toute jalousie pour saluer la performance avec sincérité : « Il y avait dans ses vers à la fois les images d'Akhmatova et ma touche personnelle, mais cela avant elle et avant moi, et venant d'une femme inconnue. »

Comment cette trop belle histoire a-t-elle véritablement commencé, comment a débuté ce conte de fées brillant et triste ? Il faut remonter trois ans auparavant en 1910 à Paris. Dimitrieva n'a que dix-sept ans. Dans l'atelier d'un peintre russe, au quartier du Luxembourg, chez Gourevitch, elle rencontre un poète russe encore sans renom qui est à peine plus âgé qu'elle. Il s'appelle Nicolas Goumilev, il est de petite taille. De son visage émane une expression extrêmement décidée que son corps confirmera par des gestes résolus. Il sera un grand poète. Au coin de ses lèvres sont déjà inscrits l'accent de l'amertume et les plis de son malheur futur. Il parle toute la nuit de la Vierge Marie et achète pour Dimitrieva des œillets roses. Il est encore célibataire mais sa future femme, qui sera bientôt la tsarine des poétesses russes à Paris, achètera aussi par une étrange affinité élective les mêmes fleurs, mais ce sera pour les offrir à Modigliani. Élisabeth Dimitrieva, celle que Nicolas va aimer, dira de lui plus tard :

« Je ne l'avais pas vu depuis quelque temps mais l'expression de son visage ne m'avait jamais quittée, comme celle du mien était restée gravée dans sa mémoire. »

Paradoxalement, c'est Max Volochine qui va réunir ces deux êtres. Toujours en 1910, mais quelques mois plus tard, il organise une grande conférence sur la littérature à l'Académie des Beaux-Arts de Saint-Pétersbourg. « C'était la soirée de ma vie, se souvient Élisabeth. Nous sommes allés dîner dans le restaurant préféré des artistes et gens de lettres de Saint-Pétersbourg, et nous y sommes restés jusqu'à l'aube. J'ai retrouvé Goumilev et, toute la nuit, nous avons compris que nous étions déjà complices au-delà du peu de mots que nous avions échangés. Même si nous n'avons évoqué que trois sujets : son voyage en Afrique, les lions et les crocodiles. » Elle dit : « Il m'a demandé la permission de m'accompagner et tous les deux nous avons compris que c'était LA rencontre, la jeune passion qui sonne comme le cristal. » Lui révélera : « Je regarde sans crainte les yeux qui nous entourent parce que j'ai trouvé une Amie avec un A majuscule et je l'ai tout de suite reconnue au milieu de la tribu des signes. » Elle dit encore : « Puis, nous nous sommes retrouvés presque chaque soir pour ces conversations interminables, des promenades de nuit, avec les marches au petit matin dans une ville rose et grise. J'ai compris que c'était un grand poète et je ne voulais pas le faire entrer dans le quotidien. C'est pour cela que j'ai refusé ses offres de mariage. Il m'appelait "Lily", juste comme pour rappeler le doux tintement d'un petit clocher d'argent. Chez lui, il y avait une volonté de fer, un besoin de dominer qu'il exprimait dans l'amour physique. Chez moi s'élevait le désir têtu de le faire souffrir. Il était jaloux, il saisissait mes doigts minces comme pour les briser pour ensuite pleurer à mes pieds et embrasser le bas de ma robe blanche. Au mois de mai, nous sommes allés à Koktebel.

C'est là-bas que tout a changé. Dieu, le destin ou la malchance avaient voulu nous réunir tous les trois, Max Volochine, Nicolas et moi. Le grand Max était pour moi un amour inaccessible. Nicolas, qui avait mon âge, était comme un adolescent, élan du printemps. Je n'aurais jamais imaginé que Max puisse porter son regard sur moi. Le destin incontournable et les choix de la fortune ont fait que, dès ce moment, l'image de Max est entrée en moi. Tout ce qui pour une petite fille apparaissait comme un miracle est enfin advenu. Je n'ai rien caché ni à l'un ni à l'autre. Max m'a dit avec une tristesse infinie : "Choisis toi-même, mais si tu choisis Nicolas, je te mépriserai." Le sort était jeté, mais Nicolas restera à tout jamais pour moi ces œillets roses et parfumés qu'il m'a offerts à Paris. Je lui ai demandé de partir. Il l'a fait en pensant que ce n'était de ma part qu'une simple saute d'humeur ou un caprice passager. Alors j'ai vécu les deux mois les plus heureux de ma vie. Pourquoi est-ce que je faisais souffrir Nicolas ? Pourquoi est-ce que je ne l'avais pas définitivement rejeté ? Non, ce n'était pas l'avidité de les posséder tous les deux, ni une soif affolante de séduction qui me guidait, non, simplement j'étais possédée par deux âmes, l'une avait choisi Max, l'autre Nicolas. « C'est pendant cette période de Koktebel que Volochine et Dimitrieva ont construit leur mystification. » Pourquoi ces deux hommes, Nicolas et Max, sont-ils arrivés et repartis en même temps de ma vie ? Enfin, Nicolas a cessé d'accepter sa souffrance. Son amour s'est transformé bientôt en haine. Dans les couloirs de la rédaction du journal qui éditait ses vers, il m'a arrêtée pour me dire : "Pour la dernière fois, je vous demande votre main." C'était bien après Koktebel. Je lui ai répondu par un non tranchant. Alors il est devenu extrêmement pâle et m'a dit : "Maintenant, vous allez me connaître." »

Aussitôt, il s'est rendu au restaurant de *La Tour*, l'un

des plus connus de Saint-Pétersbourg, et a lancé à la cantonade des monstruosités au sujet de la jeune femme. La haine avait dévoré l'amour. A Saint-Pétersbourg, Max Volochine ne pouvait plus supporter les délires et les injures de Nicolas Goumilev qui faisaient les choux gras de la capitale de l'empire. C'est dans le décor argenté et bleu du théâtre Mariinski qu'eut lieu une scène pénible. A l'occasion de la représentation du *Faust* de Gounod, le peintre Golovine avait réuni les poètes et collaborateurs du journal *Apollon*. Dans le foyer du théâtre encore orné des décors de l'opéra précédent, *Orphée* de Gluck, Goumilev était aux côtés du poète Alexandre Blok et du comte Alexis Tolstoï. Alors que Chaliapine entonnait un air, Max avait déjà pris sa décision. Mais il attendit que Chaliapine eût achevé sa brillante prestation pour gifler Nicolas selon les règles qui précèdent le duel. Un geste fort, bref et inattendu. A la vue de cette scène, le poète Annenski a cité Dostoïevski : « Fedor Mikhaïlovitch avait raison, le bruit d'une gifle ressemble à une claque sur la surface de l'eau. » Max Volochine lance alors à son ancien ami avec fureur : « Nicolas Stépanovitch, vous avez compris ? » « Oui », répond l'offensé. Le lendemain, le duel est organisé près de l'endroit même où a eu lieu la fatale rencontre entre Pouchkine et d'Anthès, non loin de la rivière Tchernaia « noire ». La légende va jusqu'à prétendre que les mêmes types de pistolets – issus de l'armurerie Kourakine et jadis exposés dans « L'Hôtel de Joyeuse » à Amboise – ont été utilisés. C'est Alexis Tolstoï qui compte les quinze pas devant séparer les adversaires. Goumilev tire le premier et la balle frôle la tête de Volochine, c'est au tour de Max de viser mais son pistolet est enrayé. Le comte Tolstoï leur propose de se serrer la main et d'oublier leur différend. Ils s'y refusent.

LESBOS EN CRIMÉE

Les deux hommes se séparent mais ce n'est pas pour l'éternité. Ils vont se retrouver une dernière fois en Crimée, au beau milieu de la guerre civile. C'est en 1918, parmi les fusillades, dans « cette guerre de Vendée russe » telle que l'a nommée Marina Tsvetaieva, qu'ils se retrouvent face à face : « La terreur, les guets-apens, le retour aux visages sauvages, ou plutôt à la perte des visages, aux démons libérés, le sang, le sang, le sang », raconte la poétesse. Là, les duellistes décident de se serrer la main avant de s'abandonner chacun à leur destinée. Quelques mois plus tard, Nicolas tombait sous les balles, fusillé par les bolcheviks. Avant de mourir, il n'eut qu'un mot : « La Russie est un tramway égaré ! »

Dimitrieva, son premier coup de foudre, finira ses jours une dizaine d'années plus tard isolée et oubliée, dans le désert du Turkestan, au crépuscule de la terreur stalinienne. Elle laissera ce bref testament : « Deux éléments dans le monde étaient saints pour moi : la poésie et l'amour. J'ai payé cher le mal que j'ai fait à Nicolas ; à tout jamais j'ai été privée de l'amour et de la poésie ; ce qui est resté ce n'était que leurs fantômes. »

C'est dans l'horreur de cette guerre civile que Volochine connaît, lui aussi, les déchirements de sa séparation d'avec Marina Tsvetaieva, la disciple préférée du maître. Elle sera peut-être la grande poétesse russe et inspirera tour à tour Max Volochine, Ossip Mandelstam, plus tard Boris Pasternak et enfin Rainer Maria Rilke avant sa mort. A partir de 1911, elle connaît l'éden des poétesses dans la Crimée aux courbes gracieuses comme celles des hanches d'une femme, dont dit-elle, « les rochers apparaissent comme la pointe des seins ». Elle passe tous ses étés à Koktebel. C'est là qu'elle connaîtra à la fois son premier amour masculin et son premier coup de foudre pour une femme. Elle a bien compris les leçons de son maître à penser, Max Volochine, et lorsqu'elle se trouve à Koktebel face à un jeune invité au regard troublant, Serge Efron, elle décide d'en faire son mari et de le former à sa manière. C'est un charmant amateur et un garçon plutôt facile qui laisse faire son inspiratrice et reconnaît volontiers la suprématie de son épouse. Elle dit à Volochine : « Avec lui, je dois être forte, croire en moi, sinon je ne peux vivre. » Elle voit son jeune mari comme un chevalier du Moyen Age et traite Serge plus comme un fils que comme un mari. Lui est fasciné par cette grande fille en costume marin aux cheveux blonds coupés court, par ses yeux couleur d'océan, plongeant tout droit dans les siens. Alors qu'il ne remarque rien ou feint d'être distrait, elle s'indigne que les choses les plus banales lui échappent. Il lui répond : « Comment voulez-vous que je regarde ailleurs alors que j'ai toujours les yeux fixés sur vous ? » Selon les témoignages d'Anastasia, la sœur de Marina Tsvetaieva, les relations des jeunes époux continuent d'être platoniques quelque temps après le mariage, si bien que celle qui deviendra sa grande amoureuse, Sofia Parnok, osera révéler dans une de ses poésies, moquant le mari de son amie : « Ce n'est pas toi le jeune homme, mais moi la femme qui a "désenchanté"[1] ton épouse. » Cette incitation à l'amour physique par une autre femme qui la marquera à jamais se fait aussi à Koktebel. Dans sa *Lettre à l'Amazone*, Marina se souvient des circonstances.

1. En russe, « désenchanter » signifie déflorer.

« Et voilà une jeune fille souriante qui ne veut pas quelque chose d'étranger dans son corps. La peur de l'homme et le sentiment du mal qu'il pourrait lui faire, accompagnés de la liberté dans ses choix, la poussent vers une autre femme. C'est elle qui me sourit au détour du chemin[1]. » Tandis que Marina domine son mari jusqu'à le pousser à s'engager dans l'Armée blanche, alors qu'il est juif, elle retrouve en Sofia, qui a neuf ans de plus qu'elle, un être qui la domine, l'initie et la révèle à elle-même. Des nuits de caresses, des promenades la main dans la main, des étreintes douces, des baisers fous, mais aussi l'ascendant de l'une sur l'autre à tel point qu'avant de se séparer, Marina dans le poème *L'Amie* fait un éloge de leur rituel sensuel inspiré des jeux de la domination : « Je veux te répéter la veille du départ, la veille de la fin de notre amour que j'ai vraiment aimé tes mains dominatrices et tes yeux qui ne regardent pas ailleurs, ces yeux qui exigent que n'importe quel hasard du regard soit justifié par une explication[2]. » Elle va jusqu'à écrire à la sœur de son mari miséricordieux, qui est devenue sa confidente : « Sofia m'aime et je l'aime. Et c'est éternel. Je ne peux pas la fuir[3]. » De son côté, la Sapho russe, Sofia Parnok, n'a rien oublié de Marina : « Quand je t'ai rencontrée, tu étais une petite fille malhabile. Et tout de suite la flèche de Sapho a percé mon cœur. Je rêve la nuit que je baise ta chevelure agitée. J'ai pour toi la tendresse d'une mère et pourtant mon corps t'appelle avec la rage d'une passion déchaînée. »

Même Max Volochine, le maître de maison de ces

1. *Marina Tsvetaieva, Le vivant sur le vivant,* traduction des auteurs, New York, Éd. de Tchekhov, 1953.
2. *Ibidem.*
3. *Ibid.*

étés brûlants et le mage libertaire de Koktebel, commence à s'inquiéter. Il écrit à Julie Obolenski qui est peintre : « En ce qui concerne Marina, j'ai vraiment peur. Les choses prennent une tournure sérieuse. Elle a encore fugué avec Sofia pour quelques jours dans le plus grand secret. » Où sont-elles donc parties ? Dans la « clairière des contes » au pied du mont Stavri-Kaïa ou sur le beau lac Karagol, non loin de la chute Outchan-sou qui tombe d'une hauteur de cent mètres ? Pourtant, ce grand poète devrait sentir que, grâce à leur attirance et à leurs errances dans la Crimée, l'éden marin de la Russie ajoute à ses belles lettres le chapitre de Lesbos. En effet, Marina Tsvetaieva, particulièrement inspirée par ses fugues avec sa belle aînée, écrit, au comble du bonheur, ses pages les plus enflammées dans *La Lettre à l'Amazone* : « Le saule pleureur penché sur la rivière est comme l'âme et le corps d'une femme. Il rappelle par ses courbes la beauté du cou féminin. Ses cheveux gris renversés sur le visage sont là pour l'aveugler. L'eau, l'air, les montagnes, les arbres nous ont été donnés pour comprendre l'âme des hommes cachée dans ces profondeurs. Quand je vois se désespérer le saule, je comprends Sapho. » Dans un de ses poèmes, Marina Tsvetaieva, chantant le charme des amitiés féminines, trouvera les accents tour à tour heureux et désespérés des *Femmes Damnées* de Baudelaire :

Où tu es, où je suis, je ne sais.
Mêmes chants et mêmes soucis.
Nous sommes toutes les deux si amies !
Toutes les deux si délaissées !
Qu'il nous est doux d'être ensemble –
Sans foyer, sans sommeil, esseulées...
Deux oiseaux : sitôt levées nous chantons,

Deux errantes : nous vivons de mendicité.
Toutes les deux, nous allons d'église en église,
Dans les grandes et les petites, paroissiales.
Toutes les deux, nous allons de maison en maison,
Dans les pauvres, et les riches, seigneuriales.

8

LE SANG ET LA CENDRE

1917. La Russie, aux côtés de la France et de l'Angleterre, est en guerre contre l'Allemagne. Sur la frontière occidentale, les combats tournent en faveur du Kaiser, les soldats russes minés par la propagande pacifiste, et excités par les slogans bolcheviques, « La terre et la paix », sont démoralisés. Le tsar destitué est en liberté surveillée à Tsarskoïe Selo. On le voit sur un film repousser dans les allées la neige avec une pelle. Kerenski, l'avocat en vogue, se voit comme homme providentiel, mais ses hésitations lui seront fatales. Les services secrets allemands équipent déjà Lénine du légendaire wagon blindé qui va assurer son retour en Russie. Les bolcheviks font monter la pression et préparent leur coup d'État d'octobre. L'inquiétude s'est répandue dans les campagnes, le pillage est partout. Le fléau de la classe politique russe, la zizanie, bat son plein.

Devant cette tourmente, Marina Tsvetaieva décide le 27 novembre 1917 de quitter Koktebel pour Moscou. Elle a vingt-six ans et est mariée à Serge Efron depuis six ans. Dans le train qui la ramène vers l'Arbat, le quartier de son enfance, ses souvenirs de Noël, que ne masquait pas l'opacité de la vitre sur laquelle elle souffle, rebondissent. Elle souffre et croit revoir son passé dans la buée. Elle ne sait pas encore que sa maison de Moscou a commencé d'être démantelée par les Moscovites affamés qui cherchent du bois pour lutter contre le froid. Qu'ils sont loin les jours heureux de l'enfance et les rires clairs de son amie Gala – qui deviendra Dali. Elle se remémore ce joli Noël où, avec Gala et sa sœur, elles avaient joué à toucher le manteau du grand Chaliapine. Qu'est-il devenu ? Il est encore en Russie, mais bientôt, grâce à la protection de son ami Maxime Gorki, il partira pour la France où il finira ses jours avenue d'Eylau, à Paris. Tant de destins vont changer en 1917, tant de visages seront perdus, tant d'adresses abandonnées, tant de bouleversements dans les cœurs, tant d'amitiés distendues, tant d'idylles brisées.

Marina a une pensée pour son mari et, soudain, elle se sent coupable. A-t-elle eu raison de le pousser à s'engager dans l'Armée blanche, lui qui maintenant est si exposé sur le front ?

Des milliers de verstes la séparent désormais du paradis perdu de Koktebel où elle ne retournera jamais. Elle a quitté au petit matin Max Volochine, dont elle écrira à propos du temps passé à Koktebel : « Séjour difficile. Vivre ou mourir, on verra. Mais que ce soit près de lui ! » Elle le voit encore assis sur le seuil de sa maison avec un livre de Thiers sur les genoux et des oignons frits à portée de main. Elle se souvient aussi de son époux, Serge, aux côtés du maître, de leurs conversations sur le destin de la Russie et, dans le vacarme du train, ses lèvres se mettent à bouger pour murmurer la vérité de ce qu'était Max Volochine : « Ce bon magicien racontait l'avenir de la Russie, image par image : le sang ! » Lui non plus – le pressent-elle ? – elle ne le reverra plus jamais.

Après le temps des attirances commence celui des errances. Elle vit à Moscou des jours difficiles, son père, le célèbre professeur, est mort, beaucoup d'amis partent à l'étranger, les lettres de Serge se font rares et les nouvelles du front sont de plus en plus confuses. C'est à ce moment que naît pour elle une nouvelle amitié avec Sonia, une petite actrice obscure d'un théâtre de Moscou. Chaque fois que Marina prend un nouvel amant, elle est persuadée qu'il s'agit d'une authentique histoire d'amour. Elle veut toujours y croire. Devenue le chantre politique de l'Armée blanche, l'égérie des soldats fidèles au tsarisme, elle hésite à publier son si beau recueil de poèmes : *Le camp du Cygne,* tant son mari, par ses récits du front, la désenchante sur son romantisme guerrier. Elle aura de plus en plus de difficultés à rester à Moscou où les bolcheviks font régner la terreur. Les otages, parmi lesquels il y a même des enfants, sont fusillés par milliers par la féroce police secrète de Lénine, la Tcheka.

Pendant ce temps-là, à Prague, c'est la paix. Grâce à ses amitiés littéraires, Marina peut fuir vers ce paradis de poésie qui reste encore intact sur une carte bouleversée par la guerre. Là, règne encore le confort d'une bourgeoisie au pouvoir, dans le charme de l'Europe centrale. C'est une république de velours. « Prague ressemble à une rose, à un échiquier, à un violon, à une petite fille en pleurs », écrit le poète Jaroslav Seifert. C'est bien ainsi qu'en passant par la Bohême, Marina découvre parmi les petits châteaux et les raisins dorés, la ville, diadème aux pierres découpées. Sonne dans ses jolies oreilles roses la *Symphonie du Nouveau Monde* de Dvořák, au pays où Casanova fut bibliothécaire et où Mozart donna son *Don Juan.* Marina pense, comme André Breton devant Prague, que c'est la « capitale magique de l'Europe ». Elle arpente la vieille ville qui a plus de mille ans et les « nouveaux quartiers » qui, eux, datent du XIVe siècle ! Dans ces ruelles tortueuses et enchevêtrées, bordées de ravissantes maisons du Moyen Age ou de la Renaissance aux tons ocre et pastel, pourquoi n'a-t-elle pas rencontré Rainer Maria, Rilke, celui qui écrit : « Je connais ma mère chérie, Prague, jusqu'au cœur. Au cœur, je trouve toujours le plus secret et, voyez-vous, il y a tant de choses secrètes, là, dans ces vieilles maisons. Il y a là de vieilles maisons. Il y a de vieilles chapelles, Seigneur, et que d'objets étranges s'y rencontrent ! Des images et des lampes, des coffres entiers, je ne mens pas, des coffres entiers pleins d'or. Et de vieilles chapelles, des couloirs souterrains conduisant très loin sous la ville – peut-être jusqu'à Vienne. »

Sur le pont Charles en contemplant les toits rouges de Prague, les tours et les clochers de la vieille ville, l'ombre verte de la coupole de l'église Saint-Nicolas, tandis qu'au loin se dégage la silhouette du château de Prague, Marina Tsvetaieva pense soudain à sa patrie. Plus tard, elle écrira un de ses plus beaux poèmes : *La Nostalgie de la patrie*, mais, pour l'instant, elle se contente de contempler l'eau qui coule sous le pont de la Vltava. C'est ce fleuve que le musicien tchèque Smetana immortalisa sous le nom de *Moldau* dans son poème symphonique *Ma patrie*. Mais, en russe, la patrie se dit *rodina* et sa patrie pour Marina, elle la revoit dans un dernier regard échangé à Moscou avant de partir avec un beau poète Boris Pasternak. Un regard brûlant et triste, miroir noir de la Russie meurtrie. C'est l'esprit de Prague qui les a réunis, c'est là, par-delà la distance, que leur amitié s'est peu à peu cristallisée, et Boris Pasternak l'exprime à la perfection dans une lettre : « Elle était déjà à l'étranger, au printemps 1922, lorsque j'ai acheté à Moscou un petit recueil de vers, *Verstes*. La puissance lyrique de leur forme m'a aussitôt conquis ; charnelle, vécue, loin des faiblesses anémiques, mais serrée, condensée, ne s'essoufflant jamais en petits vers isolés, embrassant sans rupture de rythme des suites entières de strophes dans l'étendue de ses périodes. Une mystérieuse parenté se cachait derrière cela, peut-être les influences communes que nous avons subies, ou l'identité des conditions où s'est formé notre caractère, le rôle similaire de la famille et de la musique, l'identité de nos points de départ, de nos buts et de nos préférences. Je lui ai envoyé à Prague une lettre débordante d'admiration et d'étonnement de l'avoir si longtemps méconnue et découverte si tard. Elle m'a répondu. Une correspondance est née, devenue particulièrement fréquente aux environs de 1925 alors que Tsvetaieva publiait *Le Métier*, et que circulaient de plus en plus à Moscou sous forme de copies manuscrites *Le Poème de la fin, Le Poème de la montagne* et *Le Charmeur de rats* dont l'envergure et la pensée étaient si vastes, si éclatantes, d'une nouveauté hors du commun. Nous sommes devenus des amis. »

PASTERNAK INVENTE L'AMOUR A DISTANCE

Pasternak ne sait pas encore que l'essentiel pour Tsvetaieva, ce sont deux temps dans l'amour : celui qui précède la rencontre, celui qui suit la séparation. Elle va même plus loin. Elle attache plus de prix à la séparation qu'à la rencontre elle-même. Dans sa course folle à l'amour absolu, elle tient à son intransigeante devise : « Ne daigne », ce qui signifie pour elle « Ne jamais s'abaisser » ou « Ne jamais jouer le jeu de l'autre » ou encore « Ne pas subir les convenances ». Étrangement, dans la devise qu'elle s'est choisie, la poétesse russe rejoint celle d'un grand connétable médiéval égaré dans les guerres du XXe siècle, Jean de Lattre de Tassigny : « Ne pas subir. » Dans sa recherche acharnée de l'indépendance, elle n'a jamais répondu à la critique, même lorsque cette dernière était insultante ; elle n'a jamais intrigué ou supplié pour être publiée. Même lorsqu'elle est devenue par ses écrits l'égérie des Blancs exilés en France, elle prenait des positions insupportables pour eux, comme le soutien très ferme qu'elle a toujours apporté à Maïakovski, poète révolutionnaire. Le milieu de l'émigration l'a souvent ridiculisée, se moquant de son romantisme exacerbé. Les jeunes poètes blancs essayaient sur elle leurs flèches, la traitant de « misérable comme nous, mais avec les manières d'une tsarine ». Dans cette quête de l'excellence individuelle, que seul l'amour épistolaire pouvait réverbérer, elle trouvera sa vraie satisfaction. Car ses nombreuses liaisons charnelles, avec des jeunes femmes, avec des hommes mûrs et expérimentés, avec des garçons encore innocents, ne lui donnèrent jamais un égal bonheur. Là encore, nous retrouvons cette quête russe métaphysique de l'amour absolu qui, en fin de parcours, ne s'exprime parfaitement qu'en effaçant totalement les stigmates et les fièvres de l'amour sensuel au profit d'un sentiment éthéré et sublime dont la relation chaste demeure l'idéal. La figure du couple à trois revient comme un refrain inévitable. C'est d'abord Lou Andreas-Salomé, Rée et Nietzsche, ce sera encore Marina Tsvetaieva, Boris Pasternak et Rainer Maria Rilke. Autre symbole dans cet étonnant triangle : celui qui initie Lou à l'amour physique est le même qui donnera à Tsvetaieva son ultime amour chaste. Figure à trois encore renouvelée par le triangle russe entre Elsa Triolet et sa sœur Lili Brik, qui seront tour à tour dans leur jeunesse les amoureuses éblouies de Vladimir Maïakovski.

Dans cette Europe bouleversée, deux êtres parlent le même langage sans pourtant se connaître. Ils se sont devinés à distance à travers leurs œuvres réciproques. L'Autrichien Rainer Maria Rilke condamné par la maladie, perpétuel migrateur qui a perdu sa patrie, et la Russe sans refuge, victime et auteur de toutes les cruautés de l'existence, communiquent enfin par-delà le flot tumultueux de l'Histoire en marche. C'est une communion sainte qu'ils sacrent par l'écrit. Au comble de l'exaltation, Marina Tsvetaieva confie : « Oui, cette "poétesse" dont Rilke parle à Pasternak, c'est moi. Je suis sa dernière joie russe – sa dernière Russie et sa dernière amitié. » Le 2 juillet 1926, Marina reçoit du village de Muzot un cadeau délicat de Rilke : son recueil de poèmes, en français, *Vergers*, qu'il lui dédicace ainsi :

Marina, voici galets et coquillages
Ramassés récemment à la française plage
De mon étrange cœur... J'aimerais que tu connusses
Toutes les étendues de ses divers paysages
Depuis sa côte bleue jusqu'à ses plaines russes[1].

Il lui écrit ces vers assis sur le petit mur d'un verger que surplombe une colline de vignes, dans une chaleur « malheureusement partielle », en observant les zigzags dessinés à ses pieds dans le sable par les lézards. Et ajoute ce petit post-scriptum enchanté : « Mais maintenant que nous en sommes au "non-vouloir" nous méritons quelques atténuations. Voici mes petites photos. M'enverras-tu "quand même" un jour ou l'autre une image de toi[2] ? »

Rainer Maria Rilke est aussi l'auteur d'une élégie à Marina Tsvetaieva : « Ces perles dans le Tout, Marina, ces étoiles qui croulent ! Où que nous nous jetions, vers quelles étoiles, nous ne l'accroissons pas ; le compte est toujours déjà clos. Ainsi, qui tombe ne diminue pas le chiffre saint. La chute renonçante choit dans l'origine et, là, guérit. Tout ne serait-il donc que jeu, change du même, ou transfert, et nulle part un nom, la place à peine d'un intime gain ? Nos vagues, Marina, et la mer ! Nous – profondeurs, et ciel ! Nous terre, Marina, et printemps mille fois, ces alouettes que l'irruption du chant jette dans l'invisibilité[3] ! »

1. *Correspondance à trois : été 1926, op. cit.*
2. *Ibidem.*
3. *Ibid.*

Ainsi atteignent-ils l'éther même de la poésie et le ciel des sentiments élevés. Mais ce n'est pas tout, l'an 1926 les verra aussi accéder à une sorte de Sainte-Trinité. Tout commence par une relation épistolaire entre Boris Pasternak et Marina Tsvetaieva qui se sont croisés, parfois et par hasard, jadis à Moscou. Cette relation est suivie par un coup de foudre poétique réciproque. Pasternak a découvert les poèmes de Tsvetaieva et Marina tombe en arrêt devant le recueil de Boris *Ma sœur la vie.* Elle appelle ce sentiment que provoque cette lecture en elle un « ouragan ». C'est une révélation purement littéraire et entièrement poétique. Elle lui écrit alors : « Votre livre est une brûlure. Il n'y a que vous, vous êtes seul pour moi. » Pendant huit ans, de 1923 à 1931, elle évite la rencontre avec le poète russe qu'elle admire tant. Pasternak ne comprend pas ; il voudrait la voir enfin. Quand il vient à Berlin dans l'espoir de rencontrer celle qu'il a prévenue de son arrivée, elle est déjà partie. Dans l'été 1925, un autre échec se produit dans la ville de leur poète préféré, Goethe. Le rendez-vous de Weimar est encore un rendez-vous manqué.

FIGURES POUR UN TRIANGLE RUSSE

Une étrange liaison à trois va naître par lettres de la volonté de Pasternak. Au début d'avril 1926, Boris Pasternak reçoit à Moscou deux lettres. L'une contient une copie du *Poème de la fin* de Tsvetaieva et la seconde est signée de son père, alors à Munich, Leonid Pasternak, qui est un grand ami de Rilke. Il écrit à son fils pour lui transmettre tout le bien que ce dernier dit de lui : « La jeune célébrité de votre fils m'a touché de plus d'un côté. » Jusqu'alors Pasternak vénérait Rilke de loin. Jamais il n'aurait eu l'idée de s'adresser directement à lui, mais ce jour, touché sans doute par le compliment, il prend sa plume et ose un courrier daté du 12 avril 1926, écrit en allemand : « Grand et vénéré poète ! Je ne sais en quel endroit cette lettre se terminerait ni en quoi elle se distinguerait de la vie, même si je donnais libre cours à l'amour, à l'étonnement et à la reconnaissance que je ressens déjà depuis vingt ans. Je vous suis redevable pour les traits essentiels de mon caractère, pour toute l'orientation de ma vie intérieure. Tout cela est votre œuvre... le hasard miraculeux qui m'a mis en votre présence, m'a profondément troublé et a provoqué en mon âme une sorte de court-circuit... »

C'est Pasternak qui ensuite proposera à Rilke que Tsvetaieva, qui est déjà en correspondance avec lui, se joigne à leurs échanges épistolaires. Alors commence à trois plumes une des partitions chefs-d'œuvre de la littérature mondiale, dont quelques mots seulement suffisent à donner l'immense dimension et la passionnante profondeur : « Je lisais ta lettre au bord de l'océan, et l'océan la lisait avec moi » (Tsvetaieva). « Tu es mon seul ciel légitime et ma femme » (Pasternak). « Nous nous touchons comment ? Par des coups d'aile » (Rilke). Pendant près d'une demi-année, trois des plus grands poètes de leur époque vont échanger un courrier original et exemplaire de l'extrême passion. Était-ce un authentique amour ? Était-ce un roman rêvé, était-ce une élucubration solitaire ou une communion sur la rive de la perfection ? Était-ce faux ? Était-ce vrai ? Ce fut toujours sublime. Deux d'entre eux seulement se connaissent pour s'être déjà croisés, Pasternak et Tsvetaieva. Rilke n'a jamais rencontré ni l'un ni l'autre. L'admiration réciproque est l'unique lien de leur triangle.

Un siècle sans pitié les a placés tous les trois dans une situation de séparation d'avec eux-mêmes. Pasternak est maintenu à Moscou par la Révolution où il écrit *Le*

Docteur Jivago, personnage à qui il confie toute cette énergie du désespoir qui lui permet de survivre. Il est littéralement dans la misère et n'a pas même de quoi nourrir sa famille. De plus, il est confronté à une grave crise de création. Au moment où il se sépare de sa femme, des questions cruelles hantent son malheur privé et touchent à sa littérature. Par les temps qui courent, il se demande quelle peut être l'utilité de sa poésie lyrique. L'angoisse l'étreint à l'idée que sa poésie a perdu son sens, pis, que face aux événements elle est devenue amorale. Il pense que les temps de guerre et les années de révolution réclament des créateurs d'épopée, des historiens, ou de grands journalistes. Étrangement, Tsvetaieva au même moment pense la même chose et vire de bord à sa manière avec *L'Art à la lumière de la conscience.* Son mari, Serge Efron, prend, lui, un virage à quatre-vingt-dix degrés, puisque partisan des Blancs il devient soudain un agent du fameux NKVD, l'organisation des services secrets staliniens. Les bruits courent et, du coup, Marina Tsvetaieva est rejetée du milieu blanc à Paris, honnie par ses pairs, méprisée par ses anciens amis et désignée du doigt avec indignation par ses confrères. Rilke, quant à lui, est cloué au lit par sa maladie. Il vit en Suisse et sait que celle qui le rejoindra le plus vite, sera la mort. Même leurs œuvres doivent prendre le deuil de leur vivant. Pasternak en Russie, terrorisé par Staline, qui se refuse à accepter son individualisme, est de moins en moins publié. Pendant une longue période, il est même contraint de ne faire que des traductions. Ses malheurs ont donc commencé bien avant qu'il ne subisse la censure, bien avant qu'il ne soit banni par l'Union des écrivains pour avoir laissé éditer *Le Docteur Jivago* en France à la fin des années cinquante. Quant à Marina Tsvetaieva, elle ne verra publier en France qu'un seul des nombreux livres qu'elle aura écrits pendant son séjour à Paris entre 1922 et 1938. Pour Rilke, qui s'affaiblit de jour en jour, la solitude est atroce, d'autant qu'il pressent que le destin de son œuvre est de ne connaître qu'une gloire posthume. Cette futurition triste, Pasternak est obligé malheureusement d'en faire le constat dans l'actualité même de ses activités littéraires. Il raconte que, demandant des nouvelles de Rilke à une délégation de poètes expressionnistes allemands prolétariens, il fut surpris par leur ignorance totale de l'existence même du poète autrichien. Le plus lettré d'entre eux lâcha même un : *« Rilke ? Er ist ja so gut wie tot ! »*[1] Or c'est le moment où Rainer Maria Rilke publie les *Élégies de Duino* et les *Sonnets à Orphée*, sans doute ce qu'il a écrit de plus parfait et qui a rendu son nom immortel. Cette réaction des « poètes » allemands désespère Pasternak qui, dans une lettre, s'en ouvre à Tsvetaieva. Celle-ci se rebelle avec vigueur contre son idée insensée d'abandonner la poésie. Ainsi se poursuit cette sublime correspondance à trois qui se lit comme un grand roman d'amour. Rendons grâce à l'éditeur Gallimard de l'avoir publiée sans négliger dans la traduction la poésie européenne des langues mélangées, car les lettres de Rilke et pour une part celles de Tsvetaieva sont dans l'original écrites en allemand, le reste étant en russe.

L'étrangeté de cette correspondance est dans l'éloignement des protagonistes et dans l'intensité, la simulation de relations physiques charnelles que ne cessent d'accentuer leur courrier passionné et leurs lettres brûlantes. Quelqu'un qui tomberait sur ces textes sans connaître la réalité des relations entre leurs auteurs pourrait penser à des étreintes sauvages, à des baisers brûlants, à des nuits sans fin. Or nous savons que rien de tout cela n'a existé, que tout était rêvé. Que tout était imaginé. Des pessimistes

1. Rilke ? Il va aussi bien que s'il était mort !

devant la beauté de cette correspondance pourraient dire que l'amour n'est vraiment beau que si, comme dans ce cas précis, il n'a jamais vraiment existé. Les optimistes y verront *a contrario* la puissance magique de la littérature où l'incantation poétique dépasse et sublime la pauvre réalité des choses pour construire une seconde réalité, où tout est enfin parfait. Toute la force de ces lettres est dans leur fécondation de l'imaginaire. N'est-ce pas la suprématie magique de la littérature sur la vie qui est ici exprimée ? Ainsi Marina écrit-elle à Rainer : « Cher Rainer, Boris ne m'écrit plus. Dans sa dernière lettre, il m'a écrit : "Tout ce qui n'est pas volonté en moi est tien et porte ton nom." Rainer, toute relation humaine est une île et moi toujours engloutie – tête, peau, cheveux.

Rainer, cet hiver, il faut que nous nous retrouvions quelque part dans la Savoie française, tout près de la Suisse... quelque part où tu n'es jamais allé (ce jamais existe-t-il ? J'en doute). Dans une petite ville, Rainer.

Ou cet automne, Rainer. Ou au printemps. Dis oui pour, qu'à partir d'aujourd'hui, j'aie à moi une grande joie, quelque chose vers quoi tourner mes regards (me retourner ?)

Parce qu'il est très tard et que je suis très lasse, je te serre dans mes bras... »

Si Marina en écrivant cette lettre peut croire à un rendez-vous prochain en Savoie (quoiqu'on sache grâce à Pasternak qu'elle est une habituée des rendez-vous manqués), Rainer Maria Rilke ne se fait plus d'illusions, il se sait mortellement malade. Alors qu'elle l'imagine encore voyageur, lui échappant sans cesse par ses errances perpétuelles, il est cloué au lit. Justement cette plainte d'une amoureuse sur ces départs fictifs est la consolation suprême pour un homme dont la patrie a toujours été le voyage.

Marina, elle, ne semble jamais douter : « Plus tu

t'éloignes de moi, plus tu pénètres en moi. » Ailleurs, elle avoue : « Mon amour pour toi s'est morcelé en jours et en lettres, en heures et en lignes. » Dans une autre lettre encore, elle semble offrir une conclusion à tout, sur le thème de la haute bassesse de l'amour : « Maintenant, c'est passé. Vouloir me passe vite. Ce que je voulais de toi ? Rien. Plutôt : t'approcher. Simplement pour aller à toi. Sans lettre, c'était déjà : sans toi. Ensuite : pire. Sans lettre : sans toi, avec lettre : sans toi, avec toi : sans toi. En toi ! Ne pas être. Mourir ! » « Rainer, le soir tombe, je t'aime. Un train hurle. Les trains sont des loups, les loups sont la Russie. Ce n'est pas un train – c'est toute la Russie qui hurle après toi. Ne sois pas fâché contre moi, fâché ou non, cette nuit je dormirai avec toi. Une faille dans l'obscurité, parce qu'il y a des étoiles, je la referme : la fenêtre. (Quand je pense à toi et moi, je pense à une fenêtre, pas à un lit.) Les yeux grands ouverts, car dehors, il fait plus noir encore que dedans. Le lit est un bateau, nous partons en voyage.

... Mais un jour on ne le vit plus.
Le petit navire sans voilier,
lassé des océans maudits,
voguant au pays des étoiles –
Avait gagné le paradis...
(Chansons d'enfants de Lausanne.)
Tu n'as pas besoin de répondre – qu'au baiser.

Rilke ne sait plus où il en est. Cette rencontre impossible, pourquoi ne la tenterait-il pas ? Il passe de l'hésitation à la décision, de la méditation philosophique sur leur lien étrange à l'adresse précise où ils pourraient se retrouver, à Val-Mont en Savoie. « Et tu as aussi écrit déjà, dans la marge de droite de ta lettre : le passé est à venir... »

De Saint-Gilles le 22 août 1926, Marina Tsvetaieva a écrit à Rilke et, dans son attente déçue du rendez-vous auquel pourtant elle ne croit plus elle-même, elle lâche la vérité sublime de leur amour distant : « Rainer, tu peux dire oui à tout ce que je veux – ce ne sera jamais bien grave. Rainer, quand je te dis : je suis ta Russie, je te dis seulement (une fois de plus) que je t'aime. L'amour vit d'exceptions, d'isolations, d'exclusions. L'amour vit des mots et meurt des faits. Je suis trop intelligente pour vouloir vraiment être pour toi toute la Russie ! Façon de parler. Façon d'aimer[1]. »

A son tour, Rainer lui écrit, du château de Muzot, un courrier digne de la confusion des sentiments qui les agitent tous les deux :

« Ainsi, mon petit mot, quand tu l'as dressé devant moi, aura porté cette grande ombre dans laquelle tu as disparu de façon incompréhensible à mes yeux, Marina ! Incompréhensible et désormais comprise. Si j'ai écrit cette phrase, cela ne tenait pas, comme tu le dis à Boris, à une surcharge, ah ! je suis libre, Marina (libre et léger ; simplement tu le comprends toi aussi) appelé de façon si imprévisible ! Si impressentie. Et, depuis quelque temps, sans doute pour des raisons physiques, si anxieux que quelqu'un, qu'un être cher pût attendre de moi une prestation ou une attention de moi faire défection, décevoir son attente. Avec cela, le plus difficile continue à me réussir sans que j'aie à prendre aucun élan ; mais tout à coup, je doute de la nécessité (même intérieure, même heureuse) d'une lettre, comme une tâche très abrupte devant moi : insurmontable[2]. »

Elle parle de mourir, mais c'est lui, Rainer Maria

1. *Correspondance à trois : été 1926, op. cit.*
2. *Ibidem.*

Rilke, qui va disparaître quelques mois plus tard sans jamais l'avoir rencontrée. Le triangle s'est brisé et il ne reste maintenant face à face que Marina Tsvetaieva et Boris Pasternak. Alors, à la place d'une oraison funèbre, elle offre au souvenir de Rilke son plus beau discours qui est devenu celui de sa « haine de l'amour ». C'est à Pasternak qu'elle en adresse les fragments. Elle opposait le monde mesquin des corps, celui du mensonge et de la fraude, au « monde des âmes ». Elle reniait l'amour tel qu'on a coutume de le nommer dans « le monde des corps ». « L'amour hait les poètes », écrit-elle à Pasternak. Et, dans une lettre, elle lui dit encore : « Je ne comprends pas la chair en tant que telle, je ne lui reconnais aucun droit. » Contre l'enveloppe charnelle, la trivialité de la sensualité, la bassesse des désirs, elle avait inventé avec Rilke un dialogue qui ressemblait aux échanges de deux amants. Juste, forte et belle revanche sur la réalité. Elle voulait des « poignées de main sans main, des baisers sans lèvres ». Le 22 août, elle avait écrit à Rainer : « Je ne vis pas sur mes lèvres et qui m'embrasse passe à côté de moi. » Pourtant, pour elle, « se toucher en paroles, c'est se rencontrer en esprit ». Ainsi, Marina inventait-elle un genre nouveau dans la poésie où plus le ton devient passionné et sensuel, plus c'est l'amour qui se rend inaccessible parce qu'il s'idéalise dans une fiction poétique, une réalité inventée, un romantisme absolu. A Pasternak aussi, elle adresse ce chant heureux à l'impossibilité. « La vie ensemble n'aurait été possible que dans l'autre monde : Boris, Boris, comme nous aurions été heureux, à Moscou, à Weimar, à Prague, en ce bas monde et surtout dans l'autre qui est déjà entier en nous. Tes perpétuels départs – c'est ainsi que je le vois – et ce qui me regarde de bas en haut par tes yeux. Ta vie par correspondance avec toutes les rues du monde... et aller chez moi... Nous

nous serions mis à l'unisson[1]. » L'autre monde, toujours l'autre monde. C'est le nouveau monde de Marina. A Pasternak, le 1er janvier 1924 : « Comme je le connais l'autre monde ! L'autre monde, comprends-le donc, c'est la lumière, l'éclairage, les choses éclairées autrement, par ce qui est tien, ce qui est mien[1]. »

« MAIS JE N'AI PAS DE COSTUME »

De la poésie, Marina pense pouvoir exiger ce qu'elle ne peut obtenir de l'amour, « une vérité de tous les instants ». Mais c'est cette vérité précisément que, dans l'amour, elle ne devrait pas approcher de si près, c'est cette vérité qui dans la vie la frappe sans pitié. Et n'aurait-elle pas mieux fait de demeurer dans son conte de fées d'amour par correspondance, plutôt que d'affronter dans une rencontre avec Pasternak l'insupportable soumission du rêve à la réalité. Car, si elle n'a jamais vu Rainer Maria Rilke, elle va se trouver face à face, sans l'avoir vraiment voulu, avec Boris Pasternak à Paris, au Congrès international des écrivains pour la défense de la Culture en juin 1935, à la Mutualité. Cette rencontre avec celui dont elle se dit « la femme » dans des lettres sans retenue, ce face à face soudain qu'elle appelle d'ailleurs « non-rencontre ». L'a-t-elle authentiquement désirée ? Elle ira même jusqu'à constater que c'est « une catastrophe, un grand malheur ». Certains y verront la main maléfique du diable moustachu que Winston Churchill appelait ironiquement « oncle Joseph », Staline lui-même. Car Pasternak, dépressif, écrasé par le climat de la terreur stalinienne et maintenu à Moscou, est fort surpris le jour où le téléphone grelotte :

1. *Correspondance à trois : été 1926, op. cit.*
1. *Ibidem.*

les fidèles ont trahi, les amis se sont évanouis, la peur règne avec le silence. Derrière la sonnerie, c'est la voix du cabinet de Staline qui avance la « proposition » du dictateur. Une invitation forcée à un voyage fortement recommandé. « Non, ce n'est pas un ordre, précise le messager, seulement une sollicitation personnelle du camarade Staline. » « Mais je n'ai pas de costume ! » répond le poète comme dans un dernier recours. Refuser, ce serait, au-delà de la fierté, le passeport pour la mort, car, à cette époque, ou l'on dit oui à Staline, ou l'on est fusillé. Et Pasternak le pressent, lui dont la plupart des amis seront fusillés en 1937. L'entourage du dictateur a tôt fait de le rassurer. Deux jours plus tard, le costume lui est livré, et le départ pour Paris sera « protégé » par le NKVD.

Boris Pasternak arrive dans la capitale française pour dix jours le 24 juin 1935. Malraux, qui est un des organisateurs du Congrès, et alors un des compagnons de route du parti communiste, l'accueille avec chaleur et admiration. Mais il ne peut s'empêcher de dire au grand poète que son costume ne convient pas, et nouveau saint Martin, lui offre le sien. Pasternak n'a pas compris, il a d'autres préoccupations, les amis parlent encore de ce costume qui avait l'air « d'un costume de rabbin ». A ce moment-là, les démons de la guerre planent déjà sur l'Europe et les passions politiques sont exacerbées. L'opinion publique ne sait pas encore à quel point la terreur stalinienne est meurtrière en URSS et la propagande soviétique a l'habileté de transformer son angoisse devant la montée des fascismes en un soutien aveugle au régime de Moscou. Les premières dupes de cette manœuvre sont les intellectuels français. Beaucoup d'entre eux participent à ces congrès qui, sous prétexte de défendre la culture, rallient à la cause de Staline les esprits les plus brillants du pays. C'est à cette époque que, consciemment ou non, la crème de l'intelligentsia française tendra un rideau de fumée entre Staline et ses trente millions de victimes. Cela explique en partie l'attitude de Boris Pasternak à Paris. Avant tout, il est terrorisé puisqu'il se sait constamment surveillé par des agents du NKVD, qui sont parfois même des amis vivant dans la Ville lumière. Ensuite, il a du mal à comprendre que des intellectuels libres entonnent les louanges d'un régime dont il connaît la férocité. C'est pourquoi il s'est donné pour règle de s'abstenir de parler de politique et de s'en tenir à la poésie. Enfin, révulsé par la montée des fascismes, il ne peut se résigner à oublier l'URSS où sa famille est restée en otage. Il n'est donc pas question pour lui de se réfugier à Paris. C'est lors de ce congrès d'intellectuels qu'il rencontre dans les couloirs de la Mutualité celle à qui il a tant écrit : Marina Tsvetaieva. De ce face à face demeure un témoignage d'Ilya Ehrenbourg, traité sur le mode idyllique : « Dans les corridors du débat, Mariana Tsvetaieva récite des vers à Pasternak. » Celui-ci aura le courage de lui confier, lucide : « Le secrétaire de Staline est venu me voir, j'ai eu la trouille. C'est pourquoi je suis venu ici. » Boris Pasternak sait que Marina pense à revenir en Russie. Mais il sait aussi qu'il ne peut plus lui parler tout à fait librement comme autrefois. Son mari, Serge Efron, désormais appartient au NKVD et c'est lui qui organise en France le recrutement des volontaires pour les Brigades internationales. Il est sans doute aussi l'auteur du meurtre en Suisse d'Ignati Reiss, un ancien agent russe passé à l'Occident. Serge Efron se sent à ce point traqué – il pressent que la police française est à ses trousses – qu'il arrête sa voiture sur la route de Rouen, par une nuit glacée de septembre, et disparaît avec sa femme dans la campagne normande. Erreur fatale, sans doute, car le châtiment français lui aurait coûté quelques années de prison tandis que son retour en Russie signifiera la mort. Pasternak, plus lucide, cherche à faire entendre à Marina qu'il vaudrait mieux pour elle qu'elle ne revienne pas en Russie. Pendant qu'il dialogue avec cette femme meurtrie par la vie, il prend doucement conscience que le temps et les événements l'ont séparé de l'image idéalisée que ses brûlantes lettres d'amour avaient fixée. Lui aussi a beaucoup changé depuis qu'ils se sont croisés à Moscou plus de dix ans auparavant. Pasternak, entre-temps, a divorcé de sa première femme et s'est remarié. De plus, il est miné par la peur. Lui-même n'est plus un romantique. Dans l'écriture clandestine du *Docteur Jivago,* il prend conscience de son évolution personnelle : désormais, ce qui l'intéresse le plus c'est l'analyse du destin dans le contexte de la terreur. Dépressif, allant jusqu'à penser que cette femme peut lui nuire si elle est liée par son mari avec les Soviets, il se dérobe, il s'abstient, il la gomme autant qu'il s'efface. Même Marina a senti son désenchantement. Plus tard, elle écrira : « La rencontre m'a laissée dans un état embrouillé. Un état difficile pour moi parce que tout ce qui à mon sens est le droit est pour toi un vice. » Quant à lui, évoquant leur relation, il le fait curieusement déjà au passé. Un jour, il reviendra avec la fille de Tsvetaieva sur sa relation avec Marina pour préciser que cette relation n'a duré que « quelques années ». Voulait-il dire par là que, pour lui, le lien s'était distendu avant la terne rencontre de la Mutualité ? Même si cela était, Pasternak n'oubliera jamais les sommets atteints par leur amour courtois comparable à ces neiges éternelles si belles à distance et indifférentes aux saisons. A la fille de Tsvetaieva, Ariane, il fait cette déclaration admirable : « Tout ce que ta mère m'a écrit m'a tenu dans l'état de sublimation des sentiments, écho élevé et aigu de sa spiritualité qui ne regardait jamais en arrière dans son élan permanent vers le haut. » Mais cette oraison funèbre pour un insaisissable amour vécu comme un mirage, dans la poésie pure, n'était-elle pas une tentative d'excuse de la part d'un homme traqué, qui n'avait su, quand Marina était revenue à Moscou, ni lui porter secours, ni lui trouver un travail ou même un logement ?

Dans son appartement de Montparnasse, lors d'une conversation de nuit, une petite femme âgée dont les yeux ont conservé le magnifique éclat azuré des jours heureux de Koktebel, nous contait dans la fraîcheur intacte de ses souvenirs, le 17 avril 1979, ce que Marina Tsvetaieva lui avait confié, durant un bel été chez Volochine sous le ciel de Crimée, cinquante ans auparavant. C'est Maya, Maria Koudacheva, Mme Romain Rolland : « Toi, Maya, et moi, nous ne sommes pas comme toutes les autres. Nous ne sommes pas vouées au quotidien, jamais nous ne laverons la vaisselle. » Illusions perdues et prémonition à l'envers, la vie se chargera de contredire cette espérance d'une jeunesse sans fin. Marina ne suivra pas le conseil de Pasternak, chuchoté à demi-mot, et s'obstinera à rentrer en Russie. Elle retrouvera un monde hostile, pire, un monde fuyant. Plus d'amis, plus d'argent, aucune ressource pour survivre, un mari traqué qui, après avoir servi le régime, était désormais persécuté comme un traître, qui avait trop vécu en Occident aux yeux des intraitables du NKVD et qui, dès son retour, sera liquidé par le système stalinien. Les choses vont si mal pour Marina Tsvetaieva qu'elle sera contrainte, contre son vœu de jeune fille, de solliciter une place de plongeuse à la cantine de l'Union des écrivains. Mais même l'opportunité de laver la vaisselle lui sera refusée. Les divisions allemandes progressent sur le territoire russe, la guerre fait rage et dans une petite ville de l'Oural, Elabouga, c'est une femme sans plus d'espoir qui se donne la mort le 3 août 1941. Auprès de la fosse commune où l'on pense que fut jetée sa dépouille, un monument a été érigé. Il est devenu depuis un haut lieu de pèlerinage pour les fervents de l'âme russe, un rendez-vous sacré. Le long supplice de Tsvetaieva n'a pas été oublié par le pays. Comme toujours pour des poètes, pour elle aussi, les semailles sont venues après les moissons. Jadis interdite, son œuvre a commencé d'être éditée dans l'ère khrouchtchevienne et aujourd'hui Marina Tsvetaieva est considérée, avec Anna Akhmatova, comme la plus grande poétesse russe de tous les temps. Comme l'écrivait Marina :

Les vers naissent comme les étoiles et les roses,
Comme la beauté dont la famille ne veut pas,
Et aux couronnes et aux apothéoses –
Une seule réponse : mais d'où me vient cela ?

Nous dormons – et à travers les dalles de pierre,
De l'hôte céleste percent les quatre pétales.
Sache-le, ô monde ! Le poète découvre dans ses rêves
La formule de la fleur et la loi de l'étoile[1].

SOLJENITSYNE SALUE TSVETAIEVA

Qui aurait pensé que ce serait Alexandre Soljenitsyne lui-même qui nous ramènerait lors de son voyage en France sur les pas de Tsvetaieva en Vendée ? Alexandre Soljenitsyne éprouve une grande admiration pour le travail prodigieux accompli par Marina Tsvetaieva sur la langue russe. Il considère que l'extraordinaire invention musicale de sa poésie font d'elle un des plus forts génies créateurs de la littérature nationale. Ce jour-là, sous un ciel gris perle, en contemplant les vagues écumeuses qui caressent la cité maritime de Saint-Gilles-Croix-de-Vie et sa longue plage orientée à l'ouest, le maître à penser de la Russie

1. *Anthologie de la Poésie russe, op. cit.*

actuelle s'est dit en toute humilité le disciple et l'héritier de Marina Tsvetaieva. Étrange symétrie, entre celui qui est venu rendre hommage aux martyrs de la Vendée française et celle qui, horrifiée par le massacre en masse des paysans slaves durant la guerre civile, inventait l'expression tragique : « Vendée russe ». Au-delà des barques de pêcheurs à la coque bleue et aux voiles saumon dans le lointain, du phare aux sommets rouillés, des cris des mouettes et des cabines de bain colorées de la plage, Alexandre Soljenitsyne s'avance avec sa femme Natalia sur la dune de la Garenne pour inaugurer la stèle : « Je suis heureux et fier de me trouver ici, pour la mémoire de Marina Tsvetaieva. Ce monument par son lieu, sa place symbolise ce lien entre Marina Tsvetaieva et la Vendée. » Vendée de Tsvetaieva : « Ici la nature est monotone : mer, sable. Il y a des dunes. Mais c'est pour les enfants le meilleur climat de toute la France maritime. Mais surtout c'est la Vendée. » Au printemps 1926, Marina Tsvetaieva décide de s'installer à Saint-Gilles que fréquentait une petite colonie russe. Elle habitait avenue de la Plage, la villa *Ker Edouard*, aujourd'hui disparue. C'est la place emblématique de l'insurrection française de 1793 dans la mémoire russe qui l'avait indiciblement attirée vers la Vendée. Car dès 1918 quand se déclenchèrent les premiers grands soulèvements populaires contre la dictature bolchevique, Marina Tsvetaieva fit immédiatement le parallèle entre « le magnifique élan de liberté » de la Vendée et l'insurrection du Don. Le 11 mars 1918, après l'annonce des premières défaites, elle écrit un superbe poème qui sera publié dans le recueil *Le camp du Cygne* et qui s'achève ainsi :

Du monde d'avant, suprême vision
Jeunesse, Héroïsme, Vendée. Don.

C'est encore de Saint-Gilles que Marina écrit à Rilke. Mais pendant son séjour en Vendée qui se situe durant son exil en France de 1908 à 1939 et plus précisément durant les six mois d'avril à septembre de 1926, elle écrira de nombreuses et remarquables lettres adressées à tous les grands esprits de l'Europe qui témoignent de l'importance spirituelle que pouvait avoir cette référence vendéenne pour une jeune intellectuelle russe du début de notre siècle. Elle se qualifie souvent d'amazone et, dans ces courriers, parle constamment de « ma Vendée ». Cette « Vendée militaire » que l'un de nous connaît pour l'avoir si souvent parcourue de Saint-Florent-le-Vieil jusqu'à Saint-Vincent-sur-Jar, séjournant longuement au Manoir de l'Océan non loin de la maison de Clemenceau pour écrire son essai *La Nostalgie, camarades !* invite finalement à la conversation avec l'Océan : « L'Océan, remarque Marina, j'ai conscience de sa grandeur et cependant je ne l'aime pas. Mais je suis quand même heureuse de vivre en Vendée, qui a donné jadis un si magnifique élan de liberté. Les habitants sont gais, faciles à vivre, note-t-elle le 9 mai 1926 dans sa lettre à l'écrivain tchèque Anna Teskova. Saint-Gilles-Croix-de-Vie, c'est ce charmant port de pêche devenu une station balnéaire où les bateaux reviennent chargés de poissons et de crustacés, où le remblai est animé l'été par la gaieté des terrasses de café et d'où partaient les morutiers pour aller jusqu'à Terre-Neuve : « Nous vivons dans une maison de pêcheurs, nos propriétaires, un couple de pêcheurs, ont à eux deux cent cinquante ans. Souvent je reste dans la bourrine avec la mère, j'attise le feu avec un soufflet, j'écoute, je parle », remarque Marina. En mai elle écrira à Chakhovskoï, homme de lettres, qui deviendra évêque de San Francisco, son vrai sentiment sur la Vendée. Un sentiment élevé, fier et sévère à la fois. Une impression altière comme née d'un étendard : « Nous avons le vent du nord, il ne peut être question de se baigner. Nous grelottons, nous nous emmitouflons. Ma Vendée est austère, comme elle se doit de l'être. » Cette Vendée fière et un peu froide à l'époque de l'équinoxe c'est justement celle que nous avons retrouvée auprès d'Alexandre Soljenitsyne qui, pendant sa visite à Saint-Gilles-Croix-de-Vie, faisait de nouveau part de son désir de retourner en Russie.

Au temps des grandes marées comment ne pas être attentif au message du grand écrivain qui anticipe le reflux du communisme et dont l'œuvre pourrait être à l'origine d'un flux spirituel dans la nouvelle Russie. Vendée française, Vendée russe, le voyage de Soljenitsyne aux Lucs-sur-Boulogne, fut autant celui d'une nostalgie héroïque de la résistance ressuscitée sur les lieux mêmes où les Colonnes infernales firent un massacre effroyable de femmes et d'enfants que celui d'un émouvant hommage littéraire. « Elle écrivait une prose magnifique, a dit l'auteur d'*Une journée d'Ivan Denissovitch*. Et de sa prose, j'ai retenu une grande expérience et des procédés qui m'ont influencé dans mon propre travail. »

9

GALA : ENFANCE ET ADOLESCENCE

C'est une petite fille de dix ans aux yeux presque bridés couleur de charbon brûlant, à la peau asiate, sans doute née à Kazan et qui vit à Moscou. Elle regarde son père avec admiration, mais est-ce vraiment son père ? Non, c'est plutôt son beau-père. Son destin est déjà écrit et un autre enfant, au loin, rêve d'elle sans la connaître. C'est Salvador Dali. A l'hôtel *Meurice*, en 1979, il se souvenait de sa prémonition, de sa première Espagne, de ses premiers jeux, de son initiation magique au monde des images, au paradis optique, à l'éden de l'illusion. En revenant sur son passé, il dira un jour : « La meilleure attraction restait un théâtre optique auquel je dois les plus fortes illusions de mon enfance. C'est dans le théâtre optique de M. Trayter que je vis pour la première fois, la silhouette bouleversante de la petite fille russe. Elle m'apparaissait assise dans ses fourrures blanches au fond d'une troïka, suivie par des loups aux yeux phosphorescents. Elle me regardait fixement et son expression d'une fierté intimidante m'oppressait le cœur. Ses narines aussi vives que ses yeux lui donnaient l'aspect d'un petit animal de la forêt. Cette vivacité contrastait d'autant plus avec le reste du visage qu'elle avait des traits aussi harmonieux que ceux des madones de Raphaël. Gala ? Je sais que c'est déjà elle. » Helena Diakonova, Gala Éluard, Gala Dali. Une enfant, une jeune fille, une femme. Un être à trois temps ? Non, trois histoires différentes, trois parcours singuliers. Et surtout trois Gala.

Dans le Moscou des années 1910, son père est un avocat qui fréquente avec une humeur égale le milieu bourgeois et les groupes révolutionnaires. Ces étranges options lui sauveront peut-être un jour la vie. En effet, pendant la guerre civile, il aura droit à du bois pour se chauffer et il évitera, vraisemblablement grâce à ses relations, les cellules sinistres de la Tcheka. Il s'appelle Ivan et il est le second compagnon de la mère de Gala, Antonina. Une douce mère plutôt cultivée qui adore faire découvrir en priorité aux siens les livres pour enfants dont justement elle est l'auteur. Ce jour-là, Gala découvre un nouveau plaisir, toucher un livre, soupeser le volume, feuilleter les pages du bout des doigts, apprécier son format, goûter la qualité typographique et surtout respirer l'enivrante odeur des reliures. Comme nous le rappelait Macha Méril, lors d'une promenade devant la coupole bleue de l'église orthodoxe de Biarritz, jadis la complicité entre Paris et Saint-Pétersbourg était immense. On parlait français sur les quais de la Neva ; les journaux, les affiches, les inscriptions sur les devantures des magasins étaient bilingues. De grands chefs cuisiniers français séjournaient chez les seigneurs russes. On buvait du champagne Roederer ou Veuve-Clicquot et Fabergé était l'orfèvre de la cour. Depuis l'âge de sept ans, Gala parle et lit le français et déjà certains noms chantent pour elle, comme Pierre de Ronsard, Gérard de Nerval, Paul Verlaine et Victor Hugo. C'est de la littérature qu'elle aime à parler sur le divan de sa grande amie Marina Tsvetaieva, dans la belle demeure de style moscovite de son père, l'auguste professeur qui sera le créateur tant admiré du musée des Beaux-Arts Pouchkine. Elle préfère cette maison à celle de son propre père car le professeur est plus riche, plus considéré, mais aussi parce que les deux sœurs, Marina et Anastasia, savent la faire rêver par des récits dont la réalité lui semble interdite : les voyages à Paris, la visite des Invalides, les feux des boulevards, la découverte du Mont-Blanc, et puis le langoureux confort des palaces suisses, la nouveauté des sports d'hiver, le ski, les montagnes. Dali nous racontait que Gala enfant était une inquiète : « Même à la maison, elle avait souvent froid, en raison de constants courants d'air dans les corridors. Le vent soufflait jusque dans le salon. » Et puis il se tait. Le génie nous confie que Gala lui a donné la permission de raconter son enfance, mais après, c'est un trop long silence. Nous changeons de sujet. Douleurs premières, cauchemars secrets, blessures mal refermées, auraient-ils partagé aussi à distance la même enfance ? Tous deux avaient le sentiment d'avoir été bridés par leurs familles. Enfance plutôt malheureuse, amour vécu comme un réconfort, volonté sans faille. Chez Gala, le père n'est pas un père, les deux filles l'appellent Parrain. Il leur donne de l'argent. C'est grâce à lui qu'elles apprennent la danse, qu'elles pratiquent des sports, qu'elles prennent des leçons d'équitation. La mère s'inquiétait toujours de ses quatre enfants, elle était bonne, attentive, affectueuse et imaginative. Elle menait aussi une activité bénévole en faveur des handicapés. Elle avait un diplôme qui, en Russie, lui permettait tout à la fois d'être éducatrice et puéricultrice. Elle ne résistait pas à son besoin profond de sauver les enfants malades. Pendant les vacances, elle emmenait les siens chez une tante qui possédait une propriété près de Saint-Pétersbourg.

Lydia, la sœur de Gala, se souvient : « Gala était une très bonne élève. Comme elle était douée, elle a fait des études difficiles avec du grec et du latin ; moi, je suis allée dans un collège où l'on n'enseignait ni le grec ni le latin. C'était bien sûr mon parrain qui nous payait ces écoles. Gala a fait ses deux dernières classes, c'est-à-dire la septième et la huitième, en externe, parce qu'elle était déjà à ce moment-là au sanatorium de Clavadel... C'est pour cette raison qu'elle a passé ses deux derniers examens en dehors du collège. » Au fur et à mesure qu'elles grandissent, l'admiration de Lydia pour sa grande sœur progresse et ce sentiment se développera dans l'âge adulte : « Je voudrais rappeler une qualité qui me semblait propre à notre famille et que ma sœur portait au plus haut. C'était une certaine facilité ou habileté que nous avons chez nous à écrire, parler, sentir une langue étrangère. Le premier livre de Paul Éluard, vous savez, c'est elle qui en a écrit la petite préface ; elle ne savait pas alors très bien le français ; j'ai fait la même chose avec mon second mari qui était autrichien ; je l'aidais à corriger ses textes et pourtant l'allemand n'était pas vraiment ma langue ! Lorsque mon mari est mort, j'ai travaillé comme traductrice et interprète à Vienne... Vous comprenez, ce n'est pas un talent mais une disposition naturelle qui est en nous. » Mais disons la vérité, si Gala vit dans la littérature, elle écrit très peu. C'est une lectrice admirable mais un auteur qui doute d'elle-même. La seule fois où elle a vraiment tenté de se jeter dans l'écriture, ce fut à Paris en 1916 et 1917, pour se livrer à la poésie russe. Mais elle prétend n'avoir pas été capable d'aboutir parce qu'elle aurait oublié sa langue maternelle. En fait, elle comprend déjà que l'instrument de sa réalisation sera l'homme aimé. Plus que de créer des personnages de papier, c'est un être vivant dont elle désire être l'auteur. Et par deux fois elle y parviendra.

Elle restera pourtant dans l'histoire de la littérature comme l'auteur de lettres admirables à Paul Éluard, où l'on retrouve la petite fille amoureuse qui déjà rêvait sur les personnages de Pouchkine, les héros du *Joueur* de Dostoïevski ou de *Anna Karénine* de Tolstoï. Gala était dans son enfance une excellente joueuse d'échecs. Elle avait un petit jeu de voyage qu'elle emportait toujours quand elle se déplaçait. Sa sœur se souvient : « Gala jouait très bien ; elle savait jouer mais elle savait aussi cesser de jouer. » Gala joue, Gala est superstitieuse. Est-elle une sorcière ? Oui ? Non ? Gala est une mystique. Partout où Gala va, elle va jusqu'au bout. Un jour, elle se convertira au catholicisme. Elle sait tout des dieux qui inspirent, des religions qui prennent le cœur. Elle raconte elle-même, confirmant le témoignage de Lydia, que le parrain de Pouchkine était orthodoxe ; puis il est devenu catholique avant de se convertir au bouddhisme. Mais au fond, Gala n'a qu'une religion : celle de son homme. Elle est mystique et elle le sera encore plus au côté du mystique Salvador Dali, son grand amour. Quel est le caractère de Gala ? Elle n'est pas timide mais plutôt réservée et Lydia confesse : « Il y a des gens avec qui elle pouvait être spontanément chaleureuse et d'autres avec lesquels elle pouvait se montrer méchante. Je me rappelle cette anecdote : nous étions toutes les deux dans un hôtel ; en fait, nous venions tout juste d'arriver et le directeur nous demanda de présenter nos passeports. Et Gala a répondu très sèchement : « Écoutez, avant je veux faire pipi. » Elle pouvait être aussi comme ça. Mais avec Paul ou Dali, elle se montrait excessivement gentille. Elle était très femme. » C'est auprès de sa mère que Gala apprend à lire le français et à dessiner, toujours vêtue de son légendaire costume marin. Aux uns, elle apparaît avec la violence de son regard pénétrant, qu'Éluard appellera plus tard « perce-cœur », aux autres auréolée de la douceur floue de ses cheveux flottants. Enfance et adolescence. L'adolescence est le royaume rebelle. Gala s'y love avec sa nouvelle manière, heurtée, agressive, instable et emportée. Dali a dit un jour que Gala avait eu une longue maladie mentale dans son adolescence. Gala se savait difficile. Elle le confesse dans une lettre : « Il ne faut pas oublier que je suis hystérique et que pour mon âge, pour mes forces physiques, je suis trop, trop nerveuse. Les moindres choses me mettent hors de moi. » Souvent, elle se croit folle car ses rages subites contre les gens lui font peur. Elle se regarde parfois avec une surprise effrayée, parfois avec une sévérité exagérée. Parce qu'elle aime un parfum, voilà qu'elle va se traiter de « putainesque » ou même de « vicieuse ». Affolée par les sautes inattendues de son caractère, la cadence infernale de ses colères et de ses indignations, elle s'apaise d'un coup pour conclure, épuisée : « Je suis tellement bête que j'en suis fière. » Plus tard, Salvador Dali se souviendra des symptômes physiques de ce qu'il appelle « la maladie mentale de Gala » : « Un soir, elle vomit deux fois au cours de notre promenade et fut prise de douloureuses convulsions. » C'est là qu'il faut revenir sur un épisode déterminant de sa jeunesse, sa convalescence au sanatorium de Clavadel à Davos, car à l'âge de dix-huit ans, on la pensait tuberculeuse. Dans un décor digne de la *Montagne magique* de Thomas Mann, nous allons savoir si la maladie de Gala, qui mine l'intérieur de son corps, est un simple mal physique, que son parrain en l'envoyant au repos près des cimes avait deviné, ou une affection beaucoup plus grave et plus belle : une maladie d'amour.

DAVOS, SOMMET DU BONHEUR

La Suisse est à cette époque au comble de sa fierté médicale. La santé retrouvée ne peut que se conjuguer face à ses sommets enneigés. Ce n'est pas par hasard qu'un certain Vladimir Oulianov, dit Lénine, y passe de paisibles séjours. Dans le canton des Grisons, très apprécié pour son climat sec et ensoleillé, des malades fortunés, étendus au-dehors sous des couvertures, jouissent de la chaleur de l'astre et de la pureté de l'air. Les sanatoriums suisses ont une réputation inégalable dans le monde. Beauté grandiose du décor, qualité des médecins et des infirmiers, service impeccable, villégiature de rêve, on se croirait presque en de perpétuelles vacances. Même les plus grands écrivains sont attirés par ces décors élevés où les sentiments, enfin au repos, n'ont rien perdu de leur acuité. La lenteur des mouvements, les multiples précautions accordées au malade, l'isolement sentimental, le langage silencieux des yeux entre des êtres sans cesse étendus, la contemplation continue des montagnes tour à tour immaculées et lumineuses, puis sombres et maléfiques, constituent les actes d'une pièce intense où le rituel du temps déroule autrement ses sortilèges. Une jeune adolescente, qui présente tous les signes manifestes de la maladie la plus romantique dans l'Europe de l'époque, a tout à fait sa place dans le sanatorium de Clavadel. De plus, elle est russe et son regard brûlant semble vouloir faire fondre la neige. Le décor est ainsi planté pour Gala en cette année 1912. Un esprit audacieux irait jusqu'à comparer le sanatorium suisse au paquebot transatlantique, et la cure recommandée, à une croisière de rêve. Il est vrai que les longues stations sur le pont, les dîners cérémonieux dans la salle à manger somptueuse, les exquises attentions du personnel, et l'étendue du séjour, peuvent faire penser au malade qu'il va, dans quelques jours, entrer dans le port de New York. Mais il a chargé dans ses luxueux bagages une quantité de désespoir qui l'autorise à tous les excès. Et la peur de mourir durant cette traversée immobile l'incite à vivre une dernière fois ce qu'il y a de plus sauvage dans une vie : l'étreinte amoureuse qui succède immédiatement à la déclaration du désir. Cette comparaison entre les malades des sanatoriums suisses et les passagers d'un transatlantique n'est malheureusement pas mal venue en cet automne où, Gala, comme le confirme son biographe, arrivant à Davos, apprend le naufrage du *Titanic*. L'émotion est immense. Que sont devenus les mille cinq cent treize passagers de ce navire que l'on avait dit insubmersible ? Dans la vallée de la Landwasser, ce jour-là, les visages sont marqués par la tragédie. Mais aussi par les autres mauvaises nouvelles du monde. On vient d'apprendre que la guerre a éclaté dans la péninsule des Balkans. Gala, la jeune fille au pâle visage qui arrive de la gare de Davos, pense à ses voyages d'été avec ses parents à Yalta ou sur la côte géorgienne. Par les fenêtres du compartiment du train aux cloisons de bois verni, elle a contemplé le paysage suisse. Bien sûr, c'est un tout petit pays par rapport à la Russie mais il n'est pas sans la rappeler par certains aspects, ses maisons en rondins, ses villages de bois peint, ses paysages de neige, ses verts pâturages. En arrivant à Davos Dorf, où se trouve la gare, Gala remarque l'élégante tenue des porteurs, avec leur casquette bleu sombre, à l'air militaire. On dirait, tant ils sont jeunes, des cadets de l'Amirauté. Le sanatorium de Clavadel s'élève à flanc de montagne parmi les sapins. C'est un grand chalet en rondins de bois, haut de cinq étages et orné de balcons fermés par des baies vitrées. Un lieu de repos, de sérénité et peut-être même d'enchantement, au milieu des neiges et des arbres. En passant parmi les élégants pensionnaires, qui sont venus chercher leur courrier et leurs journaux à la réception, Gala ne mesure pas l'effet qu'elle produit sur les convalescents. Son beau et triangulaire visage pâle, son élégant manteau d'astrakan extrêmement cintré qui met en valeur la finesse de sa taille et ses formes épanouies n'ont pas échappé à un jeune homme, soigneusement vêtu, au regard lisse et aux cheveux longs harmonieusement rejetés en arrière, un Français aux belles manières, issu d'un milieu aisé mais affecté d'un mal sans fin : la poésie. Gala gagne sa chambre au troisième étage. Sa maladie, elle l'aime sans tout à fait la connaître ; elle lui a déjà permis de vivre une autre vie où le luxe s'associe à des rythmes différents. Et aujourd'hui, voilà que sa prétendue schizophrénie, ou son hypothétique début de tuberculose diagnostiqué en Russie, lui permettent ce voyage immaculé. Elle se souvient d'un coup qu'au début de ses troubles son père avait parlé d'elle comme d'une malade imaginaire. L'association des deux mots plaît à son esprit imaginatif. Ayant défait ses bagages et posé son petit sac noir qu'elle tient toujours contre sa poitrine, Gala décide de redécorer sa chambre à sa manière. En quelques minutes, elle a orné ses murs d'icônes apportées de Moscou, et sur la table de bois blond elle a déposé en évidence les volumes de ses écrivains préférés : Dostoïevski, Alexandre Blok, Alexandre Pouchkine. Elle n'a pas oublié de jeter sur le lit ses chers animaux en peluche, talisman de son enfance, et son singe brun semble heureux sur la couverture de laine.

Dans une autre chambre, un Français de dix-sept ans, qui s'est renseigné à la réception sur l'identité de la jeune fille, rêve déjà sur cette apparition russe. Même la toux sèche qui précède habituellement le sang qu'il crache semble avoir disparu. Là où il est venu chercher le repos du corps, le lieu élu où nul ne veut plus s'essouffler, là où l'on respecte les heures de sieste et les temps de silence, là où les excès sont réprimés, interdits, oubliés, évanouis, va-t-il connaître le choc du coup de foudre, les secousses de l'amour fou ?

Dans ce sanatorium de Davos, rien ne se fait avec précipitation. Les petits déjeuners sont servis jusqu'à dix heures du matin dans la salle à manger. A onze heures, c'est la distribution du courrier. Gala reçoit de nombreuses lettres en provenance de Moscou. Antonina lui écrit longuement et régulièrement pour lui raconter tout ce qui se passe à la maison depuis son départ. De temps à autre, on envoie les pensionnaires consulter un spécialiste des poumons à Glion ou à Davos. Le temps est étalé. L'après-midi, on se divertit dans les salons du rez-de-chaussée. On s'installe paresseusement dans les longues chaises en osier disposées devant les vastes baies vitrées. Le silence est grand. Chaque malade, en contemplant le paysage, se livre silencieusement à son long monologue intérieur. On dirait un festival d'âmes muettes. Comme le disait Alfred de Vigny : « Seul le silence est grand, tout le reste est faiblesse ». Gala se dérobe, évite les contacts, et bientôt apparaît hautaine. Parfois même, elle demande à dîner dans sa chambre. Elle se dit fatiguée. Sa trop grande réserve agace certains de ceux qui partagent son sort. D'aucuns vont jusqu'à dire que la jeune Moscovite est bien méprisante. Non seulement, elle se refuse à fréquenter les pensionnaires russes, mais encore elle ne s'intéresse ni aux Italiens ni aux Allemands qui séjournent à Clavadel, même pas aux Français. Son confident, c'est le jardinier du sanatorium. Il lui raconte des histoires de montagne, d'animaux sauvages et de bergers perdus, qui ont le don de l'enchanter. C'est que Gala n'est pas facile et dit souvent : « Je hais la banalité et les hommes prétentieux. » Après un temps, elle ajoute d'une voix dure : « Et je hais la bêtise. » Au sanatorium, on glisse, une fois par jour, un thermomètre dans votre bouche pour mesurer la température. Et lorsque commence une conversation, c'est bien souvent par cette question à la fois coutumière, banale et un peu indiscrète : « Quelle est votre température ce matin ? » Quand tombent les neiges de décembre, Gala est déjà enfoncée dans ses lectures brûlantes, *Les Fleurs du mal*, ou les pages en flammes de *L'Idiot*. Les livres sont le monde où Gala a été élevée. Ils étaient si nombreux que, à Moscou, leur empilement composait de petits murs dans l'appartement des Diakonov. Antonina aimait inviter des amis poètes à dîner et bien souvent l'un d'eux se levait pour déclamer des vers. Gala, à l'âge de huit ans, aimait s'attarder avec les grandes personnes pour les écouter. A cet âge, elle dévore avec passion des livres de la comtesse de Ségur dont le père était le responsable de l'incendie de Moscou en 1812. Les échos lointains de la Russie sont comme des flocons de neige qui s'écrasent sur les balcons du sanatorium suisse. En cette année 1911, on apprend que Stolypine, le Premier ministre, vient d'être assassiné à Kiev. C'est un grand dommage pour la Russie qu'il destinait à d'heureuses réformes.

A Clavadel, Gala, d'après les confidences qu'elle nous a faites, pensait beaucoup à la Russie et se demandait de quel côté penchait le grand empire. Tandis que son poète préféré, Alexandre Blok, s'était déclaré pour le particularisme russe, Gala, *a contrario*, pensait que la femme russe qui avait une âme d'égérie, ferait basculer son pays vers l'Occident. Pourtant, elle ne pouvait demeurer insensible aux vers de son Blok bien-aimé :

Russie, vision sublime !
habite tes pensées lointaines
Tu veux être l'Orient : lequel
Celui de Xérès ou du Christ[1] ?

Les poésies d'Alexandre Blok hanteront Gala toute sa vie et toujours elle murmurera ses perpétuelles questions :

D'anciens secrets me sont confiés,
Un cœur, de qui ? me reste en gage
Tous les rayons de mon âme
Sont transportés par le vin âpre[2].

1. *Anthologie de la Poésie russe, op. cit.*
2. *Ibidem.*

Mais Gala, dans sa méditation poétique, voit naître une peur. Elle craint d'être un jour aimée comme Blok aimait les femmes. C'est-à-dire comme une *Bella Donna*, comme une idée abstraite. Cet amour, certes, a donné ses meilleures poésies, mais il a aussi détruit le simple bonheur des couples. La preuve en est l'échec d'Alexandre Blok avec Loubov Dmitrievna, sa femme qui, avec sa légendaire lucidité, disait à son bien-aimé : « Savez-vous bien que vous me considérez justement comme une idée abstraite. Vous avez fantasmé sur toutes sortes de choses belles et bonnes autour de vous. Mais cette fiction n'a d'existence que dans votre imagination. Cette fiction m'a finalement cachée à vous, elle a dissimulé en moi, à vos yeux, l'être vivant. A côté d'une âme vivante, votre regard était perdu ailleurs[1]. » Ce drame de la sublimation qu'annonce le cycle des poèmes d'Alexandre Blok, intitulé *Bella Donna*, Gala a malheureusement raison de le craindre pour elle-même. Elle n'y peut rien. Elle inspire l'amour fou, la sacralisation, la cristallisation comme l'a baptisée Stendhal en voyant les rameaux de Salzbourg que le temps avait pétrifiés dans un puits sous les cristaux qui leur donnaient la couleur et l'éclat de l'argent.

Après quelques refus de pure forme à l'égard du jeune Français qui l'invite à dîner, Gala accepte de le voir plus souvent : elle a compris que le dénommé Eugène Emile Paul Grindel était non seulement un poète, mais encore un génie de l'écriture. Il sera connu plus tard sous le nom de Paul Éluard, mais Gala déjà a discerné la magnifique nature qui est la sienne. Ce don de l'égérie, Gala le conservera toute son existence et l'exprimera à plusieurs reprises. Il ne consiste pas seulement à repérer

1. *Histoire de la littérature russe, op. cit.*

le talent mais aussi et encore à pousser l'être qui le possède vers une plus grande maîtrise dans sa création.

Paul Éluard était le fils d'un comptable qui avait fait une certaine fortune dans les affaires immobilières. Sa mère, elle, était couturière. Il avait un front haut, une bouche sensuelle, des yeux rêveurs, des cheveux longs et lisses, c'est son visage sur les photos. Était-il beau ? En tout cas inspiré et distingué. A toutes les étapes de sa vie, il conserve cette même expression plutôt douce. André Thirion nous laisse de lui un portrait plein de subtilité : « Éluard avait peu de choses à dire ; il les disait fort bien ; il bannissait tout ce qui pouvait troubler son sillage. Il était grand, mince, blond, avec un regard noble et lointain de poète... Il avait des manières pleines de distinction et de sérieux, un peu condescendantes. A trente ans, ses mains tremblaient comme celles d'un vieillard, sa voix tremblait aussi quand il lisait, mais il savait tirer de tout cela des effets très pathétiques. Quand il lisait ses propres vers, sa voix était d'abord blanche, presque neutre, sans accent. Des ralentissements, des renforcements de timbre donnaient au poème le sens d'une déclaration ou d'une mise en garde, dont les derniers mots résonnaient très longtemps dans la même ligne après que le poète s'était tu. Bien vêtu, portant beau, il avait l'air de quelqu'un[1]. »

BAL COSTUMÉ POUR UN POÈTE

Gala tombe amoureuse de son poète. Elle est éblouie par la multiplicité de ses dons, par sa douceur exquise, et tout de suite elle l'appelle : « Mon petit garçon. » Il sait dessiner et ses lignes rappellent le style d'Aubrey Beards-

1. André Thirion, *Révolutionnaires sans révolution*, nouvelle édition revue et corrigée, Paris, Le Pré-aux-Clercs, 1988.

ley. Il aime l'art et parle de la peinture admirablement. Il a grande allure et, extrêmement soigneux de sa personne, il est toujours parfaitement habillé. Gala sent se lever en elle le grand rêve caché. Comme un navire quittant le port, ses voiles se gonflent pour le grand voyage. Et lui, Grindel, le futur Paul Éluard, que cherche-t-il en la jeune fille russe ? D'abord, ce qui l'a frappé en Gala, c'est ce menton volontaire qui lui rappelle le visage de sa propre mère. Le couple prend forme. A ce temps inutile passé dans la contemplation des cimes, ils vont donner un sens. On les voit souvent côte à côte se sourire ou chuchoter. Gala est pour le poète français une interlocutrice plus qu'à la hauteur. Lui vient d'achever *Les Saintes Femmes* et *Verlaine.* Au bas de ces poèmes, il appose une nouvelle signature Paul Éluard-Grindel. « Éluard est le nom de ma grand-mère maternelle », explique-t-il à Gala. Elle fronce les sourcils et ne dit rien. Encore l'image de la mère ! Pourtant, c'est ensemble qu'ils débattent de son nom de poète, d'une signature pour l'éternité. Il hésite à conserver son nom, Paul Grindel. Quand on consulte les nombreuses photos qui les représentent tous les deux à Clavadel, on voit déjà se dessiner les constantes de leur relation. Elle, est assise sur le rebord d'une fenêtre, petite, bien faite et indomptable. Lui, apparaît au second plan, plus grand, élégant et distrait. Ou alors la voilà allongée sur une chaise longue, cette fois Éluard est debout derrière elle. Une autre photo les représente dehors au cours d'une promenade ; elle est habillée d'un manteau à la mode, le col fourré, et lui à son côté en costume de tweed, le chapeau penché comme un accent sur un regard malicieux. Elle ressemble à sa future belle-mère, Éluard en est frappé.

Dans ce sanatorium où il n'y a rien à faire, on donne une fête de temps en temps. L'extravagance trop longtemps intériorisée de chacun s'y débride alors. Paul et

Gala adorent la fête. Plusieurs jours à l'avance, ils s'y préparent ensemble, composant leurs costumes et allant à Davos pour faire les achats nécessaires. Encore une photo, cette fois en tenue de fête. On les voit tous les deux déguisés en Pierrot, le visage fardé de blanc, les sourcils grimés d'un noir intense, les cheveux ramassés sous un bonnet de satin. Elle, la Pierrette, est vêtue d'un pyjama de satin immaculé et d'une fraise blanche ; lui est un Pierrot plus lunaire que jamais, ce qui ne l'empêche ni d'être captivé ni de se montrer amoureux. En lui est en train de naître le grand poète. Il n'a que dix-sept ans et il commence à être publié. Ses premiers poèmes ont été fort bien reçus. Et en regardant les pensionnaires, il écrit cinq lignes pour ceux qu'il a surnommés « Les Chinois ».

Les Chinois aux yeux fil de soie
S'amusent de leurs nattes noires
Et de leur joie
D'avoir ce soir un peu de gloire
Éclatent en rires tapinois.

Ainsi voit-il, comme à travers les yeux bridés de Gala, ces pensionnaires qui vont se débrider.

Quand la mascarade bat son plein, quand les lumières électriques du sanatorium font oublier le froid et l'obscurité du dehors, quand les malades ont retrouvé la vie dans leurs pas de danse un peu fous, le couple est formé, et Gala et Paul, ensemble, glissent avec des rires d'enfants entre les pensionnaires de Clavadel. Que fait-on cette nuit à Clavadel sinon se conformer au verbe issu même d'un nom de poète qui a, de sa gaieté, illuminé la scène du théâtre : marivauder. Mais leur amour n'est pas de Marivaux. Il est d'Éluard. Cela change tout, d'autant plus que Gala compte bien en être le coauteur. Sous son amoureuse protection, Éluard prend confiance en lui et écrit de plus en plus, de mieux en mieux, tandis que la main posée sur son épaule, debout, penchée sur lui, elle découvre la beauté de ses vers. C'est Gala qui va dénicher une nouvelle revue de poètes français *Le Feu*, éditée à Marseille. C'est là que Paul adresse ses nouveaux poèmes sous le titre *Le Fou parle*. Bientôt il les reçoit publiés et se hâte de relire son poème maintenant imprimé :

C'est ma mère, Monsieur, avec ma fiancée
Elles passent là-bas, l'une et l'autre, pressées
La jeune m'afflige, la vieille m'a fessé.
Je vous jure pourtant que je les aimais bien
Mais constamment j'avais le besoin bénin
D'exiger trop d'amour : ses larmes et son sein
Je vous jure, Monsieur, qu'elles m'ont aimé
Ce n'est certes pas leurs fautes à toutes les deux
Si sans cesse je voulais être plus heureux
C'est ma mère, Monsieur, avec ma fiancée
Pour moi elles ne sont qu'un même être et leurs charmes
Sont égaux ayant fait verser les mêmes larmes
Ma mère a pleuré sur moi qui sanglotais
Pour l'autre refusant d'être à moi tout à fait
Je ne sais pas lequel de nous trois fut blessé
C'est ma mère, Monsieur, avec ma fiancée[1].

Gala sait qu'elle a une rivale, la mère de Paul. Mais c'est sans doute par sa ressemblance avec elle que Paul a été initialement attiré. Jeanne Grindel expédie des colis de livres commandés par son fils, et, désormais pour Gala, il n'y a plus qu'un objectif. Que Paul Éluard ne voie plus rien en dehors d'elle.

---

1. Paul Éluard, *Œuvres complètes*, 2 vol., « Bibliothèque de la Pléiade », Paris, Gallimard, 1968.

Éluard voit grand en amour. Pour être inspiré, il importe de voir grand. Dès le début de cet amour sincère, Paul s'engage dans les grands travaux. Il cherche à mystifier Gala. Paul Éluard appartient au XXe siècle, le siècle des mythes et le siècle où se brisent les mythes. C'est cette peur de voir l'objet sacré descendu de son piédestal qui le pousse à cette construction de l'esprit. Un château d'amour dont il perfectionne la séduction et les défenses avec les mâchicoulis du désir et les ponts-levis de la passion. Cette mystification de Gala, rien ne la détruira, et rien même ne l'entamera. Même à la fin de sa vie – il meurt à cinquante-sept ans – ni le temps qui a passé ni les hommes qui l'ont remplacé, n'ont altéré le grand amour dédié à Gala. Et il la voit comme si le temps n'avait pas eu de prise sur elle, comme si sa vie était une jeunesse éternelle. Dans sa *Chanson pour Gala,* il dit tout :

Je n'ai jamais aimé que Gala
Si je nie les autres femmes c'est pour affirmer cela
Que je n'ai jamais trouvé une femme à part Gala
Pour me donner un peu envie de vivre
Et beaucoup envie de me tuer[1].

Mais si Gala partage ses pensées, elle sait aussi joindre le geste à la parole. Au soir de la vie d'Éluard, sachant que le poète est maintenant démuni et de nouveau malade, Gala qui, depuis plusieurs décennies, est devenue Mme Dali, lui offre une dernière joie dans un geste audacieux et beau, étrange et sublime, provocant et merveilleux. Elle vient le voir et lui dit : « Je voudrais encore te donner un instant de bonheur » et, d'un geste, elle ouvre

---

1. *Ibidem.*

devant lui son corsage pour lui montrer les seins encore parfaits d'une femme de cinquante ans.

La scène des Pierrots et le goût partagé de la fête ont appris à Gala qui était Éluard. Elle a compris qu'il était fou d'elle, mais aussi qu'il était fou de leur amour, et plus loin dans le cheminement de son subconscient, qu'il voulait faire partager cet amour. Comment ? Elle ne le sait pas encore, elle ne peut même pas aller jusqu'à l'imaginer. Ce qu'elle sent, c'est ce qu'elle exprime alors : « Il aimait me montrer. Et j'aime me montrer. »

RETOUR A SAINT-PÉTERSBOURG ET DÉPART A PARIS

Amoureuse, Gala rentre en Russie. C'est une avalanche de lettres qui la tient en liaison permanente avec celui qu'elle appelle son fiancé. Pourtant, apparemment, elle est restée une vraie jeune fille, malgré la phrase énigmatique de sa sœur : « Même vierge, elle possédait la connaissance de l'amour. » En Russie, ses frères, Nicolas et Vadim, lui déconseillent fortement de poursuivre cet amour avec un Français si lointain. Sa mère, elle aussi, est très inquiète, elle ne veut pas que Gala parte. Seul, leur Parrain, Ivan, est favorable au choix de Gala parce qu'il a toujours eu un faible pour elle. Paul Éluard, lui est rentré à Paris et a retrouvé auprès de ses parents la vie agréable de la bourgeoisie éclairée. Il fait alors une percée rapide dans le milieu de la littérature. Tous deux vivent cette année 1913 avec le sentiment d'un étrange répit. Après le collège, Gala entre à l'université. Elle est brillante et passe ses examens sans difficulté apparente. Le rêve de posséder son poète se matérialise par ces mots : « J'achète ton obéissance à n'importe quel prix. » Elle lui écrit qu'il doit être à elle seule, qu'il ne doit pas regarder les autres femmes, qu'il doit lui écrire tous les jours. Toujours la peur de la mère d'Éluard comme d'une rivale. « Ta mère est vraiment amoureuse de toi ! » Follement éprise, Gala écrit à Paul dans un mélange attendri de russe et de français « Mon cher et *dorogoi maltchik* ». Et encore « Mon cher petit garçon très bon et très gâté », « Mon mari, mon seul complément et entièrement mien (j'insiste là-dessus) » ou encore « Mon garçon unique qui est pour moi et pour toujours ». Le rapport se tisse et devient plus ténu dans une étonnante dépendance. Il est son bébé adoré, elle est sa petite mère, sa femme ou sa sœur. Une chose est claire : elle ne voulait rien d'autre au monde que lui. A ses amies, à ses confidentes triées sur le volet, Gala confie maintenant le prénom de son fiancé « Paul ». « C'est un poète, je vais retourner à Paris et l'épouser. » Sa mère, Antonina, ne comprend pas. Pourquoi Gala veut-elle partir ? Elle a tant d'amoureux à Moscou. Ivan, le Parrain, n'a qu'une réaction devant cette tempête de sentiments : il comprend, mais lui impose d'abord d'achever ses études. Le soir, auprès du samovar, Gala dépose sur la table, comme des cartes de tarot, les photos de Clavadel. Elle sait qu'elle poursuivra facilement ses études et passera vite ses examens pour pouvoir retrouver Paul. Pour la dixième fois, elle étale les photos de son fiancé, et rêve. Depuis son retour de Suisse, bien des fois elle a été invitée à des bals, mais la pensée de Paul ne la quitte pas un instant. Elle guette chaque matin l'arrivée du facteur et lui écrit plusieurs lettres par jour. Elle pense que c'est sa dernière année à Moscou. Après, elle sera majeure et pourra le rejoindre à Paris, même sans l'autorisation de ses parents.

En 1914, en France, c'est l'été meurtrier. Les combats commencent en Champagne et dans les Ardennes. Les Allemands envahissent les champs blonds et c'est une moisson de sang au milieu des blés mûrs. Après plusieurs semaines incertaines les troupes germaniques sont arrêtées sur la Marne. On parle alors des premières victoires. Gala est attentive aux nouvelles du front, comme toute sa famille, mais un autre front appelle leurs pensées car la Mère Russie est menacée. Le tsar Nicolas II part aux armées encourager son peuple à se battre et à mourir pour la patrie. Dans les villes, la pénurie alimentaire s'accroît, dans les campagnes les soldats sont fauchés au milieu des avoines hautes, et à Paris, le fiancé de Gala est mobilisé aux premiers jours de novembre 1914 après avoir été déclaré apte pour le service auxiliaire. Tandis que la petite fiancée russe est au comble de l'inquiétude en apprenant cette nouvelle, le jeune homme, lui, est très fier de revêtir l'uniforme. Courageux et décidé à se battre, il part avec détermination. Extrêmement angoissée, Gala adresse à son héros des conseils de prudence que l'inquiétude rend répétitifs : qu'il ne se mette pas en danger, qu'il reste hors de la forêt pour éviter les balles perdues et surtout, qu'il ne tarde pas, qu'il revienne bientôt. Paul, lui, veut être un bon soldat mais son corps va le trahir. En mars 1915, affaibli par une bronchite, il est transporté à l'hôpital de Gentilly. Quelques jours plus tard, c'est à Cochin qu'on le retrouve. Passent les années noires. 1915-1916, cette fois, c'est Gala qui part. Elle quitte la Russie pour rejoindre à Paris son grand amour. Elle ne sait pas que c'est la dernière fois qu'elle est sur la terre russe. Son seul lien avec le pays natal est un professeur de littérature avec lequel elle demeurera en relation épistolaire. A la gare, toute la famille va l'accompagner, sa mère bien-aimée, son Parrain au regard toujours plus affectueux, ses frères qui veulent encore la retenir. Au moment où elle va monter dans le wagon, Ivan, qui pressent peut-être que l'adieu est définitif, a un geste soudain. A sa femme qui porte une belle fourrure, il dit : « Laisse ce manteau à Gala, je t'en achèterai un autre ! » La puissante locomotive souffle, le chef de gare en uniforme noir à la casquette bordée de rouge lance son coup de sifflet. Sur le quai, les yeux de la famille sont embués de larmes. Derrière la vitre du wagon, les yeux de Gala rient. Elle a vingt ans, rêve de l'amour qui l'attend à Paris et elle ignore encore qu'elle ne verra jamais plus ni ses frères ni la Russie ni son Parrain ni sa mère. Comme raconte son amie Tsvetaieva, Gala traversera l'Europe en guerre, les gares désaffectées, les villes bombardées, jusqu'aux champs minés, au péril de sa vie, tout cela pour retrouver son « petit garçon ».

LA ROBE VERTE DE MARIÉE

Après une succession de gares, d'aurores sales et de couchants inquiétants dans l'Europe en feu, Gala, dont les yeux couleur d'écureuil se sont usés sur les paysages dévastés de la guerre, descend enfin sur le quai de la gare du Nord. A Paris, en 1916, elle va connaître une forme de confort et de réconfort au milieu de la tourmente. Si l'amour de sa vie, Paul Éluard, est au front, elle reçoit de sa famille un accueil chaleureux. A Saint-Denis, le père du poète, qui est un agent immobilier, vit confortablement, et son épouse ne travaille pas. Gala s'installe dans leur maison sans cependant lever le petit doigt pour aider l'hôtesse dans la tenue de la maison. Par lettre, Paul a prévenu : « Je veux qu'elle soit la reine. » La jeune Russe passe son temps à écrire à son fiancé adoré, à étudier le dessin et à se plonger dans ses poésies préférées. Paul Éluard pense au mariage et en règle déjà à l'avance les moindres détails. Son courrier à sa mère montre que pour lui ce n'est pas un projet fantaisiste. De la caserne, il s'empresse de préciser : « Pour mon mariage, nous profiterons de ma première permission. Je ne vois aucun empêchement à notre union. Les dernières nouvelles font même prévoir aux plus optimistes une année de guerre. Pour ma part, je lui assigne une bien plus longue durée. Or, ma santé étant excellente, j'ai décidé pendant mon séjour à Paris de me marier. Moi et Gala, nous sommes majeurs et de plus fiancés depuis quatre ans. Notre union simple ne changera en rien les conditions de notre vie et, chose principale, ne lésera ni ne trompera personne. Notre mariage civil et religieux sera tel que se font maints et maints mariages en ces temps maudits de la plus grande guerre. » Le 13 janvier 1917, Éluard écrit : « Je tiens absolument à me marier le premier jour de ma permission. » Et voilà qu'il entre dans une description précise de la couche nuptiale : « Je voudrais un vaste et haut et moelleux lit de campagne massif, solide et mou, où nous vivrons et où nous mourrons. » Tandis que Paul écrit à son père pour lui dire que Gala l'aime beaucoup et le rassurer sur l'avenir : « Nos goûts sont semblables. Notre maison sera claire et gaie, accueillante à mon père et à ma mère, à mes amis, aux vôtres », en Russie, chez les Diakonov, on s'inquiète. Antonina, sa mère, supporte difficilement la séparation.

Elle s'inquiète auprès de Gala de savoir si la robe de mariée plaît à son fiancé. Car si cette tenue de mariée fait partie de la garde-robe préparée à Moscou, elle est loin d'être traditionnelle. En taffetas vert sombre, serrée à la taille par le nœud d'une ceinture, ouverte avec grâce vers le haut par un col d'organdi, ornée de larges poches incrustées dans la jupe et de longues manches froncées par deux fois aux poignets, elle est un chef-d'œuvre de fantaisie altière.

Ainsi vient le jour du mariage. Il subsiste une photo de ce 21 février 1917. Paul est en tenue de soldat, la mariée tient à la main un bouquet de fleurs sauvages. Mais c'est la guerre et il n'y a personne pour suivre le mariage, ni à l'église catholique – car avec son esprit d'égérie qui veut l'intégration, Gala s'est convertie à la religion de son mari – ni à la mairie. Un beau couple, mais un mariage singulier. Et cependant n'est-ce pas ce que Paul désirait ? Une totale intimité, un sacrement sans cérémonie. Gala glisse l'alliance au doigt de Paul. Ils se jurent une fidélité éternelle et écoutent l'évangile selon saint Jean. Paul pense-t-il alors à la lettre que sa fiancée lui adressait quelque temps auparavant : « Ne dis jamais si... alors toutes nos caresses passées me paraîtraient sales. Ne le dis pas. Tu ne comprends pas peut-être ce que tu dis... Des mots plus durs et plus affreux, tu ne peux pas inventer... Ce ne sont pas seulement des caresses, c'est toute ma vie, c'est le meilleur le plus saint de moi... Déteste-moi, insulte-moi si tu veux, mais pas mon amour... Si je fais tout avec toi – "des choses étranges" – c'est que je suis certaine que, avec toi, parce que je t'aime, tout est pur, tout est beau, tout est juste. » A la sortie de l'église en regardant sa belle épouse Paul Éluard pense à Armance, l'énigmatique égérie russe de Stendhal, dont les beylistes encore aujourd'hui n'ont pas percé tous les secrets : « On trouvait quelque chose d'asiatique dans les traits de cette jeune fille comme dans sa douceur et sa nonchalance qui, malgré son âge, semblaient encore tenir à l'enfance. Aucune de ses actions ne réveillait de façon directe l'idée du sentiment exagéré de ce qu'une femme se doit à elle-même, et cependant un certain charme de grâce et de retenue enchanteresse se répandait autour d'elle. Sans chercher en aucune façon à se faire remarquer, et en laissant échapper à chaque instant des occasions de succès, cette jeune fille intéressait. On voyait qu'Armance ne se permettait pas une foule de choses que l'usage autorise et que l'on trouve journellement dans la conduite des femmes les plus distinguées. Pour tout dire en un mot je ne doute pas que, sans son extrême douceur et sa jeunesse, les ennemies de Mlle de Zohiloff ne l'eussent accusée de pruderie. L'éducation étrangère qu'elle avait reçue, et l'époque tardive de son arrivée en France, servaient encore d'excuse à ce que l'œil de la haine aurait pu découvrir de légèrement singulier dans sa manière d'être frappée des événements, et même de sa conduite. »

Gala est heureuse. Son rêve a pris forme. Elle efface peu à peu les peurs de son enfance, comme cette crainte d'une pauvreté qui aurait pu perdurer. Elle comble aussi avec bonheur ses songes de petite fille, son goût de l'éclat vestimentaire et des voyages luxueux comme dans les romans de Valéry Larbaud. Elle montre un intérêt prononcé et sûr pour la mode. Paul ne regarde pas à la dépense. Une fois démobilisé, il reprend son travail d'agent immobilier auprès de son père. Malgré l'après-guerre, l'aisance n'a pas quitté cette famille. Gala se fait une fête de ses tailleurs cintrés, de ses gants et ses souliers de daim, de ses robes du soir, elle accumule avec audace et élégance des accessoires, et elle veille à ce qu'ils soient en harmonie avec ses luxueux bagages. Elle a pour credo que la vie est une fête et l'amour conjugal un éternal voyage inopiné. Mais n'allons pas croire que ce couple élégant rejoint la cohorte des mondains. L'un et l'autre sont plutôt réservés. Ils vivent un bonheur tranquille. Un an après le mariage naît un enfant. C'est une fille, ils l'appelleront Cécile. Éluard se révèle un père attendri. Paradoxalement Gala est plus circonspecte. Elle espérait un garçon. Craint-elle, dans le profond de son subconscient toujours inquiet et agité, l'avance dans la vie, même au ralenti d'une rivale potentielle ? Car pour son mari elle a développé elle-même un sentiment qui ressemble beaucoup à l'amour maternel. Cela fait partie de l'enveloppement de l'égérie russe qui joue ses tours de passe-passe entre la femme enfant et la mère inavouée. A vrai dire le sentiment maternel est moins fort en elle que l'amour pour son mari et son désir inassouvi de vivre avec lui tous les fastes des couples encore amoureux sur lesquels ne pèse aucun fardeau. La frénésie du voyage continue de la dévorer. C'est d'abord la découverte de la Côte d'Azur où Gala renoue avec sa passion russe du jeu. Autour du tapis vert au casino de Monte-Carlo, fascinée par la roulette et par les gestes chorégraphiques des croupiers, elle repart dans ses rêves enfantins et croit voir les visages blafards de Pouchkine et de Dostoïevski, frappés au-delà des castes, par la farouche fatalité du hasard. Revivant dans cette principauté posée sur un rocher les scènes rouges et noires de la *Dame de pique* et du *Joueur*, elle rattrape dans la réalité les vœux de son enfance : « Les voyages, les gens, les sifflements des trains. » Mais la petite fille pauvre de Moscou perçoit dans ces nuits vibrantes autre chose que les fantasmagories du jeu. Ce qui paraissait si lointain est maintenant à portée de main. Le défi du jeu jusqu'à l'aube est celui des femmes libres qui l'ont précédée dans cette galerie des glaces de la chance et de l'échec. Elle est grisée par cette succession de fragments de destins contraires qui se succèdent du couchant jusqu'à l'aurore et qui ont coloré les joues des grandes joueuses de jadis, de la Belle Otéro à Jeanne Lanvin, en passant par Liane de Pougy et Sarah Bernhardt. A ses côtés Paul aussi joue comme un forcené. Il remplit sans cesse de champagne la coupe de sa femme et continue de perdre. Au matin, blafards, ils rentrent à l'hôtel. Dans les arbres, les oiseaux chantent et les tourtereaux se disent que ce soir le destin sera avec eux. Gala ne mesure pas les dégâts que sa passion dévastatrice cause dans la cassette du jeune ménage, mais les parents du poète qui savent compter n'y sont pas indifférents. Et il faudra bientôt les rassurer. C'est encore Paul qui va s'en charger : « Soyez tranquilles pour le casino, nous n'y allons pas, nous n'y irons plus... » Ils se promènent tous deux dans les jardins de la principauté, hâlés par le bonheur de vivre. Gala est belle sous ses éternels chapeaux à large bord. Elle porte un élégant tailleur de laine, dont la veste longue est ceinturée au-dessous des seins, et ses mains sont gantées de cuir. Le soir, pour sortir, Paul pose sur ses épaules une capeline de fourrure. En flânant sur la promenade des Anglais à Nice, ils donnent sur fond d'azur l'image même du bonheur. Pourtant, au bout d'un moment Paul, peut-être lassé des plaisirs de la villégiature, va vouloir rentrer à Paris. Il quitte Beausoleil le 15 janvier 1921, mais Gala reste. Pour la première fois, elle laisse son époux rentrer seul.

LÂCHEZ VOTRE FEMME, LÂCHEZ VOTRE MAÎTRESSE

Lâchez votre femme, lâchez votre maîtresse
Lâchez vos espérances et vos craintes
Semez vos enfants au coin d'un bois
Lâchez la proie pour l'ombre
Lâchez au besoin une vie aisée, ce qu'on
vous donne pour une situation d'avenir.
Partez sur les routes[1].

Mais que se passe-t-il donc à Paris ? Dada est arrivé, poussé par le vent de l'est, comme sont venus les jeunes Russes. Tristan Tzara a débarqué dans la capitale invité par le peintre Francis Picabia, lui-même revenu des États-Unis.

Le poète roumain s'installe dans le 16e arrondissement chez la compagne de Picabia, Germaine Everling, et il attire à lui Breton et Aragon, les deux dandys du surréa-

1. André Breton, *Œuvres complètes*, « Bibliothèque de la Pléiade », Paris, Gallimard, 1988-1992.

lisme. C'est eux que Paul Éluard vient rejoindre. Philippe Soupault raconte leur première entrevue : « Elle fut assez mal préparée. On entendait dans une pièce voisine les vagissements d'un nouveau-né – un des fils de Picabia dont Germaine venait d'accoucher quelques jours plus tôt. Tzara parut dans le salon, mal à son aise : Nous le regardions Aragon, Breton, Éluard et moi comme "une bête curieuse"... J'eus l'impression qu'il fut déconcerté par notre attitude et notre aspect physique de jeunes intellectuels, petits-bourgeois. Il comprit qu'il pourrait aisément nous dominer, et Picabia, qui ricanait selon son habitude, lui donnait confiance. C'était assez facile[1]. »

Tous ces jeunes gens qui ne se sont pas dérobés aux horreurs du front sont revenus blessés, moralement ou physiquement, de la guerre de 1914. Ils ont vécu ensemble l'épisode sinistre de la Grande Guerre, qu'ils soient troupiers ou infirmiers, officiers ou soldats. Ils ont vu les yeux crevés, les bras déchirés. Ils ont entendu les agonisants gémir interminablement en appelant « maman ». A vingt ans, ils ont connu l'horreur et la mauvaise odeur des poitrines défoncées. Ils sont revenus du pays des fusils avec l'obsession de « Changer la vie ». Ils veulent la poésie, les passions, l'amour, l'amitié. Ils rêvent à nouveau de la vie, se retrouvent dans les cafés, l'insolence et l'indiscipline. Après avoir porté l'uniforme et vu le bleu azur éclaboussé de sang, ils en appellent à l'imagination, à la création, à la folie verbale, à la liberté du corps. Ils ont connu la haine de trop près, ils sortent d'une gigantesque boucherie sanguinolente. Ils ont vu toutes les grandes têtes de l'intelligence entrer dans la bagarre : « Verhaeren, Anatole France, Mirbeau, Wells, Thomas Mann, tenaient les mêmes propos que Poincaré ou von Bulow », disait un

1. Philippe Soupault, *Mémoires de l'oubli*, Paris, Lachenal et Ritter, 1986.

Russe de Montparnasse, Ehrenbourg. « Je me mis à sentir le meurtre réellement, comme si je le touchais. Autour de moi, on s'occupait exclusivement de cette activité jusqu'alors défendue. Je lisais trois mille cinq cents, dix mille morts, "chargé à la baïonnette", "déchiqueté", "transpercé", "asphyxié", "enseveli", "noyé", "tué, tué, tué" ! Les gamins glapissaient sur les boulevards : "Tous bousillés" ; le serveur répliquait : "Le tir du 75 est précis" ; la boutique meuglait : "On les a encerclés, battus, mis en pièces[1] !" » Le surréalisme va naître de cette révolte et d'une brutalité poétique dans le désir fou d'un changement d'atmosphère. Dès le premier manifeste, les surréalistes expriment leur désir : « Le surréalisme ouvre les portes du rêve à tous ceux à qui la nuit est avare, le surréalisme est le carrefour des enchantements. Il est le briseur des chaînes. » Le surréalisme est libre et pluridisciplinaire. Mais on s'y exprime plus par la poésie que par le roman jugé d'un genre archaïque et parfois même pernicieux. Le groupe a été rallié par Benjamin Péret, Philippe Naville, Théodore Fraenkel et des peintres audacieux qui désirent bouleverser toutes les données du réel. Ils ont nom Max Ernst, Yves Tanguy, Giorgio de Chirico. Les poètes, Breton, Éluard, Soupault, Aragon, veulent mener plus loin leur vie d'artiste et connaître les ailleurs lointains dont parlait Rimbaud. Avant tout, ils sont des affranchis. Car le surréalisme, ce n'est pas seulement une famille d'esprit, c'est un comportement.

Tout a commencé avec les provocations du dadaïsme, tout se poursuit avec les stratégies surhumaines d'André Breton, qui de son Vatican personnel veille à l'évangélisation des masses. La nouvelle Rome des esprits détournés, c'est Montparnasse, capitale du surréalisme. Dès les an-

---

1. Ilya Ehrenbourg, *Les Aventures extraordinaires de Julio Gurenito et de ses disciples*, Paris, Plon, 1964.

Ci-dessus :
Lou Andreas-Salomé, fille d'un général du tsar, inspiratrice de Nietzsche, Wagner et Rilke, visite avec ce dernier Tolstoï à Iasnaïa Poliana, en 1900.
(Harlingue-Viollet et Coll. Roger Viollet)

Ci-dessus : Olga Khokhlova, par Picasso, en 1917. Cette jeune danseuse des Ballets russes deviendra la première femme du peintre espagnol. *(Lipnitzki- Viollet)*
Olga et Pablo, les premiers regards de l'amour. *(Photo R.M.N. /SPADEM)*

(En bas à gauche) :
Serge Diaghilev, le prestigieux
mage des Ballets russes,
peint par Léon Bakst. *(J.L. Charmet)*
Tamara Karsavina, étoile
des Ballets russes. *(J.L. Charmet)*

Ci-dessus :
Anna Akhmatova, « la plus
grande poétesse russe de toutes
les époques », selon Boris
Pasternak. Elle fut l'égérie
de Modigliani, son archange.
(Photo APN)

Ci-contre : Akhmatova
par Amedeo Modigliani.
(Coll. Viollet)

En haut à gauche et ci-dessus :
La Crimée, l'éden bleu des égéries russes et le poète Max Volochine, grand Maître et démiurge de Koktebel.
(Coll. Roger Viollet)

À gauche :
Le fameux « triangle russe », version platonique : Boris Pasternak, auteur du *Docteur Jivago,* Marina Tsvetaieva et Rainer Maria Rilke inventent l'amour à distance. Une relation éthérée et sublime, mais cette fois entièrement épistolaire.
(Lipnitzki-Viollet et Coll. Roger Viollet)

Ci-dessus et ci-dessous :
Avant d'être reconnu en France, Matisse est célébré à Moscou. Plus tard, sur la Côte d'Azur, il rencontre Lydia Delectorskaya qui sera à la fois son modèle russe et sa collaboratrice préférée. *(Dessinée et photographiée par Henri Matisse. Dessin, archives Matisse ; photo publiée avec l'aimable autorisation de Lydia Delectorskaya)*

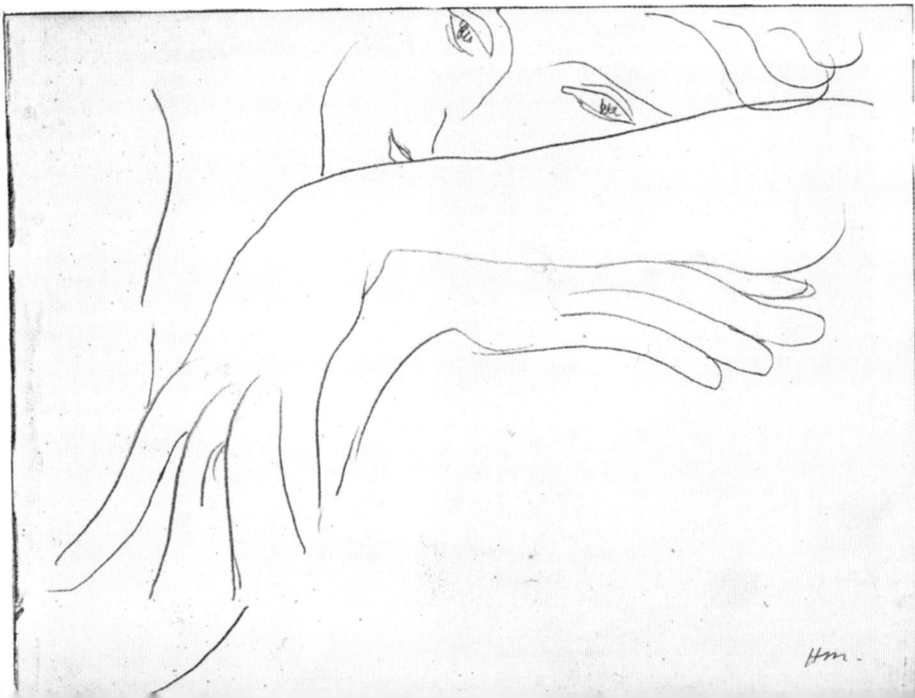

Ci-dessus :
Dina Vierny, inspiratrice et modèle élu d'Aristide Maillol. *(Photo Pierre Jamet, avec l'aimable autorisation de Dina Vierny.)*

Ci-contre :
Sa beauté sculpturale, fixée dans le bronze, illumine le jardin des Tuileries. *(Cliché Bulloz, ©ADAGP)*

Ci-dessus :
Les deux sœurs, Elsa Triolet qui deviendra la muse et la femme d'Aragon, et Lili Brik, égérie de Vladimir Maïakovski.
(Photo G. Freund et Roger- Viollet)

Ci-contre :
Aragon sous le portrait de Maïakovski. Deux poètes unis par la gloire posthume sous le regard des « yeux d'Elsa ».
(Coll. particulière)

Ci-dessus :
Espionne ou égérie, Moura Zakrevskaïa-Benkendorrf, baronne Boudberg, amie de Lockhart, un des plus célèbres agents secrets britanniques, et muse de Maxime Gorki et Herbert Wells, précurseur de la science-fiction moderne. *(Photo Actes Sud)*

Ci-contre :
Romain Rolland et sa femme Maria Pavlovna, princesse Koudatcheva, en présence de Gorki. Fut-elle une des cantatrices de l'Orchestre rouge? *(Photo Novosti)*

Ci-dessus : L'amour caché de Sartre avec une égérie russe, Lena Zonina. Le maître à penser de l'existentialisme en promenade romantique sur une plage de la Baltique. C'est à elle qu'il dédia son chef-d'œuvre *Les Mots*. *(Collection particulière)*

nées vingt, les dadaïstes se sont réunis au bord du Certa, à mi-chemin entre Montmartre et Montparnasse. André Breton et Philippe Soupault se retrouvent régulièrement à *La Coupole*, à *La Rotonde* ou au *Dôme*, tandis qu'à la *Closerie des Lilas*, ce sont les peintres qui admirent Kiki de Montparnasse, à la fois modèle et égérie. Paul Éluard prépare la parution d'un nouveau recueil de poésies, les *Nécessités de la vie et les conséquences des rêves précédés d'exemples*. A Gala, il y dédie ce fragment en prose intitulé *Le Grand Jour* : « Viens, monte. Bientôt, les plumes les plus légères, scaphandriers de l'air, te tiendront par le cou. La terre ne porte que le nécessaire et tes oiseaux de belle espère sourire. Au lieu de ta tristesse, comme une ombre derrière l'amour, le paysage couvre tout. Viens vite, cours. Et ton corps va plus vite que tes pensées, mais rien, entends-tu ! Rien ne peut te dépasser. » Gala a tous les pouvoirs de la muse. Mais cette Muse n'est pas immatérielle. Pour Éluard, elle n'est ni la Béatrice de Dante, ni la Cassandre de Ronsard, ni la Laure de Pétrarque. Elle est aussi un corps qui est un passeport pour l'érotisme. Paul porte toujours sur lui la photo de sa femme nue prise par Man Ray et aime la montrer à ses amis pendant les réunions des dadaïstes d'abord, à ses amis surréalistes ensuite. Il n'a pas l'impression d'exhiber sa femme mais de montrer le corps même de l'amante symbolique. Il est ainsi entré dans une improvisation personnelle sur l'amour libre, thème cher à Breton que le mage inspiré et pervers exposera parmi les théories du surréalisme.

Les femmes qui entourent les surréalistes, si affranchies, infidèles, originales et fantaisistes qu'elles soient, sont tout de même considérées dans ce club d'hommes comme le repos du guerrier. Gala n'entre pas dans ce jeu. Elle prend prétexte pour ne pas assister aux rencontres des surréalistes que les amis de son mari profitent de ces réunions pour lui faire la cour. Devant cette bande aux enfantillages nombreux, elle paraît froide, lointaine, dédaigneuse et parfois même antipathique. Ce n'est en vérité que de la réserve car, tandis qu'ils sont tous à théoriser sur l'amour, Gala, elle, le pratique. Elle a voulu l'amour absolu avec Éluard. Elle est auprès de lui une égérie parfaite, une initiatrice du destin, une inspiratrice modèle, une correctrice passionnée. Après qu'il est démobilisé, Éluard travaille avec son père à Saint-Denis, mais publie aussi ses poésies. Et, en 1920, il lance *Proverbe*, sa première revue. Tous les témoins de cette époque sont d'accord pour dire que Gala joue là un rôle discret et essentiel. Dans sa carrière poétique, notamment les premières années, l'activité de conseil éditorial de Gala est primordiale. Elle est si près des œuvres de Paul qu'elle n'hésite pas à dédicacer elle-même ses recueils de poèmes comme plus tard elle signera pour nous deux livres de Dali illustrés de gravures. Quatre ans ont passé, les rapports de Paul et de Gala ont évolué.

La jeune femme amoureuse, d'une dévotion totale à son mari, a d'abord été bouleversée par les nombreuses infidélités de celui qui n'avait pas su renoncer aux avantages de la séduction que lui donnaient son charme nonchalant et son statut de poète. La naissance d'un enfant qui aurait dû concrétiser la pérennité de leur bonheur nuptial a eu, ensuite, des effets inattendus sur leurs relations amoureuses. Même si le poète se révèle un bon père, c'est lui qui lâche l'aveu terrible : « Les enfants sont la mort de l'amour. » Entre le poète et sa muse, une contradiction jusqu'alors indicible se fait jour. Paul Éluard, poète de la liberté, ne veut pas être « sculpté » y compris par sa muse, mais demeurer entièrement libre, Gala va en prendre conscience progressivement. Cette contradiction va curieusement fusionner avec leur complicité et avec l'esprit partageur qui est celui d'Éluard, encore renforcé par les théories surréalistes. Car pour le poète, son épouse est-elle une femme réelle ? Il la voit plutôt comme une femme mythique, un idéal amoureux, une référence au-delà des vicissitudes du temps. Étrangement, il l'éloigne de lui en la sacralisant, tandis qu'il la rapproche de ceux qui la désirent. Il se prépare à souffrir en pensant qu'il va enfin aimer véritablement. Hors des conventions de la société humaine, loin des règles et des comportements établis, a-t-il la force d'assumer ce pari surhumain qu'il se donne à lui-même, ce défi jupitérien qu'il impose à sa sensibilité fragile ? Il le croit, à ce moment tout du moins. Il regarde Gala et exige d'elle une perpétuelle métamorphose : « Une personnalité toujours nouvelle, toujours différente, l'amour aux sexes confondus dans leur contradiction, surgit sans cesse de la perfection de mes désirs. Toute idée de possession lui est étrangère. Et c'est toujours le même aveu, la même jeunesse, les mêmes yeux purs, le même geste ingénu de ses bras autour de mon cou, la même caresse, la même révélation. Mais ce n'est jamais la même femme. Les cartes ont dit que je la rencontrerai dans la vie, mais sans la reconnaître[1]. »

Paul Éluard rentre volontairement dans la diagonale du fou, dans une dangereuse géométrie variable des désirs. Il lâche la bride, il veut tenter l'expérience, il défie le risque. Ce qui lui paraît une nouvelle stimulation pour le poète se révélera une épreuve pour l'homme. Mais il a mis lui-même en marche la machine infernale des fantasmes ; voyeurisme, perversité, excitation malsaine, retour sauvage à l'amour païen, tous ces termes ne peuvent pas convenir à l'expérience que mène le poète, toujours hanté par l'absolu, déjà habité par la souffrance, mais curieux de la complexité de son désir. Il regarde sa femme. La « jeune

1. Paul Éluard, *Lettre à Gala*, Paris, Gallimard, 1984.

fille russe de la gare » s'est estompée, c'est une deuxième Gala qui entre en scène.

Car il y a trois Gala, sinon quatre. Tout d'abord, une petite fille russe, une Cendrillon de Moscou qui rêve du bal et du prince de sa vie. Ensuite, la Gala parisienne des premières années de mariage qui mène une vie presque bourgeoise, amoureuse de son mari, fidèle à son époux, collaboratrice dévouée de l'un des plus grands poètes français. Puis la Gala libertine qui, poussée par Paul Éluard, entrera dans les méandres du ménage à trois et finira par y prendre goût. Enfin la quatrième Gala, celle des dernières années de Dali, qui dirige d'une main de fer un empire financier, cernée par des secrétaires et intermédiaires douteux, et qui use de son argent pour s'offrir de jeunes amants dans son refus faustien de vieillir.

Pourtant, pour Paul Éluard, il n'y aura toujours qu'une Gala. Gala « Bella Donna ». Deux dédicaces disent à quel point son amour a dépassé tous les états pour demeurer dans le sublime. Ce n'est plus l'amour d'un homme, c'est celui du poète.

« Il n'existe qu'un être. Gala. »

« Spécialement imprimé pour celle que j'aime, Gala qui cache ma vie et me montre tout l'amour », écrit-il à la première page de *Défense de savoir*[1] en 1928. Dans sa dédicace à *L'Amour de la poésie*[2] publié en 1929, il écrira encore :

Tout ce que j'ai dit
Gala
C'était pour que tu l'entendes
Ma bouche n'a jamais pu quitter tes yeux.

---

1. Paul Éluard, *Défense de savoir*, Paris, Éd. Surréalistes, 1928.
2. Paul Éluard, *Capitale de la douleur ; L'Amour de la poésie*, nouvelle édition, Paris, Gallimard, 1970.

UN COUPLE SURRÉALISTE

Comment expliquer les métamorphoses du couple surréaliste par excellence, Paul et Gala ? Quelle est la nature de cette alchimie mystérieuse qui, par-delà le bien et le mal, et par-delà le temps, permet à leur lien de subsister intact et presque pur, relayé par l'irrésistible force de la création ? Est-ce l'existence du siècle qui fait table rase de toutes les conventions entre l'horreur de la guerre et la barbarie sanglante des dictatures noires et rouges qui pousse ces êtres vers des expériences nouvelles ? Pour tenter de répondre à ces questions, on ne peut appliquer à ces êtres des critères dont eux-mêmes se sont enfuis. Replaçons-nous dans le contexte de cet après-guerre vécu comme une délivrance baignée par le surréalisme. Car leur évolution personnelle reflète les cheminements mêmes de la pensée de ce mouvement nouveau, son désir de surpasser la réalité existante, parfois même de la nier. Dans cette période de transition, tous les participants connurent d'après Aragon « un état d'esprit absolument nouveau que nous nous plaisions à nommer le mouvement flou ». Ainsi, quand les surréalistes abordent les questions de la sexualité, c'est sous l'aspect d'un conclave des plus graves, mené par Breton lui-même, où sont mêlés avec autant d'audace que, finalement, de naïveté, les témoignages les plus crus et les théories les plus sévèrement doctrinaires ou délirantes.

Étrange est, en effet, cette « Enquête sur la sexualité » qui paraîtra dans *La Révolution surréaliste.* Elle est menée par un machiste qui s'ignore, un phallocrate qui, sans le savoir, formule des phrases de pharisien bourgeois, André Breton. Ainsi, ce libertaire a-t-il tout de même des limites et il les explique. Méfiant devant l'homosexualité, car pour lui l'inversion c'est le diable, il tolère dans son groupe René Crevel qui se proclame comme tel. Quand Raymond Queneau explique que du moment que deux hommes s'aiment, il n'y a pas d'objection morale à leurs rapports physiologiques, André Breton réagit ainsi : « J'accuse les pédérastes de proposer à la tolérance humaine un déficit moral et mental qui tend à s'ériger en système et à paralyser toutes les entreprises que je respecte... La pédérastie est pour moi associée à l'idée de sodomie. C'est là un cas embryonnaire de la pédérastie. » A ce grave colloque, Jacques Prévert demande à Breton ce qu'il pense de la sodomie entre homme et femme. Réponse du maître : « Le plus grand bien. » Question de Louis Aragon : « Les corps étrangers sont-ils employés par certains d'entre nous comme éléments érotiques ? » C'est un non, à l'unanimité. Aragon : « Qu'est-ce qui vous excite le plus ? » Breton : « Les yeux, et les seins. D'autre part, tout ce qui dans l'amour physique est du domaine de la perversité. » Aragon : « Je ferais volontiers mienne la dernière partie de la réponse dans la mesure où le domaine de la perversité est celle du gâchage... » Alors Raymond Queneau le questionne : Est-il fétichiste ? « Je le suis en ce sens que je porte sur moi un grand nombre d'objets... » Alors André Breton pose la grande question souvent discutée entre Aragon et Drieu La Rochelle, lequel avait de constantes érections qui se révélaient rarement dans la vraie volupté. Il se tourne vers Aragon : « Pense-t-il que l'érection soit nécessaire à l'accomplissement de l'acte sexuel ? » Aragon répond sans se dérober : « Un certain degré d'érection est nécessaire. En ce qui me concerne, je n'ai jamais que des érections incomplètes. » Quand s'achève la séance, Aragon conclut avec défiance : « Avant de partir, je tiens à déclarer que ce qui me gêne dans la plupart des réponses formulées ici est une certaine idée, que je crois y démêler, de l'inégalité de l'homme et de la femme. » L'Égalité des Sexes, sujet qu'Eluard traite en poète :

Tes yeux sont revenus d'un pays arbitraire
Où nul n'a jamais su ce que c'est qu'un regard
Ni connu la beauté des yeux beauté des pierres
Celle des gouttes d'eau, des perles en placard
Des pierres nues et sans squelettes, Ô ma statue,
Le soleil aveuglant te tient lieu de miroir
Et s'il semble obéir aux puissances du soir
C'est que ta tête est close, Ô statue abattue[1].

Avec le mariage Paul Éluard, le poète, n'a pu se dévêtir de l'habit lumineux du don Juan. Il concrétise l'amour libre, thème cher à André Breton. A Paris, il poursuit ses relations avec le groupe surréaliste et sort beaucoup le soir. On le voit dans les boîtes de nuit à la mode, les bars, les restaurants, avec de jolies femmes. Il vit dans le plus grand des libertinages. Mais, étrangement, même ses nuits d'amour partagées avec de belles inconnues entretiennent en lui le culte charnel qui l'attache à Gala. Après des passades, il lui écrit franchement : « Et j'en ai assez du reste, je ne veux que toi. Si je t'aime, c'est faire l'amour que je veux, terriblement. Et te tenir dans mes bras, te lécher partout, t'écraser, te faire plus légère que tout, plus mouillée, plus chaude, plus molle et plus dure que tout... Je veux t'aimer plus que jamais. »

C'est à ce moment-là que Max Ernst entre en scène. Il est né en 1891, en Rhénanie, participe à la Maison Dada qui s'ouvre à Cologne. Éluard présente ainsi Max Ernst :

---

1. *Œuvres complètes, op. cit.*

Dévoré par les plumes et soumis à la mer,
Il a laissé passer son ombre dans le vol
Des oiseaux de la liberté.
Il a laissé
La rampe à ceux qui tombent sous la pluie,
Il a laissé leur toit à tous ceux qui se vérifient.

Son corps était en ordre,
Le corps des autres est venu disperser
Cette ordonnance qu'il tenait
De la première empreinte de son sang sur terre.

Ses yeux sont dans un mur
Et son visage est leur lourde parure.
Un mensonge de plus du jour,
Une nuit de plus, il n'y a plus d'aveugles[1].

Max rencontre Paul Klee, retrouve Hans Arp et commence à réaliser des collages. Il fait scandale parce que l'un de ces collages jugé pornographique contenait une reproduction de l'Adam et Eve de Dürer. Max Ernst vivait avec sa femme et son bébé au dernier étage d'une maison, dans un appartement constamment visité par ses amis, Lyonel Feininger, Paul Klee et Tristan Tzara. En novembre 1921, Paul et Gala Éluard font une visite de six jours à Max et Lou Ernst. Presque aussitôt, les deux hommes se sentent attirés l'un par l'autre dans une véritable amitié. Ils partagent les mêmes sentiments artistiques, la même attitude devant la vie, face aux victoires comme aux épreuves, ils s'accordent sur beaucoup de points et demeureront liés pendant plus de vingt ans. Mais l'atti-

1. *Œuvres complètes, op. cit.*

rance ne joue pas seulement de ses sortilèges dans une fraternité entre les deux hommes. Max Ernst, grand blond bien découplé, plaît à Gala avec son physique de Viking et il est, lui aussi, frappé par les charmes de la séductrice, sa personnalité énergique, ses manières vives, ses gestes parfois agressifs. Il trouve irrésistible ce regard pénétrant qui ne lâche jamais sa proie. La femme de Max Ernst, Lou, n'est pas dupe du manège de l'épouse de Paul Éluard. Alors qu'elle tente, à ce moment de leur mariage, de contenter Max de toutes les manières, arrêtant le violon qui ne lui plaît pas, ne lisant que les livres qu'il lui indique et abandonnant ceux de ses amis qui n'ont pas ses faveurs, elle tombe sur le pire, Gala, une rivale redoutable. Max Ernst est déjà tombé amoureux de la nouvelle venue. Il la trouve fascinante et elle est plus qu'accueillante à ses compliments. Lou Ernst se rend compte que Gala est prête même à faciliter une liaison entre elle et son mari Paul afin d'avoir la voie libre pour vivre un amour avec Max. Elle n'y parviendra pas et décidera alors de conserver les deux hommes. Max Ernst, Paul et Gala Éluard finiront par vivre ensemble.

L'été s'ouvre pour eux dans la forêt de Montmorency où Paul possède une villa. La vie s'organise. Gala est devenue la maîtresse de Max. Éluard est consentant. Chaque matin, Paul et Max prennent le train pour aller travailler à Paris. A Saint-Lazare, ils se séparent. Tandis que Paul va rejoindre les bureaux paternels, Max fait des petits travaux jusqu'à ce que Benjamin Péret lui trouve un emploi de polisseur de cabochons de verre. Paulhan, qui a fait sa connaissance lui procure même une carte d'identité au nom de Jean Paris. Parfois, Max reste à la maison, seul avec Gala. Il peint, Gala pose. Puis le couple à trois déménage à Eaubonne, dans une villa luxueuse qui appartient au père Grindel. Ce dernier aura du mal à supporter qu'on casse les murs de sa maison au deuxième étage pour installer un atelier à Max Ernst, l'étonnant visiteur. Le peintre a d'ailleurs changé l'aspect de la maison en décorant les murs de ses fresques. Elles représentent une fraise monumentale, ici, Gala nue ailleurs. André Breton, invité à donner son avis, les a jugées « dépassant en horreur tout ce qu'on peut imaginer ».

L'éditeur Pierre Argillet nous a confié dans son château de Vaux-le-Pénil, où il a créé le musée du surréalisme, l'étonnement de Giorgio de Chirico quand, par un bel après-midi d'été, alors qu'il vivait à Rome, le couple à trois débarqua chez lui, laissant entendre que ce triangle étrange pouvait trouver avec lui la quadrature du cercle. De Chirico, peu porté à réaliser ce type de fantasme, les met gentiment dehors. Même certains surréalistes désapprouvent cette manière de vivre et Breton va jusqu'à afficher son dégoût. Entre les théories faciles et l'expérience vécue, la marge est de plus en plus large et, si Gala fait plus que s'accommoder de cette situation paradoxale, Éluard, lui qui l'a initiée, commence à avoir du mal à la supporter. Est-ce le démon de la jalousie qui réapparaît ou le désir poétique d'une quête au loin de l'absolu ? En tout cas, Éluard a programmé son départ en 1924. Il puise dans la caisse de son père la somme très importante de dix-sept mille francs. Nul ne sait ce qu'il veut ni où il va.

L'ÉCHAPPÉE BELLE

Paul Éluard est parti. Voulant fuir ses problèmes, il chausse ses semelles de vent. Comme Rimbaud allant vers le Hoggar, il s'échappe à la recherche de l'oubli, sous la brûlure du soleil, en quête de nouvelles couleurs. Par ce geste plein de panache, il éblouit le groupe surréaliste qui, tout d'un coup, retrouve, loin de ses sorties nocturnes, la grandeur du poète à l'idéal intact. Éluard s'est enfui au Venezuela, il est signalé à Java, on le retrouve à Tahiti. Le voilà à Panama, en Nouvelle-Zélande et même en Australie. Il est parti comme sans idée de retour. A Paris, sa fuite crée un véritable scandale. Sa famille a découvert et le départ de son Paul bien-aimé, et la situation financière dans laquelle sa femme s'est installée. Les parents ont convoqué Gala pour lui exprimer qu'ils ne pouvaient tolérer cette situation et qu'ils vont lui couper les vivres, à moins que Max Ernst ne disparaisse de leur horizon et surtout du sien. Ils ont mesuré la gravité des choses, d'autant qu'en prenant l'argent dans la caisse du bureau, Paul Éluard s'est lui-même mis dans une situation de non-retour adressant même à son père un pneumatique où il se fait menaçant pour les autres comme pour lui-même. Il ne veut pas qu'on entrave sa fuite et les derniers témoins, qui ont partagé ses nuits de beuveries, racontent à quel état de désespoir il était arrivé.

Gala prend peur. Elle part à la poursuite de son mari qu'elle finit par rattraper à Saigon. Max, qui a dû vendre à bas prix quelques tableaux, dont *La Belle Jardinière*, pour financer l'expédition, l'y rejoint à son tour. Gala a compris qu'après ce voyage rien ne sera plus comme avant. Ernst trouve, lui, que le couple Éluard dramatise. Il pense que tout peut reprendre comme naguère. Mais si Paul accepte de revenir à Eaubonne, c'est seul avec Gala, tandis que Max doit rester en Extrême-Orient. Alors, Paul et Gala font une tentative de retour romantique. Ils vont passer quelques semaines dans un sanatorium en Suisse dans l'espoir de retrouver les émotions de leur jeunesse. Si le ménage à trois s'est évanoui, les liens de cette entente difficile perdurent. Mais cette fois-ci, c'est Max qui a pris le large. Éluard a fait le point sur lui-même. Il écrit alors en répondant à l'enquête de l'amour : « J'ai longtemps cru faire à l'amour le sacrifice de ma liberté, mais maintenant tout est changé. La femme que j'aime n'est plus inquiète ni jalouse, elle me laisse libre et j'ai le courage de l'être... » Dans cette confidence finale, il parle comme le très grand poète qu'il est : « La vie, en ce qu'elle a de fatal, entraîne toujours l'absence de l'être aimé, le délire, le désespoir. L'amour admirable tue. »

C'est la rupture, mais une rupture vraiment surréaliste. D'abord, Éluard garde sa passion charnelle pour Gala qui ne le prive pas des étreintes dont il ne peut se passer. Ensuite, ils partent chacun de leur côté, se croisant et se succédant dans les villes, à Marseille, par exemple, chez le poète André Gaillard, ami d'Éluard, qui, au passage de Gala, deviendra son amant. Enfin Eluard a retrouvé ses habitudes d'homme à femmes. Il a même rencontré dans le train une énigmatique et belle « Berlinoise au visage d'Indienne », qui parle anglais et vit en Allemagne. Comme d'habitude, Paul avoue à Gala qu'il désire partir pour la retrouver. La confusion est à son comble mais Gala, la belle Slave de trente-cinq ans à la tête froide, a tout compris. Paul Éluard se satisfait de cette demi-liberté à deux qui semble lui convenir tout à fait parce qu'il pense que, toujours, il retrouvera sa femme, au-delà des aventures passagères. Elle, *a contrario*, a décidé que cette manière d'être ne convenait pas à son destin. Il lui faut maintenant retrouver quelqu'un. Quelqu'un d'exceptionnel. Un grand artiste dont elle sera la vraie égérie. Un homme à sculpter. Un être qui sera véritablement pour elle un instrument de la création. Paradoxalement, Paul est encore attaché. Alors que Gala n'a fait aucune objection quand il a parlé d'aller retrouver l'Allemande, il lui écrit dans une lettre : « L'amour est à Arosa ; et ce n'est pas parce que tu crois aux amours que j'irai à Berlin. » Il ne peut s'empêcher de lâcher ce cri – qu'il écrit : « Et je t'aime trop ! Regarde-toi dans la glace, vois tes yeux que j'aime, tes seins que j'aime, ton sexe que j'aime, tes belles mains, écoute-toi parler, comprends bien ce que tu dis, ma seule amie, pourquoi je ne comprends que ton langage, pourquoi je te laisse libre, quelle jouissance je retire de la tienne, pourquoi je te veux audacieuse et forte et faite seulement à ta volonté, à ta volonté qui est la mienne qui s'est merveilleusement élevée, comme la mienne de tout notre amour. » Éluard vit la fin de cet amour comme si c'était une aurore. Parce qu'il est poète, de toute manière, pour lui, Gala restera son seul grand amour. Il la glorifie. Il la glorifiera encore. Il la glorifiera toujours.

Même ses tentatives de fuite, hors du cercle magique dessiné par sa femme, tournent à l'échec. Alors qu'il prend le train pour Berlin, où il s'est réservé une chambre à l'hôtel *Am Zoo*, l'hôtel de Gala, même son désir de retrouver l'inconnue disparaît d'un coup. Il confiera plus tard qu'il n'a même pas été apte à réaliser la volonté de Gala : il lui est impossible de faire l'amour à une autre femme, même si Gala lui a donné son accord. Pendant les quinze jours où il reste à Berlin, il négocie des œuvres d'art et retrouve les peintres qu'il apprécie. Au lieu de se divertir, il s'obsède sur l'érotisme passé, sur les scènes qui ne le quittent pas, celles de sa vie sensuelle avec Gala : « Je voudrais que toute nue et les jambes serrées autour de moi, tu m'embrasses les seins, puis que tu me branles (voilà que j'existe pour la première fois ici). Je n'aime vraiment que toi terriblement. » Quelle est alors l'attitude de Gala ? Elle refuse les sortilèges de la mémoire. Elle veut vivre l'amour au présent, au futur. Elle se laisse séduire par les hommes sans appartenir à ses amants de passage. Elle voyage, elle bouge, elle reprend ses errances. Pendant tout le mois d'avril 1929, elle s'installe à l'*Hôtel du Parc* à Locarno. Gala est redevenue frivole et facile. Elle se sent légère. Elle ne compte plus les semaines où elle est loin de Paris. Elle se distrait. Elle est absente pendant plus d'un an. Quand Paul se rend à Londres, Gala quitte la

Suisse, elle séjourne dans quelques stations de la Côte d'Azur. Là, la reprend sa frénésie de la mode, chapeaux, robes, chaussures... Il est loin le temps où ils étaient tous les deux à Monte-Carlo les incarnations parfaites et presque célestes de la légende slave du bonheur.

10

GALA DEVIENT DALI

Il est peu connu qu'avant la rencontre foudroyante entre Gala et Dali les Éluard ont déjà décidé de vivre séparés. C'est pourquoi, en juin 1929, Paul a trouvé un appartement pour Gala, rue Becquerel. Ils n'habitaient plus ensemble, ce qui n'empêchait pas le poète de lui écrire constamment : « Gala, ma sœur, mon amie, mon amante, tes lettres me plaisent beaucoup. Et puis je t'aime et tu es le seul et le plus beau mystère pour moi. Mystère de ton corps si beau, si jeune contre moi, voluptueux et qui m'est toujours offert, de tes yeux merveilleux. Je t'aime, je n'aime que toi. Tu peux en être sûre, absolument sûre. »

N'est-il pas normal dans le registre amoureux de constater que, lorsqu'on en arrive à la fin des choses, le vocabulaire enfle et les mots deviennent grands, tant la crainte secrète de perdre la réalité du bonheur s'inscrit dans les cœurs ? Les mots les plus beaux sont là pour conjurer l'irrémédiable et pour qu'au moins sur le papier rien n'ait vraiment changé. A Paris, Paul a remis de l'ordre et a renoué ses relations avec le groupe surréaliste.

Un soir, on lui présente un jeune peintre catalan âgé

de vingt-cinq ans, Salvador Dali. A l'époque, Éluard décrira Salvador Dali ainsi :

C'est en tirant sur la corde des villes en fanant
Les provinces que le délié des sexes
Accroît les sentiments rugueux du père
En quête d'une végétation nouvelle
Dont les nuits boule de neige
Interdisent à l'adresse de montrer le bout mobile de son
[nez.

C'est en lissant les graines imperceptibles des désirs
Que l'aiguille s'arrête complaisamment
Sur la dernière minute de l'araignée et du pavot
Sur la céramique de l'iris et du point de suspension
Que l'aiguille se noue sur la fausse audace
De l'arrêt dans les gares et du doigt de la pudeur.

C'est en pavant les rues de nids d'oiseaux
Que le piano des mêlées de géants
Fait passer au profit de la famine
Les chants interminables des changements de grandeur
De deux êtres qui se quittent.

C'est en acceptant de se servir des outils de la rouille
En constatant nonchalamment la bonne foi du métal
Que les mains s'ouvrent aux délices des bouquets
Et autres petits diables des villégiatures
Au fond des poches rayées de rouge.
C'est en s'acrochant à un rideau de mouches
Que la pêcheuse malingre se défend des marins
Elle ne s'intéresse plus à la mer bête et ronde comme
[une pomme
Le bois qui manque la forêt qui n'est pas là
La rencontre qui n'a pas lieu et pour boire

La verdure dans les verres et la bouche qui n'est faite
Que pour pleurer une arme le seul terme de comparaison
Avec la table avec le verre avec les larmes
Et l'ombre forge le squelette du cristal de roche[1]...

Entre Éluard et Dali, la conversation est brève mais passionnée. Dali invite le poète à venir le voir dans son atelier à Cadaquès en Espagne. Éluard lui promet qu'il y fera un saut durant l'été. La scène de la rencontre entre Gala et Dali est trop fameuse pour que nous la racontions. Donnons plutôt la parole à Dali lui-même. Il rapporte qu'il rencontra Gala un soir à l'hôtel *Miramar* et qu'il prit l'apéritif avec son mari et elle à la terrasse de cet hôtel. Le lendemain matin, il devait les rejoindre sur la plage devant sa maison quand il l'aperçut, déjà assise. « Et son dos sublime, athlétique et fragile, tendu et tendre, féminin et énergique, me fascinait comme autrefois le dos de ma nourrice. Je ne vis plus que cet écran du désir qui s'achevait par l'étranglement de la taille et la rondeur des fesses. »

A l'hôtel *Meurice*, nous avions demandé à Gala pourquoi elle avait choisi Dali. Elle nous répondit : « Parce que j'ai tout de suite compris que c'était un génie. »

Au-delà de l'exagération qui caractérisait souvent les déclarations de Gala ou de Dali, cette confidence nous a été jetée plutôt comme un cri du cœur avec le ton sérieux et même grave d'une véritable égérie russe. Ainsi, ne pouvait-elle sans doute pas se satisfaire du rôle somme toute secondaire que lui avait laissé Éluard dans sa vie, même s'il la célébrait constamment. Car cette femme avait les pieds sur terre et ne pouvait se dévouer entièrement à celui qui, par son tempérament de poète, était un

1. Paul Éluard, *La Vie immédiate*, Paris, N.R.F., 1930.

éternel fugitif. Dali ne présente pas les mêmes symptômes de fugues permanentes. Au contraire, il a grand besoin d'être définitivement fixé, stabilisé et choyé tel un animal perdu désirant être apprivoisé. Le premier soir de leur rencontre, quand Dali va rejoindre les Éluard à l'hôtel *Miramar*, il est vêtu d'un costume bizarre : une chemise de soie à larges manches bouffantes et col bas, qu'il a dessinée lui-même, un collier de fausses perles et un bracelet. Les termes qu'il utilise pour décrire son costume de « garçonne » et « d'androgyne » révèlent sa double identité. Il voulait être sûr que cette femme d'une beauté troublante recevrait le bon message, à savoir qu'il se suffisait à lui-même et n'avait pas besoin d'elle ni de qui que ce fût. Il eut un accès de fou rire. Le lendemain, la troisième rencontre va donner lieu à un troisième costume, sans doute le plus singulier et le plus symbolique. De son nouveau costume destiné au rendez-vous sur la plage, Dali donne cette description : une chemise coupée pour laisser voir un de ses tétons, une de ses épaules nue et son nombril ; les cheveux ébouriffés, les aisselles rasées et les genoux ensanglantés, un autre collier, une fleur de jasmin derrière l'oreille, le pantalon à l'envers, et, dernière touche, un infâme parfum qu'il a fabriqué lui-même à partir de colle de poisson, d'aspic et de crottes de chèvre. Dali triomphe : « J'ouvris grande ma fenêtre, hideux et superbe. » Aussitôt éclate entre Gala et Dali un coup de foudre réciproque. Jean-Charles Gâteau, cité par Pierre Daix, le qualifie ainsi avec justesse : « La rencontre de deux angoisses heureusement complémentaires qui, désormais, allaient s'épauler l'une l'autre. Dali, quasi puceau mais mentalement obsédé, allait pouvoir débrider sereinement ses fantasmes. »

Gala signifie à Paul qu'il n'occupe plus la première place dans son cœur. Quelques faveurs charnelles qu'on lui consente à l'occasion – Gala n'en sera pas avare –, il doit se satisfaire du second rôle. « N'allons pas penser que cet amour foudroyant a bouleversé la hiérarchie sentimentale d'une façon traditionnelle. Ce n'est pas Dali qui a pris la première place, même s'il a ravi celle de Paul auprès de Gala, mais c'est plutôt Gala qui, avec sa volonté de puissance, son désir de créer un artiste-roi, est devenue elle-même souveraine. Cette fois, en captivant Dali, elle a acquis la première place et elle ne la quittera jamais. D'autant que cette dialectique du maître et de l'esclave est vécue avec délices par la « victime » elle-même. N'est-ce pas Dali qui dit à Louis Pauwels : « J'ai passionnément aimé être dominé par Gala. »

Dans quel état est Dali à l'époque ? Il raconte lui-même qu'avant de rencontrer Gala il « n'existait que dans un sac de trous, mou et flou, toujours à la recherche d'une béquille ». Et il ajoute : « Ce que je veux dire, c'est que le mou... le gélatineux communiquent pour moi la sensation vitale que j'ai eue longtemps de mon corps et de la vie de mon être. » Quand Dali fut enfin présenté à Freud en 1938 à Londres, ce dernier lui dit que le plus mystérieux, le plus troublant et le plus intéressant chez les vieux maîtres comme Léonard de Vinci ou Ingres lui semblait « la recherche d'idées inconscientes, d'un ordre énigmatique, cachées dans le tableau », alors que le mystère de Dali était clairement exposé et sa peinture un simple prétexte : « Ce n'est pas l'inconscient que je cherche dans vos tableaux, mais le conscient », ajouta Sigmund, le Grand Sorcier. A ce moment, les angoisses de Dali hantent ses toiles. Si ses peurs sont peintes dans *Le Grand Masturbateur*, certains voient dans *L'Ossification prématurée d'une gare* un motif qui suggère l'impuissance et l'un des objets du premier plan est une grande horloge fondante arrêtée à sept heures moins dix. Les obsessions sexuelles de Dali tournent autour d'objets mous, de formes cadavériques, de poitrines distendues et de la fameuse béquille qui « n'est pas seulement un élément de soutien mais sa fourche est une preuve de mon ambivalence ». Dans *Araignée du soir... espoir !* qu'il a peint neuf ans après *La Persistance de la mémoire*, un pénis-canon jaillit d'un côté d'un cheval furieux tandis que de l'autre un arbre fourchu soutient le corps démantelé d'une femme dont la tête a dégringolé par terre. Femme brisée, victime violentée, sexualité masculine brutale et sentiment de punition, c'est l'impuissance et la mort.

Une Gala en attente, un Dali perturbé, un Paul Éluard de plus en plus loin de sa femme, même si, par ses fantasmes de plus en plus fous, il est au plus près d'elle dans les images sensuelles qu'agite son esprit toujours brûlé par l'érotisme souverain de sa Muse, telle est la situation. Paul Éluard, encore une fois, est prêt à un couple à trois. Il croit piloter l'intrigue qu'il voit naître. Il pense qu'elle sera de nouveau passagère et qu'il récupérera Gala en fin de course. Il va même jusqu'à imaginer que cette nouvelle aventure pourra stimuler sa poésie comme elle alimente déjà ses fantasmes les plus délirants. Il n'est peut-être pas tout à fait conscient que le rôle de Gala a changé dans sa chimie intime. Elle n'est plus vraiment sa femme mais plus elle se détache de lui, plus il la garde, il la conserve, il l'entretient, il la désire comme le support de son imaginaire érotique. « Je te vois toute nue, les jambes écartées et tu étais prise par deux hommes, dans la bouche et dans le sexe. »

Gala a fait son choix ; sa vie, ce sera Dali. Cécile, la fille de Gala et de Paul, part chez sa grand-mère. Paul et Gala évoquent maintenant les problèmes du couple et leur devenir. Gala veut aller vivre avec Dali, même si c'est provisoire, même si c'est momentané. Paul la laisse libre de partir parce qu'il imagine qu'ainsi elle sera aussi libre de revenir. Il l'attendra. Pour lui, leur amour est indestructible. Gala s'est prononcée. Pour elle, les dés sont pipés, mais elle laisse toujours en arrière-plan subsister une ambiguïté. Elle et Paul se connaissent trop bien. Dans cet été brûlant de Cadaquès, même si Gala a choisi Dali, elle accorde encore quelques faveurs à Paul, lui permettant ainsi de vivre l'ultime songe de ses fulgurances : « Ma langue est tout entière dans ta bouche, dans ton sexe. Mon sexe te pare de sperme. Tu en as sur les mains, sur le ventre, sur les seins, sur ton visage follement vivant. Et nous recommençons à nous embrasser, à nous caresser, à nous perforer. » Ce crépuscule du couple, que Paul Éluard décrit dans une lettre de 1929, annonce paradoxalement et la fin, et la pérennité de leur amour. Pour lui, elle restera la femme de sa vie. Ils continueront à s'écrire, à échanger des conseils, à s'entraider aux moments difficiles, à se revoir amicalement de temps en temps jusqu'au décès d'Éluard. Acceptant la réalité de sa liaison avec le peintre catalan, Paul Éluard leur laisse même l'appartement du 7, rue Becquerel, que Dali, affligé par sa pauvreté, s'approprie sans vergogne. « Notre appartement », comme dit Salvator Dali... celui où Paul a longtemps espéré, qu'à son retour de Cadaquès, Gala reviendrait seule. Il devra s'incliner devant l'inévitable. Il ne s'agit pas d'une liaison entre Dali et elle. C'est un amour, un vrai, le plus grand. Paul et Gala finiront par divorcer en 1932.

L'ÉTÉ BLEU DE CADAQUÈS

L'été bleu de Cadaquès est propice aux retrouvailles de Gala avec le bonheur. C'est une femme heureuse et accomplie qui apparaît sur les photographies de cet été 1930. « La route de Cadaquès, au col de Peni, monte en lacet. Chaque tournant ramène la vie du village et de la baie. Au dernier tournant, depuis mon enfance, je tournais la tête pour m'emplir encore les yeux de ce paysage de mon cœur. Mais ce jour-là, dans le taxi, confie Dali qui est amoureux de Gala, au lieu de tourner la tête pour cueillir ma dernière image, je continuai de regarder devant moi. » La plage, les coquillages, les oursins, les petites maisons immaculées, tout ce bonheur retrouvé, révélé, commencé. Avec Gala, Dali reviendra toute sa vie sur les lieux de leur rencontre, reprenant ensemble le train à la gare de Figueras pour rejoindre Paris, redescendant chaque été dans cet éden catalan.

Dans sa biographie de Gala, Chantal Vielle raconte comment elle devient la dame de Port Lligat ; elle prend pleinement possession du paysage méditerranéen et, au fur et à mesure, les Dali achètent les baraques des pêcheurs voisins qui renoncent à la mer. D'une maison à l'autre, ils érigent une bâtisse aux toits multiples de tuiles rouges, adossée à une pente verdoyante hérissée de vignes et d'oliviers. De leur demeure, on peut contempler la mer ou attendre les barques. Parmi elles, on en remarque une jaune, celle de Gala Dali. Souvent, on peut voir la dame de Port Lligat partir seule à la rame, fort court vêtue, les yeux protégés par des lunettes de soleil, et laissant libre et nu un corps bronzé que l'âge ne flétrit pas encore. Dans leur demeure aménagée par Gala, les meubles rustiques posés sur des sols en tommettes sont catalans, de gigantesques bouquets de fleurs sèches sont pendus aux fenêtres, les murs blancs sont peints à la chaux, un ours empaillé monte la garde au pied d'un escalier étroit. Dans la chambre de Dali et de Gala, se dressent des lits jumeaux en fer forgé peints en noir et doré. Puis, il y a la célèbre chambre ronde, agrémentée à son pourtour de banquettes maçonnées, cachées sous des coussins chamarrés. C'est là que se retire Gala, laissant le maître, Dali, à son public dans le patio devant lequel s'étend une allée d'orangers et un bassin tout en longueur bordé de sculptures daliniennes. C'est là que Gala mettra plus tard en scène le culte de Dali, accompagnée dans son office d'une armée de serviteurs. Depuis qu'elle a été foudroyée par sa rencontre avec son génie dans les rochers du cap Creus, elle peut vivre son bonheur céleste sous le ciel bleu de Cadaquès. Désormais, elle fuit sa slavitude même si dans la maison catalane un très ancien samovar fait figure de vestige. La petite Cendrillon de Moscou a gagné son conte de fées. Il lui sera confirmé beaucoup plus tard quand Dali lui offre en 1968 pour son anniversaire le château médiéval de Pubol. Le capitaine Moore prend en charge les négociations aidé du maire de Cadaquès. Il nous a raconté à l'occasion d'un mariage au château de Vaulx-le-Penil comment le château de Pubol a été acquis pour la somme d'un million cinq cent mille pesetas avec ses dépendances et son jardin. Dali dirige la décoration intérieure ; rénovation du plafond de la salle d'honneur, peinture des radiateurs en trompe-l'œil, creusement aussi de la piscine aux Trente Wagner et, non loin de là, création d'un banc aux fleurs de lys sur lequel Gala n'aimera jamais s'asseoir. Quant à elle, elle se consacre à la remise en état de la chapelle, à la décoration du salon, des chambres, de la salle à manger avec des meubles catalans qu'elle achète chez des antiquaires de Gerone. Elle redessine entièrement le jardin. Gala Dali, aussi maîtresse de maison qu'elle est muse et inspiratrice, n'a jamais oublié cette constatation cruelle de Louise de Vilmorin : « La pire des choses pour une femme, c'est d'être libre. »

A la fin de sa vie, Salvador Dali fut fait par Juan Carlos, roi d'Espagne, marquis de Pubol. De même, comme le remarque José Luis de Villalonga, le grand guitariste Andrès Segovia fut nommé marquis de Salobrena tandis que don Ramon dell Valle Inclan reçut, à titre posthume, le marquisat Badomin.

En attendant, en 1930, à Cadaquès, l'été continue.

Main dans la main, Gala et Dali font d'interminables promenades sur la plage. Même les sables du temps n'auront pas raison de leur amour. C'est un été particulièrement créatif dans ce coin d'Espagne où se retrouvent réunies les futures sommités de toutes les disciplines de l'art. Le cinéma, avec Luis Buñuel qui est en train d'y concevoir son *Chien andalou*, dont il écrira le scénario avec Dali. La peinture, avec la visite de René Magritte et de sa femme. La poésie, avec la présence mélancolique d'un Paul Éluard qui joue, à la manière de Nerval, le veuf, l'inconsolé, le prince à la tour abolie. Buñuel, avec son ombrageuse lucidité, fut un des rares à n'être aucunement dupe de l'âme dominatrice de Gala. Un jour, pique-niquant dans les rochers avec Gala, Dali, Paul et Cécile Éluard, il dit que la vue lui rappelait un tableau d'un peintre espagnol médiocre : « Comment peux-tu dire des âneries pareilles devant des rochers aussi beaux ? » répondit Gala.

« A la fin du pique-nique, alors que nous avions bu, Gala m'agressa de nouveau, je ne sais plus à quel sujet, raconte Buñuel. Je me suis levé brusquement, je l'ai saisie, jetée par terre et je lui serrai le cou entre mes deux mains. La petite Cécile, épouvantée, s'enfuit dans les rochers avec la femme du pêcheur. Dali, à genoux, me suppliait d'épargner Gala. Tout furieux que j'étais, je gardais cependant mon contrôle. Je savais que je n'allais pas la tuer. Tout ce que je voulais c'était voir le bout de sa langue passer entre ses dents. Finalement, je la lâchai. »

Les vacances allaient s'achever. Paul Éluard eut le tact de rentrer à Paris en emmenant Cécile. Gala restait énigmatique pour lui. Dali la désirait frénétiquement. Ils refirent tous les deux le chemin jusqu'aux rochers. Là, Dali lui donna un baiser, un baiser fou en lui tirant la tête en arrière par les cheveux et en la mordant. « Dites-moi ce que je dois faire maintenant. Dites-le-moi avec obscénité que je devienne un homme et une bête. » Impavide, elle lui dit : « Maintenant, tuez-moi ! » C'était une provocation géniale, « c'était leur minute de vérité, commente le psychanalyste Pierre Roumergue, cité par Bertyle Secrest. On en a parfois dans les psychothérapies. Et ces chocs ouvrent sur de véritables renaissances ». Gala a ainsi chassé la tentation qui hantait le jeune Salvador, et Dali reconnaît : « Gala chassa de moi les forces de mort. Elle me rendit à la lumière par l'amour qu'elle me donna. » Dali, désormais, regarda Gala comme si elle était une déesse dont la fonction divine eût été de le sauver de lui-même. Pour le Dr Roumergue, tout est clair, tout est ainsi lisible : « Vous savez, Gala, c'est une alpiniste de la destinée. Elle savait que Dali serait un génie et que ce serait son œuvre à elle. Elle rencontrait un malade minable et allait enfanter un des grands personnages de son époque. »

« Elle m'a guéri de ma rage d'autodestruction, dira Dali, en s'offrant elle-même en holocauste sur l'autel de ma rage de vivre. Si je ne suis pas devenu fou, c'est parce qu'elle a assumé ma folie. » Selon le grand peintre, Gala s'est tenue symboliquement entre lui et la folie. Libéré de ses démons, il peut enfin faire le grand saut dans la création : « Gala devint le sel de ma vie, la trempe de ma personnalité, mon phare, mon double, MOI. » L'énergie créatrice de Dali se décuple. En courtisant Gala, il exécute un nombre considérable d'œuvres brillantes qui seront exposées à Paris.

Gala prend au sérieux son rôle d'égérie. Pendant son séjour à Cadaquès, elle se montre non seulement attentive à la peinture de Dali mais aussi à ses écrits. Elle rassemble un certain nombre de pages éparses qu'il a écrites, les corrige et, à son retour à Paris, en propose la publication aux Éditions Surréalistes. Un livre bientôt paraîtra. Il est intitulé *La Femme visible*. Sur la couverture, ce sont les yeux ardents de Gala qui fixent le lecteur. Avant l'exposition de Dali à Paris, les nouveaux amants font une fugue qui les conduit dans une petite station balnéaire espagnole, au sud de Barcelone. Ils reviendront à Noël, et Gala y poursuivra l'initiation de Dali aux secrets de l'amour. En janvier 1930, elle l'entraîne dans un petit hôtel qu'elle connaît bien, près de Marseille, à Carry-le-Rouet. Durant plus d'un mois, ils gardent la chambre, se faisant livrer de quoi manger et du bois pour les feux de cheminée. Entre les scènes d'initiation – on pense que Salvador Dali a maintenant perdu toute timidité –, Gala lui tire les cartes.

LA MARCHE TRIOMPHALE DE SALVADOR DALI

Pendant cet hiver à Paris, sous la pluie de décembre 1929, Paul Éluard marche dans la rue avec son ami René Char. Soudain, Paul croise « une grande fille de vingt ans, vêtue à la diable, sans logis, sans argent, mourant de faim, prête à faire un client pour avoir chaud et dormir sous un toit ». Il s'arrête sidéré. C'est René Char qui la rattrape pour la ramener au poète. Elle arrive de Mulhouse, elle n'a rien, elle n'est personne. Le poète la regarde fixement. Elle s'appelle Nush. Elle sera sa maîtresse, sa muse, sa femme pendant plus de dix ans.

Gala et Dali sont rentrés à Paris et s'installent modestement à Montrouge. Beaucoup d'ennemis de Gala ont fait courir la rumeur selon laquelle c'est en femme intéressée qu'elle quitte Éluard, au moment où sa famille lui a coupé les vivres, pour se rapprocher d'un Dali, étoile montante et prometteuse. C'est mal connaître la situation réelle de Dali à cette époque. Il vit dans le dénuement et ne jouit pas encore de la fabuleuse notoriété qui sera la sienne.

Notre regretté ami, le prince de Faucigny Lucinge, qui fut un des tout premiers mécènes à aider Dali – et non comme on le croit communément le vicomte de Noailles – nous a souvent raconté comment Gala et Salvador Dali débutèrent ensemble à Paris. C'est par son ami, le poète René Crevel, que le prince avait connu le peintre. Il fut rapidement à même de mesurer combien les besoins de l'artiste étaient grands : « Ils étaient dans la gêne, racontait-il à Bertyle Secrest. Je me rappelle très bien leur appartement. Il y avait peu de meubles et aucune tentative de décoration, mais les pièces étaient tenues scrupuleusement propres et on ne voyait jamais traîner un pinceau. Éluard qui habituellement soutenait Gala n'avait pas du tout d'argent et la seule source de revenus pour les Dali était ses tableaux. C'est pourquoi j'essayai d'intéresser le prince Paul de Serbie et Robert de Rothschild à son travail. Je les amenai dans son appartement et tous deux le trouvèrent effroyable. » C'est encore le prince Jean-Louis qui les présenta aux Noailles. Faucigny Lucinge leur acheta aussi une œuvre des débuts, un tableau intitulé *Vertige*, représentant une femme nue poignardant un homme sur une terrasse, un ballon bleu au premier plan.

Le prince de Faucigny Lucinge, véritable gentilhomme, nous raconta aussi, dans son appartement de la rue Bayard, entièrement décoré d'un mobilier Charles X et de tableaux de la même époque, comment Gala s'était ouverte à lui de leurs pressants soucis d'argent : « Si seulement nous pouvions trouver des gens pour nous aider. Sans cela, Dali devra commercialiser son talent. » Mais Gala ne se contente pas de chercher des mécènes. Elle part chaque jour avec des cartons sous le bras pour tenter de vendre dans les galeries les œuvres de celui qu'elle aime. Elle ne ménage pas sa peine et tente de convaincre – sans toujours beaucoup de succès – les marchands, du talent de son amant, en faisant passer la foi qu'elle a en son avenir. Elle a l'idée de créer un groupe de mécènes fidèles, un cercle d'esthètes argentés qui pourraient apporter au peintre la certitude de commandes successives. C'est grâce au prince de Faucigny Lucinge, et à ses hautes relations, que la chose prend forme. Il cherche douze mécènes qui donneraient chacun deux mille cinq cents francs par an – somme importante à l'époque – et qui auraient en échange le droit de choisir chaque année une grande œuvre ou un plus petit tableau et deux dessins de Dali. Un rituel festif est mis en place pour que cette aide généreuse garde un aspect ludique : juste avant Noël, le club des mécènes viendra dîner chez les Dali et là, on tirera au sort la date à laquelle ils pourront se livrer à leur choix. Noailles, Lucinge sont rejoints dans ce club, qui prend le nom de groupe Zodiaque, par une aristocratie cosmopolite et généreuse parmi laquelle on retrouve la comtesse de Pecci Blunt, la marquise Cuevas de Vera, Caresse Crosby, mais aussi des écrivains comme Robert de Saint-Jean qui nous l'a raconté et Julien Green, qui est l'un des premiers à entrer dans le jeu. Dali, présent à leurs réunions, est tout à la joie d'expliquer ses tableaux et le sens secret qui doit émaner de l'œuvre. Pourquoi, par exemple, un cheval est-il en train de se métamorphoser en rocher au milieu d'un désert. Julien Green se souvient avec délices de cette petite toile d'une tonalité merveilleuse, gris et lilas.

Gala a aussi œuvré pour que Dali rejoigne le groupe surréaliste. Elle est parvenue à convaincre André Breton de l'accepter et, avant Noël, Salvador Dali rejoint le groupe qu'il illustrera puissamment par son œuvre, aux côtés d'un grand cinéaste et d'un grand poète : Luis Buñuel et René Char.

Bientôt, Dali, admirablement secondé par Gala et leurs amis, échappe à cette peur de la pauvreté qui, toute sa vie, hantera sa muse russe, Gala Diakonova. Après quatre ans d'efforts où Gala ne ménage pas sa peine, établissant des contacts, vendant avec calme et avec une rage silencieuse des dessins d'ongles artificiels en miroir, d'autres représentant des automobiles aérodynamiques, ou encore des croquis figurant d'étranges baignoires baroques, le succès pointe son nez et les œuvres majeures arrivent. Entre 1933 et 1935, c'est Paris qui est investi par la vibration du génie de Dali. L'astuce du couple est de doubler le phénomène artistique d'un phénomène mondain qui provoque bientôt un intérêt international. *L'Ossification prématurée d'une gare* en 1930 et *La Persistance de la mémoire* en 1931, qui marquent l'arrivée de Gala, montrent aussi quel grand peintre va devenir Dali. Dîners, expositions, conférences, interviews se succèdent.

Ceux qui ont connu le Dali des débuts « moitié timide, moitié malicieux » ne le reconnaissent plus. Sûr de lui, insolent et drôle, c'est un maître de la communication qui s'exprime désormais. Il prend en main sa propre publicité, majestueusement aidé en cela par celle qui, dans l'ombre, monte toutes ses mises en scène. Où est donc le jeune homme perdu qui venait de débarquer à Paris, qui tombait dans les escaliers, qui pensait à se suicider, et qui avait peur du métro ? Où est ce petit jeune homme sombre, agité, plutôt triste et mélancoliquement beau, dont les femmes remarquaient l'air perpétuellement agité et inquiet ? Qu'est devenu cet être fragile, timide, au visage inquisiteur et intelligent, marqué de gravité infantile, désespérément soucieux de plaire ? Qu'est devenu cet être à la faconde inépuisable mais qui savait aussi écouter pendant des heures ? Ainsi que nous le raconte André Thirion : « Si mince et timide, recroquevillé dans son fauteuil, tout le monde s'était rendu compte de sa détresse. Il ne savait pas traverser les rues. Il ne se déplaçait qu'en taxi, il tombait à terre plusieurs fois par jour. » D'où vient cette métamorphose ? Elle est due à la symbiose des deux amants, elle est signée Dali mais elle est née de Gala, la glorieuse.

Maintenant, la marche triomphale de Dali a commencé. Il voyage, il peint, il parle comme dix livres, il écrit, il expose. Il mène aussi avec Gala une vie luxueuse, cosmopolite et chic. Cecil Beaton le photographie. Il est fixé sur un cliché avec Man Ray. Regardons cette photo que nous tend le prince de Faucigny Lucinge, souvenir d'un dîner donné par lui à Monte-Carlo. Alexandra Danivola est assise à la droite de Dali. Coco Chanel à sa gauche. Gala a pris goût aux meilleurs restaurants et on les voit souvent, Dali et elle, aux plus belles tables, Lasserre ou Taillevent, dînant d'un foie de canard aux raisins, d'un civet de lièvre, ou d'un canard à l'orange, savourant les meilleurs vins de Bordeaux, les plus grands bourgognes, le meilleur champagne. Le succès grandissant les pousse en avant. La Cinquième Avenue les attend. C'est bientôt le triomphe à New York où ils habitent d'abord à l'hôtel *Saint-Moritz* avant de résider au très huppé *San Regis*. Le magazine *Life* écrit alors qu'à moins de trente-cinq ans Dali est un des artistes les plus riches du monde. Mais le succès, surtout commercial, est-il compatible avec l'appartenance à l'élite intellectuelle parisienne ? Certainement pas. Dali, qui a pris goût à l'exposé de plus en plus provocant de ses folies, commence à faire l'éloge de Hitler avant d'encenser Franco. Les surréalistes, stupéfaits, dégoûtés, le jettent hors du mouvement. Bientôt, Breton lancera son expression assassine « Avida dollars » et même Max Ernst refusera désormais de tendre la main à Dali. Celui-ci n'en continue pas moins à signer des contrats pour remplir la bourse de Gala. Des couvre-théières qu'il dessine aux flacons de parfum qu'il imagine, Dali n'a qu'un but : augmenter sa fortune. Elsa Schiaparelli qui a le don de susciter chez des artistes comme Bérard, Vertès, Giacometti, Van Dongen des créations fantasques, les invite à se consacrer à l'insolite. Pour elle, Cocteau dessine des mains qui enlacent une robe. Mais c'est Dali qui bien sûr dans ce domaine se dépasse : il imagine un sac téléphonique, une veste dont les poches sont des tiroirs, il suggère des noisettes et des yeux de verre de taxidermiste en guise de boutons. Et surtout il crée des chapeaux délirants : l'un représente un « cerveau » (aux circonvolutions de velours), l'autre un soulier qui se porte bien entendu sur la tête. C'est Gala qui fièrement arbore ce bibi surmonté d'un escarpin. Même Aragon est sollicité et crée un collier en cachets d'aspirine. Sa seule œuvre non inédite qui demeure un dérivatif original contre la migraine. Même si Dali travaille avec les plus grands comme Elsa Schiaparelli, la dérive commerciale prend parfois le dessus sur sa création pure. Et Gala n'y est pas pour rien.

Le prince de Faucigny Lucinge était parfaitement lucide sur le cas Gala : « Gala était une personnalité assez fascinante, elle n'était pas aimable, mais agréable. Une sorcière, mais une sorcière pleine d'attrait. C'était quelqu'un, vous savez, une femme intelligente et ambitieuse, dotée d'un grand bon sens, qui le maintenait, lui, au travail. C'était une femme dure, sans un atome de sensibilité d'aucune sorte. Dure et sans cœur. »

Ainsi apparaît sous une lumière brutale celle que nous appellerons la quatrième Gala. Celle qui avait des rapports pervers avec l'argent, celle qui a parfois dévoyé le talent de son mari, celle que la peur de manquer et la peur de vieillir vont conduire à une certaine forme de déchéance. Même si l'on hésite à évoquer cette quatrième Gala, on sait cependant qu'elle a existé. Deux éditeurs de Dali nous ont plusieurs fois rapporté des scènes pénibles, et ces faits sont malheureusement confirmés par des témoignages incontestables. Les voitures italiennes offertes à de jeunes hommes en récompense de services rendus, le geste presque maladif, dès qu'elle recevait une liasse de billets, de la glisser fébrilement le long de ses reins, et la mallette pleine de *traveller's checks* et de dollars trouvée sous son lit après sa mort, tout cela c'est la quatrième Gala. Une crainte paranoïaque que la pauvreté de l'enfance remonte à la surface, un désir fou d'attirer encore et toujours le regard des hommes malgré la vieillesse avaient, vers la fin, métamorphosé cette petite Cendrillon en une mauvaise fée. Gala, toujours exhibitionniste, n'avait jamais renoncé à ses entreprises de séduction. L'exemple le plus frappant, ô combien symbolique de cette frénésie de séduire, c'est le fils même de Max Ernst qui en livre le témoignage à la biographe américaine de Dali, Bertyle Secrest, laquelle le restitue ainsi : « Quand il était jeune homme à New York, il se trouva en face du visage détendu et souriant de la femme qui avait causé la rupture entre ses parents. Il n'était pas spécialement fâché contre elle et, très curieux, ne protesta pas trop lorsque les Dali le pressèrent de les accompagner dans une tournée d'emplettes. Le jour dit, Gala apparut seule ; Dali était souffrant. Ils passèrent une journée sans but, sautant d'un taxi à un autre, Gala demandant continuellement : « Où allons-nous maintenant ? » Ils finirent au salon de thé et il vécut, comme il l'écrit, une « continuelle rencontre de genoux, de cuisses et de mollets ». Enfin, il fut temps de se séparer. « Dali est certainement endormi, dit Gala, pourquoi ne pas rentrer à l'hôtel avec moi ? » Le jeune Ernst prit soudain conscience de la peur qu'il éprouvait ; il se leva et partit. Quand il revit Gala, elle marcha vers lui et gronda : « Tu es la merde... monstre. » La biographe rapporte d'ailleurs encore une histoire que lui raconta Reynord Morse, que nous avons rencontré à Vaux-le-Penil. « En 1942, elle essaya de m'agripper. Elle m'entraîna au premier étage et me montra un grand nombre de dessins érotiques ; j'en achetai deux... » Il s'arrête, gêné, dans son récit, pour ajouter : « ... Bien sûr, j'ai dit non. Elle aurait pu être ma mère. »

« VISAGES CACHÉS »

Chaque être qui s'intéresse à l'Histoire des arts au XXe siècle et à celle du surréalisme est amené à se poser l'inévitable question des rapports Gala-Dali. C'est peut-être dans *La Femme visible* qu'on trouve un début d'explication. Et si l'on se souvient que Dali a finalement rencontré Freud à Londres, on mesurera mieux le rôle des images de l'enfance, la peur constante du père, l'intensité du dégoût, le traumatisme du frère mort qui porte le même prénom et l'omniprésence désirée d'une mère absolue. Salvador Dali vient de rencontrer Gala. Voilà ce qu'il écrit : « Grâce à l'amour, les images du monde extérieur se feront de plus en plus l'illustration de ma pensée, les choses obéissantes seront enfin à la mesure de mes goûts et deviendront l'habile vocabulaire de ma volonté paranoïaque... Tout ce que je pense, vit et se renouvelle dans l'image de l'être aimé. Cet être est aussi tout ce que je pourrais penser et tout ce que je ne penserai jamais [...] Je pense à l'abominable, à l'ignoble pays natal où j'ai vécu mon adolescence... Loin de l'amour. Dans les familles, la chambre des parents non ventilée le matin, dégageant l'affreuse puanteur d'acide urique, de mauvais tabac, de bons sentiments et de merde... Loin de l'amour, loin de toi, femme violente et stérilisée. »

Quand, un soir pluvieux de décembre 1979, nous avons demandé à Gala, tout heureuse d'être replongée dans l'ambiance russe avec les danseurs de Kyrov que nous avions introduits auprès d'elle avec l'éditeur Pierre Argillet, quelle était la clé de ses rapports avec Salvador Dali, elle a répondu : « Lisez *Visages cachés.* » Le livre venait de reparaître aux éditions Stock, publié par Christian de Bartillat. Il était comme le paravent peint de tous leurs fantasmes privés. Le masochisme de la femme, le sadisme de l'homme, le sexe vécu à distance. Tout était entremêlé dans cet étrange chef-d'œuvre gothique dont les pages baroques rappelaient à la fois *Le Bal du comte d'Orgel* et une sorte de *remake* hollywoodien de *La Princesse de Clèves.* Avec beaucoup d'esprit, Dali prévient le lecteur : « Les gens sont affligés de nos jours de la folie de la vitesse... J'ai voulu réagir contre cela en écrivant un vrai roman, long et ennuyeux[1]. » Mais ce n'est pas un livre ennuyeux, c'est un livre merveilleux, écrit avec une belle langue, des images somptueuses, et un romantisme un peu emberlificoté de style haute époque. L'aspect le plus révélateur du roman, c'est le jeu sexuel dont Dali est l'auteur ; le héros, le comte de Grandsailles, dit à celle qu'il aime, Solange de Cléda, qu'ils doivent atteindre l'orgasme sans jamais se toucher. L'impossible y stimule ainsi cœurs et corps tandis que Solange et Hervé jouent à créer la plus froide et la plus brûlante des passions. C'est la théorie du « clédalisme » que Dali aimait à développer en de longues et fastueuses explications, le soir, quand il parlait de son roman à *El Morocco,* la boîte de nuit la plus à la mode de New York à l'époque. Dali aimait le sadisme subtil que contenait cette idée, comme un poison dans un joli flacon.

Dans sa vie, il montrera d'ailleurs, au fur et à mesure des années, une aversion déclarée pour le contact intime et, face à une Gala licencieuse et insatiable, il n'est pas interdit de penser qu'il reprit les habitudes d'Éluard : le voyeurisme. *Visages cachés* apparaît comme une autopsychanalyse de Dali. Ce roman, qu'il aimait tant et dont la préface

1. Salvador Dali, *Visages cachés,* réédition, Paris, Carrère, 1988.

est le manifeste de la multiplicité de ses dons, il l'écrivit à grande vitesse à Franconia dans le New Hampshire. On y retrouve un groupe d'aristocrates français, désinvoltes et langoureux, indifférents et décadents, qui vivent en exil loin de la Seconde Guerre mondiale ; on pense que le héros masculin, le comte de Grandsailles, est inspiré par Étienne de Beaumont. Quant à Gala, elle serait l'étudiante du Quartier latin. Dali, dans ce livre, a tenté l'impossible ; transporter le style maniériste français du style romantique dans un décor moderne, en y déguisant ses obsessions personnelles. L'effet est celui d'un château Tudor bâti sur une plage rose de Californie. La critique fut sévère mais la lecture a l'avantage d'être surréaliste, et dans ces *Visages cachés*, les trompe-l'œil disent la vérité, tandis que les mensonges ont un véritable cachet d'authenticité. On voit qu'il ne s'agit pourtant pas là d'une simple « Dalinade » et, si l'auteur de cet ouvrage avait été un peu moins connu, il aurait certes pu emporter le prix Goncourt. Mais justement, Dali ne s'appelait pas Dupont et l'anonymat lui allait mal au teint. Il ne cherchait même pas la reconnaissance universelle. Au contraire, avec un orgueil justifié, serti d'une irrésistible ironie, il s'exclame : « Chacun, tôt ou tard, doit fatalement venir à moi ! Les uns, insensibles à ma peinture, concèdent que je dessine comme Léonard. D'autres, qui trouvent à redire à mon esthétique, acceptent de reconnaître en mon autobiographie un des documents humains de notre époque. D'autres encore, qui mettent en doute l'authenticité de ma vie secrète, ont découvert en moi des dons littéraires supérieurs au talent dont je fais preuve dans mes tableaux et qu'ils appellent "la fumisterie de mes confessions". Et puis, ceux qui détestent ma peinture, mes dessins, ma littérature, mes bijoux, mes objets surréalistes, etc., proclament que j'ai le génie du théâtre et que ma dernière mise en scène a été l'une des plus sensationnelles qu'on ait jamais vues sur les planches du *Metropolitan*. Or je trouve le temps de faire tout ce que je veux et je voulais écrire ce roman. D'ailleurs, si je n'avais pas écrit, un autre l'aurait fait à ma place et il l'aurait mal fait. Enfin, la trilogie passionnelle était restée incomplète : sadisme, masochisme... Il fallait inventer le troisième terme du problème, celui de la synthèse et de la sublimation : le clédalisme, du nom de mon héroïne, Solange de Cléda[1]. »

L'ORIGINAL DU Dr TCHEKHOV

Au-delà de tous les ragots, mais aussi de toutes les vérités, qui ont entouré la vie de Gala, nous ne pouvons oublier sa vraie personne que nous avons à plusieurs reprises rencontrée. Elle appartenait à cette génération de femmes courageuses qui ont subi en Russie un double désastre, la guerre et la révolution. Elles ont dû quitter leur pays natal, souvent chassées par la violence politique. Anéantie par les événements de la Russie, elles vont repartir de zéro en terre étrangère, souvent sans relations, sans amis, sans moyens de survivre. Beaucoup d'hommes qui vivaient la même situation ont baissé les bras. Bien sûr, certains aristocrates du temps des tsars se sont retrouvés chauffeurs de taxi, d'anciens officiers de l'Armée blanche devenaient des joueurs de balalaïka dans les boîtes de nuit, mais il est beaucoup plus difficile pour une femme dépaysée de refaire surface et de forger son destin. Ces femmes, les Gala, les Elsa, les Dina, les Lydia, les Nadia, les Sonia, les Olga, ont su non seulement surmonter les épreuves du siècle et créer leur propre bonheur, mais encore apporter aux hommes qu'elles avaient choisis ce mélange si doux de réconfort et d'inspiration, dont seules ces égéries russes

1. *Visages cachés, op. cit.*

semblent posséder le secret. Ces pensées nous sont particulièrement chères en cette fin de siècle qui a vu à la fois la libération de la Russie et la réalité de son désarroi. Car c'est dans l'état de crise que les égéries se révèlent.

Lorsque, dans la suite de Dali au *Meurice*, nous avons demandé à Gala la raison de cette attirance particulière des génies européens pour les égéries russes, elle nous a répondu : « Nous avons su aller jusqu'au bout. » Dans ce soir enchanté, elle nous a tiré les cartes et elle nous a dit : « Vous savez, dans mon jeu, j'ai souvent vu deux choses : la fin du communisme et le retour du christianisme en Russie. » Elle nous a confié avoir tant désiré revenir au pays natal accompagnée de Dali, mais aussi sa peur que les frontières de la Russie ne se referment sur elle à jamais. Hélas, elle mourra, sans avoir fait le voyage. Pourtant, il était prévu et nous devions l'accompagner à Saint-Pétersbourg à l'occasion de la donation de tableaux de Dali que le couple destinait aux collections du musée de l'Ermitage. Leur vœu cependant s'est réalisé, mais sous une autre forme. Nous avons pu contribuer avec Pierre Argillet et la conservatrice du musée Pouchkine, Mme Irina Antonova, à la réussite de la première exposition de Dali en Russie consacrée à son art graphique. Comment oublier l'attente passionnée et massive et les files interminables des visiteurs moscovites qui prenaient place dans les nuits froides d'avril pour être sûrs d'entrer au matin dans le musée Pouchkine ? Comment oublier les yeux – d'un bleu si profond ou d'un noir brûlant rappelant ceux de Gala – qui dévoraient littéralement les tracés magiques de Salvador Dali. Gala nous disait : « L'homme occidental est un homme extérieur, la femme russe est une femme intérieure. C'est de là que vient cette union parfaite entre les créateurs occidentaux et les égéries du Nord. » Dali ajoutait : « Pour nous, la Russie est exotique. C'est un pays lointain qui reste cependant européen.

Malgré qu'il paraisse familier, il demeure un de ces extrêmes qui nous attire. » Alors que nous parlions de l'histoire de la Russie et de ses affinités avec la France, Dali nous jeta cette phrase étonnante, pleine de toute la compréhension du décalage horaire de l'Histoire : « La Révolution russe, c'est la Révolution française qui arrive en retard à cause du froid. » Gala se refusait à fréquenter les milieux de l'émigration russe à Paris, mais elle préservait en son cœur sa Russie intacte, celle de la littérature, et souvent son mari lui demandait de lire en russe des pages qu'il ne comprenait pas mais dont la sonorité le subjuguait.

Ce soir-là, ce fut notre tour de lire le fameux poème de Pouchkine, *Ia vas lubil* (« Je vous ai aimé »). Et lui, déjà atteint par la maladie de Parkinson, dédiait pendant ce temps un sourire à la fois triste et tendre à celle qui avait été sa petite fille des neiges de la vision de son enfance. Au moment de le quitter, nous avons senti qu'il ne voulait pas nous laisser sans nous avoir épatés par son panache habituel. Ses yeux étaient ceux d'un malade, mais il rassembla toute sa malice pour nous lâcher, dans un haussement d'épaules à la fois pathétique et complice, une de ces maximes inattendues qui n'appartenaient qu'à lui : « L'éternel féminin est peut-être une phobie. » En quittant l'hôtel *Meurice* et en marchant dans la nuit dans cette rue de Rivoli par laquelle les Cosaques étaient entrés dans Paris, en passant devant la demeure, face aux jardins des Tuileries, où Tolstoï demeurait lors de ses séjours dans la capitale, nous pensions en même temps à la dernière phrase de Dali et à la double interprétation qu'elle proposait de sa propre vision de la vie. Alors, il nous revint en mémoire la visite que Dali avait faite au pape avec sa femme Gala, le 23 novembre 1949. Le couple offrait au Vatican de nombreux présents dont une petite toile où apparaissait la Madone de Port Lligat. Au cours de l'entretien avec Pie XII, Salvador Dali demanda au Saint-Père si Gala divorcée mais non pas veuve serait autorisée à l'épouser religieusement. A cette requête, il n'y eut pas de réponse favorable.

Si l'on considère les symboles de l'œuvre peinte de Dali et si l'on déchiffre avec sobriété et méthode les excès d'images de son langage et de sa peinture, on s'aperçoit qu'il désire sublimer ses fantasmes sexuels en divinisant Gala. Chez le créateur, ce n'est pas dans l'homme mais dans son œuvre que sont cachées les clefs de son existence. En peignant Gala en Madone, Dali, catholique romain, veut l'absoudre de ses péchés et lui conserver une virginité divine, donc éternelle. Nous nous sommes demandé si l'œuvre mystique de Dali n'avait pas pour fonction de fondre l'image de Gala dans la sainteté pour effacer la dure réalité de ses désirs et la complexité des rapports qui lient le maître et son inspiratrice. Les étudiants des Beaux-Arts qui nous ont demandé dans leur vocabulaire contemporain si, à ce moment-là Dali n'avait pas « disjoncté », étaient pertinents dans leur interrogation. Pourquoi Gala se trouve-t-elle assise à droite de Jésus dans *La Cène* (1955) ? Pourquoi la voilà debout, somptueusement drapée devant la croix du Christ dans *Corpus Hyercubus* (1954) ? Pourquoi se retrouve-t-elle assise sur le coussin d'azur des nuages divins dans *Le Concile œcuménique* (1960) et pourquoi a-t-elle commencé d'accéder au statut de déesse dès *La Leda Atómica* de 1948 ? Quand Gala devient finalement la Madone qui entre au royaume de Dieu, on peut se demander effectivement si Dali n'a pas confondu la corne et l'olifant, écartelé qu'il est entre la divinité de Gala et la phobie de l'éternel féminin. Mais si sur cette terre, Dali pouvait être compris, c'était bien par Gala la Russe. Et le bon Dr Tchekhov aurait pu appliquer au génie sa définition de l'original : « Autrefois, je considérais que chaque original était un malade et un anormal. Mais à présent, je considère que l'état normal d'un homme est d'être un original. »

11

ELSA : SURVIVRE ET RÉGNER

Même si elles ont tout fait pour ne pas être comparées, même si, après leurs premières rencontres inévitables chez les surréalistes, elles ont évité de se revoir, même si de notoriété publique, elles se détestaient, comment ne pas mettre en parallèle deux égéries russes qui eurent en commun d'avoir captivé deux génies du XXe siècle. Gala Diakonova et Elsa Kagan sont à peu près issues du même milieu, la petite bourgeoisie russe. Toutes deux ont passé leur jeunesse à Moscou. Toutes deux sont filles d'avocats. Toutes deux rêvaient de se consacrer à un grand créateur. Toutes deux ont tressé leurs songes dans la littérature et les contes russes. Toutes deux ont mis en marche dès leur enfance un moteur secret : une jalousie combative. Pour Gala, c'est l'humiliation première, issue de la comparaison de son état avec ses amies d'enfance les plus tendres, telles les filles du célèbre Pr Tsetaïev, qui vivent dans une aisance qu'elle prend comme un reproche personnel. Pour Elsa, c'est l'insupportable second rôle dans lequel la maintient involontairement son aînée, Lili. Sa sœur bien-aimée, la plus aimée, la plus recherchée, la plus courtisée. Toutes deux sont en état de privation, en attente de connaissance. Mais toutes deux aussi ont compris que pour pouvoir prendre, il fallait beaucoup donner. Et toutes deux encore ont deviné que leur destin n'était pas de se promouvoir elles-mêmes mais de se réaliser totalement à travers des hommes aimés. La comparaison entre Gala Dali et Elsa Triolet s'arrête là. Tandis que Gala se marie à vingt ans avec Paul Éluard, Elsa, après l'échec de son premier mariage et malgré la ferveur de Chklovski, attendra la quarantaine pour trouver son troubadour. Politiquement, tandis que Gala est associale, fervente anticommuniste, flirtant même avec les délires prohitlériens et profranquistes de son mari, Elsa a su mettre en sourdine son antibolchevisme naturel, issu de sa jeunesse sous la révolution, pour servir la carrière de son mari, devenu le chantre officiel de la Russie et le poète symbole du communisme français. Mais politiquement aussi, si leurs opinions sont contraires, leurs manières sont comparables. C'est aux extrêmes qu'elles poussent leurs compagnons. Aux extrêmes politiques comme aux extrêmes de la création. Gala laisse Dali aller jusqu'à faire l'éloge du dictateur le plus effroyable de son temps et Elsa amène son compagnon dans les bras russes des Staliniens, si bien qu'il écrira des poèmes faisant de lui le chantre sans équivoque du Guépéou. Un point commun réunit aussi les deux égéries russes : elles adorent les bijoux. Louis Aragon, que sa belle-sœur Lili, dans ses excès de franchise, qualifiait de « radin » avec Elsa (comme nous l'a rapporté son amie Alex Grig), montrera pour cette faiblesse une certaine indulgence admirative, surtout quand il s'agit plutôt de bimbeloterie, comme en témoigne ce charmant petit poème de Louis Aragon, à l'incontestable beauté :

Tu faisais
des bijoux
pour la ville
et le soir

tout tournait
en colliers
dans tes mains
d'opéra.

Des morceaux
de chiffons
des morceaux
de miroirs
Des colliers beaux comme la gloire.

Dali sur le chapitre des bijoux avait trouvé une autre formule, non moins habile. Il offrait à Gala des joyaux, mais ceux-ci étaient réalisés à partir de ses propres dessins.

Quelle fut l'enfance d'Elsa[1] ? Chez les Kagan, la vie est aisée, mais les parents sont désunis. Ils habitent un grand appartement à Moscou et possèdent une datcha dans les environs. Ils voyagent souvent en Europe et le père exerce son métier d'avocat aussi bien à Moscou qu'à Saint-Pétersbourg. Comme beaucoup d'intellectuels de Moscou à cette époque, ils sont spontanément attirés vers l'esprit d'avant-garde et les idées révolutionnaires. Mais leur bonheur c'est la musique. Cette passion vient de la mère, Helena, qui est musicienne. Il y a deux pianos dans la maison, Schumann, Tchaïkovski et Debussy accompagnent l'enfance des deux sœurs, l'aînée Lili, la cadette Elsa. Avocat en vogue, Youri Kagan s'intéresse aux droits d'auteur et aime défendre des artistes qu'il invite volontiers à la maison. Elsa a sept ans et demi en janvier 1905 quand éclate le fameux Lundi noir. La population de la capitale s'ébranle en direction du palais d'Hiver. Dans une

1. Elsa s'appelait en réalité Ella jusqu'à ce qu'elle se baptise elle-même de ce prénom qui allait faire sa légende.

pétition de masse, elle implore le tsar bien-aimé : « Nous, ouvriers et habitants de la ville de Saint-Pétersbourg et des différents départements, nos femmes, nos enfants et nos parents, vieillards impotents, nous sommes venus vers toi, sire, pour chercher justice et protection... » Par une maladresse insigne en réponse à cette humble supplique, les Cosaques chargent, sabre au clair. Les manifestants s'égaillent dans un désordre indescriptible. La panique gagne. Des fantassins mitraillent la foule pacifique. Cent soixante-dix corps gisent dans la neige. Le dimanche rouge a creusé un fleuve de sang entre Nicolas II et ses sujets. Les deux petites filles sont bouleversées. Un garçon de dix-sept ans, fils d'un docteur, ami de la famille, a été tué à coups de crosse par les Cosaques lors de cette terrible journée.

Lili, l'aînée, est la plus belle, et Elsa ne cesse d'en souffrir. Dans les goûters d'enfants, elle voit les garçons s'agenouiller devant sa sœur aînée pour nouer ses lacets défaits. Lili, rousse, de beaux cheveux rejetés en arrière, les yeux noirs, un port altier, de belles épaules, des seins bien dessinés, plaît énormément. Elle évoque cette héroïne des contes de Bounine dans la nouvelle *Souffle léger*, une adolescente qui subjugue les hommes mûrs. Tandis que ses jeunes amis lui écrivent des poèmes, elle s'intéresse plutôt aux compliments des hommes plus âgés qui ont repéré sa beauté. Alors qu'elle se rend à Tsarskoïe Selo, elle est abordée dans le train par un débauché barbu et ventripotent qui lui fait aussitôt la cour, Raspoutine lui-même.

Une proche amie de Lili, elle-même très belle, Alex Grig nous a confirmé que depuis son jeune âge, par-delà tous ses flirts, celle qui allait devenir la muse de Maïakovski, n'avait qu'une idée : rester dans l'histoire de la littérature par un grand amour avec, si possible, un immense poète. Elsa, qui suit ses traces en tout, avec une secrète jalousie et une franche admiration, berce le même rêve. Les deux sœurs accompliront leurs vœux. Mais pas immédiatement. Tout d'abord, Lili Kagan est demandée en mariage par un fils de joaillier, Ossip Brik, jeune et riche, cultivé et discret. Lili hésite mais le soupirant ne manque pas de malice et assortit sa proposition d'un gage littéraire amusant quand il lui dit : « Nous ferons l'amour à la Tchernychevski. » Il fait référence à l'auteur préféré des marxistes, l'écrivain préféré de Lénine, qui a inventé le modèle de l'amour libre dans le mariage où toute jalousie est abolie.

LES SEIZE ANS DE « FRAISE DES BOIS »

A l'époque, le poète le plus en vogue, Sacha Tchiorni, écrivait avec insolence : « Le problème du sexe frappe chaque foyer de la ville et annonce la décadence de Saint-Pétersbourg. » Dans le même temps, la petite sœur de Lili, Elsa, a de plus tendre lecture. Elle dévore le journal de Marie Baskhirtseff, jeune aristocrate russe qui mourut en France à vingt-quatre ans, après avoir connu la Côte d'Azur et inspiré Maupassant.

Ossip Brik, le mari de Lili, a trouvé aussi sa lecture de prédilection, c'est Marx. Comme beaucoup d'intellectuels russes, il est convaincu par cette utopie nouvelle qui paraît résoudre tous les problèmes. Il veut aller jusqu'au bout de ses idées et même les appliquer à son ménage. Ainsi, pour lui, il faut séparer l'instinct amoureux de propriété du sentiment lui-même et assommer définitivement les résistances de la jalousie. Quand Lili, qui, un soir, s'étant laissée aller à trop de champagne, lui avoue sa première infidélité, il n'en fait pas un drame. Chacun, d'après lui, doit demeurer libre de poursuivre ses propres expériences.

Elsa, entrée dans sa seizième année, étudie maintenant l'architecture. Grâce à son premier livre, *Fraise des bois*, qui est aussi son surnom d'adolescente, nous disposons d'un témoignage précieux sur ses débuts dans la vie et sur les états d'âme d'une jeune fille qui répète inlassablement : « Personne ne m'aime », expression qui sera d'ailleurs le titre d'un de ses autres livres. Elle écrit ce fragment de confession : « J'ai beaucoup mûri cet été, ma seizième année s'est achevée, on dit que c'est la meilleure. Quand je regarde autour de moi, je ne vois que des couples ; il n'y a que moi qui fais exception. Personne ne veut de moi et même dans une nombreuse société, je suis toujours seule. » Ce n'est pas tout à fait la vérité. Les admirateurs ne manquent pas, mais Elsa s'en déprend très vite et elle avoue elle-même se trouver souvent déçue par un homme dès qu'elle commence à lui plaire. La biographe reconnue d'Elsa Triolet, Dominique Desanti, place ses hésitations dans un contexte culturel. A l'époque, le paysage intellectuel russe est en plein mouvement. Les vagues succèdent aux tornades et les courants contraires, à la poésie traditionnelle. Les destructeurs des valeurs établies ont le vent en poupe. Les Décadents succèdent aux Symbolistes qui, eux-mêmes, font place aux plus brutaux, les Futuristes. La force de ces derniers est décuplée par l'appui qu'ils prennent sur les théories du Formalisme. Les Futuristes organisent des manifestations dont le titre est tout un programme, « Gifle au goût de l'opinion publique ». Parmi ces vociférants, qui font avec leur spectacle provocant des tournées dans les grandes villes de la Russie, comment ne pas remarquer ce garçon splendide qui crie plus fort que les autres : Vladimir Vladimirovitch Maïakovski. Nous puisons dans la prose de Pasternak la meilleure description du poète : « Il était un mélange de toréador d'Espagne et de héros mythique. » Il savait à la fois provoquer l'admiration des hommes et susciter l'amour des femmes. C'est sans être invité qu'il entre dans l'appartement des Kagan. Elsa, qui a cessé d'aimer la peinture et se passionne dorénavant pour la poésie, écoute, fascinée, ce grand garçon qui fait peur à sa mère avec sa blouse jaune, son haut-de-forme insolite, sa lavallière de dandy. C'est un géant qui est entré dans la maison et qui ne sortira plus jamais de la vie des deux jeunes filles. Il pousse des hurlements, fait de grands gestes, déclame ses poèmes. Quand il part tard le soir, la maison retombe dans un sommeil vide.

Vladimir Maïakovski est issu d'une famille de la petite noblesse installée en Géorgie où son père exerce la fonction de forestier. Il a une sœur, Lioudilla, pour laquelle il a une grande affection. Il a déjà eu le temps de se faire renvoyer de l'Institut de peinture où il commençait ses études et celui de se faire reconnaître comme un valeureux poète. La légende veut que la petite Fraise des bois connaîtra ses premiers frissons délicieux avec le jeune poète qui la prend sur ses genoux. « Tout se passa ensuite comme il se doit... Mais un insupportable plaisir noya tous les détails. » Elsa est-elle bien cette jeune héroïne qui « attendait comme aux aguets, ce qui allait suivre et ferait tout plus merveilleux encore » ? Il y a là un mystère qui n'en est pas tout à fait un pour les spécialistes. Maïakovski a-t-il été l'amant successif des deux sœurs et a-t-il commencé ses galanteries dans la maisonnée par la plus jeune ? Ou, au contraire, s'est-il contenté d'augurer sa relation éternelle et mythique avec son égérie légale, établie et reconnue, Lili Brik, par une romantique promenade avec elle dans les bois autour de la datcha familiale, le 15 juillet 1915, tandis qu'Elsa les attendait, les yeux baissés, sur un banc de bois. Pour Dominique Desanti, l'auteur des *Clés d'Elsa*, le doute est plus que permis. Quant aux auteurs anglo-saxons qui ont étudié cette question, ils vont plus loin dans le même sens. Elsa, qui voulait préserver la place de sa sœur dans l'histoire mais ne pouvait oublier ce charmant souvenir, a toujours éludé cette question, tandis que la principale intéressée, Lili, s'assombrissait quand on osait évoquer devant elle une telle supposition. Les deux sœurs, parfois rivales, étaient sans faille quand il s'agissait de défendre leur commune légende dorée. C'est de la bouche de Lili qu'Ossip Brik apprend que sa femme a été séduite par le poète. En bon théoricien de l'amour libre, il lui dit : « Je te comprends parfaitement, comment refuser quoi que ce soit à Maïakovski ? Mais n'oublie pas que nous ne devons jamais nous séparer l'un de l'autre. » Cette phrase, qui peut paraître ahurissante, reflète pourtant l'état de l'esprit de l'époque, de Paris à Vladivostok, dans la nouvelle génération des créateurs et des surréalistes aux Futuristes.

Le biographe britannique d'Elsa Triolet affirme que, au début, le fameux ménage à trois qu'Ossip Brik avait accepté en intégrant Maïakovski dans son couple, a bien failli devenir « un quarté » car le poète plein d'esprit voulait initialement qu'Elsa rejoigne ce groupe dont elle s'est d'ailleurs détachée non sans une certaine difficulté. Tous ces événements privés se sont produits après un drame affreux : la mort du père d'Elsa qui sonne le glas de son adolescence. Tandis que Lili, après les obsèques, revient à Petrograd où elle poursuit son ménage à trois, Elsa déménage avec sa mère et s'installe à Moscou. La mort de son père est un choc majeur sur lequel Elsa Triolet reviendra deux fois, dans *Fraise des bois* puis dans *Le Rossignol se tait à l'aube.* Ce deuil qui affecte les deux filles en cette sombre année 1915 est comme un noir présage de la tragédie qui attend la Russie tout entière. La retraite des troupes du tsar devant l'offensive allemande de l'hiver fait plusieurs millions de victimes. Les soldats qui ne succombent pas à leurs blessures sont vaincus par le froid et la faim. Nicolas II visite le front avec un réel courage et ne craint pas de s'exposer. Il décide même d'assumer personnellement le commandement en chef de ses armées. Désormais, il séjourne au grand quartier général de Moguilev, tandis que son épouse, Alexandra Federovna, reste à Petrograd sous l'influence de Raspoutine. En 1916, les grèves reprennent et éclatent partout. Le prolétariat affamé réclame la paix et du pain. Le 23 février 1917, c'est la marche des femmes à Petrograd que décrit si bien Alexandre Soljenitsyne dans *La Roue rouge*. C'est le 27 février que tout bascule. Des régiments de réservistes stationnés à Petrograd, acquis aux idées révolutionnaires, sont passés du côté des insurgés. La troupe fraternise avec la rue. Elle libère les détenus politiques, s'empare du palais d'Hiver et marche sur le palais de Tauride, où siège la Douma, la Chambre des députés. Les députés prennent peur et de crainte d'être massacrés désignent un Comité provisoire, un gouvernement de douze membres. Dans le même temps, les socialistes composent dans une salle voisine un Soviet d'ouvriers et de soldats. A partir de cet instant, la page de la Russie impériale est définitivement tournée, le chemin des tourments est ouvert.

RÉVEILLON AVANT LA RÉVOLUTION

Pourtant, les lambeaux heureux d'une époque révolue demeurent attachés dans les foyers quand, à l'abri de la neige, dans les maisons chauffées par les poêles en faïence, on se réunit pour fêter le nouvel an. Chez les Brik, ce soir-là, on fera encore la fête. C'est le dernier réveillon avant la révolution. Maïakovski, par sa présence et ses amitiés littéraires, a changé les fréquentations du couple. Les poètes et les artistes ont remplacé les manufacturiers et les banquiers. Lili a commencé à prendre des leçons de ballet et c'est une maîtresse de maison radieuse qui accueille les invités qu'on a priés de se déguiser. Elle a tendu tous les murs de blanc, les bougies brillent sur le sapin. Il est orné de verroteries et de cheveux d'ange. Dans l'appartement immaculé, la fête commence. Lili s'est composé, pour ébahir ses amis, une coiffure en hauteur qui rappelle une pagode chinoise. Elle a choisi le costume plus modeste de Pierrot, mais ses yeux vifs jettent des éclairs dans son visage de craie. Tout le gratin de la littérature révolutionnaire russe est là, y compris Shklovski, le brillant critique littéraire, célèbre pour ses recherches formalistes et qui est depuis plusieurs mois amoureux fou d'Elsa. Plus tard, il lui consacrera son fameux roman, *Zoo*. Maïakovski, et son ami, le poète Kamenski, se sont peints en blanc. Durant cette soirée, Vassili Kamenski demandera la main d'Elsa. La proposition sera tout de suite rejetée. Se marier à vingt et un ans, quelle folie, pense Elsa Kagan. Pourtant, un an plus tard, la jeune fille signera son courrier du nom d'Elsa Triolet.

En mars 1918, l'empire n'a plus de tsar. Celui-ci est devenu le « colonel Romanov ». Il a regagné Tsarskoïe Selo, où il espère mener en paix une existence de gentilhomme à la campagne. Mais c'est une véritable détention qui l'attend au palais Alexandrov. Toute la famille est placée sous la dépendance directe du ministre de la Justice, le socialiste Kerenski. Le monde politique russe se déchire, l'armée est en déroute. Animées par la propagande bolchevique en faveur d'une paix signée immédiatement et sans condition, les désertions se multiplient. C'est alors que Lénine surmonte la réticence des révolutionnaires de la première heure contre le coup d'État. Il veut prendre le pouvoir et pourra dira plus tard : « Les bolcheviks n'ont pas pris le pouvoir, ils se sont contentés de le ramasser sur le bord de la route. » La guerre civile s'installe, les grandes villes sont en proie à la famine. La lutte entre les Blancs et les Rouges commence. Elle est sans merci.

Pendant cet hiver meurtrier et glacé de 1918, Elsa, malgré les fréquentations révolutionnaires de son beau-frère et de sa sœur, demeure antibolchevique. Elle confiera plus tard à André Thirion : « Comment pouvez-vous être communiste ? La révolution est un phénomène épouvantable. Peut-être changeriez-vous d'avis si vous aviez vécu comme moi, une révolution. En 1917, je détestais les bolcheviks, maintenant, je ne les aime pas beaucoup. » Elle n'a qu'une idée : fuir cette tragédie. Or un jour, à Moscou, par un temps particulièrement froid, en cet hiver, à la fois blanc et sanglant, Elsa Kagan rencontre un élégant Français qui travaille, depuis plusieurs mois, à la Mission militaire de France en Russie sous la direction du capitaine Jacques Sadoul. Il s'appelle Marie-André Triolet, mais il est si affable que les Russes l'ont surnommé « Petrovitch ». Il appartient à une bonne famille de propriétaires terriens et par son élégance vestimentaire, son choix de cravates éblouissant, ses manières de gentleman-farmer, il présage le dandysme des années vingt. Elsa, sa future femme, y sera aussi sensible lorsque, dix ans plus tard, elle croisera à La Closerie des Lilas, un talon « rouge » et génial, vêtu comme un prince : Louis Aragon. Mais quel est donc le rôle de cette Mission française, ou, plus exactement, quel sens va lui donner Jacques Sadoul ?

ANDRÉ TRIOLET OU LE DANDYSME FRANÇAIS

Au début, cet homme à l'activité infatigable est un parfait serviteur de l'État français. Il n'a qu'une inquiétude, mais elle est mineure, le peu d'intérêt que porte son principal collaborateur, André Triolet, aux questions politiques. En effet, ce dernier use surtout de son charme français pour explorer l'étendue du mystère féminin russe et de sa force virile pour dompter de rétives montures. Sa seconde passion est en effet un amour inextinguible des chevaux. Jacques Sadoul, lui, a aussi deux passions, mais elles sont intellectuelles, sinon idéologiques : Trotski et Lénine. Il submerge son ministre de la Guerre de l'époque, Albert Thomas, de notes confidentielles, pour faire l'éloge de ces « deux êtres d'exception ». Il développe dans ses télégrammes et son courrier une idée qui fera son chemin : pour battre l'Allemagne la France n'a pas de meilleure carte que celle des bolcheviks, qui ont pris en main l'armée. Auprès du ministre, il se vante aussi de son influence sur les leaders bolcheviques. Mais les événements ne donneront pas raison à ses analyses, puisque, sur l'insistance de Lénine, les préparatifs du traité de paix de Brest-Litovsk seront accélérés. Malgré cette décision, Sadoul se sent toujours plus proche des bolcheviks et, outre sa qualité de représentant de la France, il mène une carrière journalistique qui lui permet de répandre ses idées dans les publications parisiennes. Finalement, sa passion pour la révolution russe l'emportera sur le reste. Il quittera son poste pour servir d'abord Trotski, puis Lénine. Arrêtons-nous un instant sur cette conversion foudroyante et irrémédiable. L'Histoire montrera qu'elle n'est pas un cas isolé et nous verrons combien d'intellectuels français emprunteront ces chemins qu'ils croient ceux de la liberté, sur lesquels ils ne distinguent pas les empreintes rendues pour eux invisibles des pas qui conduisent trente millions d'humains à la mort. Un chiffre qui n'a rien de légendaire malheureusement, l'envergure de ces crimes ayant été confirmée ces dernières années par la Commission officielle russe qui s'est consacrée à la réhabilitation des victimes de la terreur stalinienne présidée par une figure incontestable Alexandre Iakovlev. Quand Sadoul a définitivement rompu les liens avec son gouvernement, il devient l'instructeur en chef de l'Armée rouge sous la houlette de son ami Léon Trotski, alors commissaire à la Guerre. Il est même mandaté alors par la IIIe Internationale (organisation qui réunissait tous les partis communistes sous l'autorité de Moscou) pour remplir des missions secrètes en Italie et en Allemagne. Les services rendus au pays des Soviets lui coûteront d'une part une condamnation à mort par contumace pour haute trahison en France en 1919 et lui vaudront, d'autre part, la plus haute distinction soviétique : l'ordre du Drapeau rouge.

En 1925, il pourra revenir en France exerçant même le métier d'avocat à Paris où il jouira des joies de Montparnasse avec ses compagnons de route, Ilya Erhenbourg, Aragon et Elsa. Triolet, ce cavalier intrépide, ne tombera pas, lui, sous le charme des sirènes rouges. Il préférera épouser Elsa et lui proposer le voyage de l'oubli, loin de la guerre civile, dans un décor exotique et enchanteur, Tahiti. Les amoureux y vivront une existence languide sur des fonds peints par Gauguin. Elsa a laissé une description de ce séjour aux îles dans le premier roman qu'elle a écrit, *Tahiti* : « Deux cinémas, plusieurs églises, des voitures Ford, dans les rues l'électricité, les bars, les danses. » Le décor est esquissé et on comprend combien il est réconfortant pour une jeune femme venue du froid qui sait qu'elle vient de préserver sa vie en échappant au désastre révolutionnaire. Mais l'idylle dans les îles n'est-elle pas une perpétuelle et trompeuse carte postale ? Elsa va bientôt connaître le négatif de ce cliché de rêve. Bien sûr, elle doit aller acheter des provisions à la ville en vélo. Et la jeune fille paresseuse de la petite bourgeoisie russe, devant cet effort, commence à regretter le bon vieux temps d'avant la révolution quand, à Moscou, les babouchkas lui servaient le thé aux baies sauvages. L'après-midi, elle fait une douce sieste avec son mari, mais les querelles deviennent de plus en plus fréquentes. Alors, elle s'isole et lit la Bible ou passe des heures à feuilleter des magazines illustrés. Elsa a décidé d'enseigner le russe à Triolet, mais André n'aime consulter que les ouvrages équestres et les hebdomadaires hippiques. Elle commence à comprendre que l'homme qu'elle avait pris pour un mari entreprenant – non seulement à son égard mais aussi dans les affaires – est plutôt un personnage comme le héros des *Ames mortes* de Gogol, Manilov, qui montre surtout dans ses rêves de fortune une capacité remarquable à bâtir des châteaux de sable. André, séducteur nonchalant, continue d'accumuler des conquêtes et se prend d'un goût tenace pour les vahinés. Il profite de ses voyages d'affaires pour faire connaissance avec les natives de Polynésie. Le 27 juillet 1920, Elsa fait une démarche. Elle veut un passeport pour se rendre à Paris. En considérant ce mari détaché et dandy qui est le sien, elle pense peut-être à celui qui fut son supérieur, Jacques Sadoul, grave et déterminé, dont l'embonpoint rassurant et l'appétit imbattable l'avaient impressionnée. Elle ne peut alors imaginer qu'il recroisera bien souvent son chemin et qu'il deviendra à Paris un de ses meilleurs amis, qu'elle appellera familièrement Jakchick. Quand Elsa explique finalement à André Triolet qu'elle veut le quitter, l'élégant gentleman montre beaucoup de grandeur d'âme. Mieux, il mise comme un parieur sur l'avenir de son coursier et décide de doter sa femme d'une somme d'argent rondelette qui lui permettra de sauter les premiers obstacles. Se reverront-ils ? Oui, quelquefois. Notamment pendant le congrès pour la Défense de la Culture à la Mutualité de 1935 dont Elsa, déjà engagée à fond dans les jeux dangereux de la Russie stalinienne, sera l'organisatrice efficace aux côtés de son nouveau mari, Louis Aragon et d'Ilya Erhenbourg, l'âme damnée du Petit Père des Peuples. Là, au milieu des palabres interminables du gratin de l'intelligentsia mondiale étroitement surveillée par les compagnons de route,

André Triolet trouvera tout de même un interlocuteur à sa hauteur en la personne d'Isaac Babel, l'auteur plein d'humour et de malice des *Récits d'Odessa* qui s'est signalé en héros aux avant-gardes de l'Armée rouge dans les charges redoutables de l'intrépide cavalerie de Boudenny. Ils fument quelques cigares, boivent ensemble un cognac et parlent toute la nuit de chevaux. A la différence d'Elsa, on peut dire d'André Triolet que la politique n'est pas son dada. Hélas, le bonheur de Babel ne durera pas. Malgré ses chevauchées fantastiques et ses entrées au cœur des services secrets, cet écrivain d'un talent exceptionnel sera impitoyablement sacrifié dans les purges staliniennes.

Elsa, le cœur léger, a quitté la Polynésie pour Londres où l'accueille son oncle, le prospère manufacturier Borman. Elle a tourné la page du dandy aux cent cravates pour s'étourdir dans les bars et dancings avec sa sœur Lili qui, elle aussi, a trouvé refuge pour quelques semaines dans la capitale de l'empire britannique. Les deux sœurs se racontent leurs vies et les passages difficiles qu'elles viennent de franchir. Lili chuchote à sa sœur que son mari, Ossip, non seulement continue ses recherches théoriques dans le domaine de la littérature mais s'est encore engagé plus avant dans la redoutable police politique des bolcheviks dont le seul nom fait trembler : la Tcheka. Après Londres, c'est à Berlin que les deux sœurs vont pouvoir mesurer combien leurs armes sont appréciées au-delà des frontières, au-delà des patries. La période la plus dure de la Révolution est passée, Lénine a entrepris une nouvelle politique économique qui prévoit la restauration dans leur rôle des petites entreprises privées. Les voyages sont devenus plus faciles. Maïakovski n'a pas changé, dit Lili à Elsa, sauf qu'il est devenu le propagandiste du nouveau régime. Il est évident désormais que les Brik et Maïakovski sont à part entière engagés dans la mécanique de la propagande. Celle où reculer serait suicidiaire finira, selon nous, par broyer Maïakovski en le parant de la prestigieuse image du suicide d'un poète. L'entourage, les réseaux, les fréquentations, les amitiés et même les amours qui vont décider du destin de Brik et de sa femme sont trop souvent liés au monde de la police politique pour qu'on puisse omettre d'en parler. Grâce à Alexandre Iakovlev, nous avons pu, aidés par les archivistes de l'ancien Comité central du PSUS et de l'ancien Institut du marxisme-léninisme, et confirmés dans nos recherches par notre amie Marina Lochak, qui fut la collaboratrice dévouée du musée Maïakovski, analyser les fréquentations d'Elsa et de Louis Aragon à Moscou en tant que familiers de Lili et d'Ossip Brik, qui resteront leurs amis jusqu'à la fin. Et si, dans cette recherche, on met de côté les affinités littéraires et naturelles autour du groupe de « LEF », on est saisi par la quantité énorme de collaborateurs de la Tcheka, du Guépéou, et du NKVD, les trois différentes appellations des services secrets russes de l'ère communiste, à commencer par Yakov Savlovich Agranov, qui rencontra Maïakovski en 1928 et deviendra l'amant de Lili en 1929. Il est clair qu'Ossip Brik, même après sa démission officielle de la Tcheka, a sauvegardé des liens étroits avec cette organisation. D'ailleurs, comme le remarque si pertinemment Pierre Daix dans *La Vie quotidienne des surréalistes 1917-1932* qui fait autorité : « Le suicide de Maïakovski, le 14 avril 1930, fit entrer en scène Elsa Triolet, jusque-là plutôt considérée comme une consolatrice d'Aragon, moins vite assurée de sa conquête qu'il ne l'a raconté par la suite, mais désormais bien en possession du brillant poète sur lequel elle avait jeté son dévolu. Elsa était une femme de tête, mais [...] sa naissance juive en Russie, son mariage avec un officier français, pour fuir l'URSS, lui avaient enseigné à concevoir une stratégie très méditée de son existence, dont l'amour était une donnée d'agrément : l'appartenance si possible conjointe à la France et à l'Union soviétique, une perspective d'avenir. Aragon apportait, si elle savait le garder et le guider, l'un et l'autre. [...] L'air d'un fonctionnaire à lorgnons, critique cultivé, théoricien du cubo-futurisme, Brik a été un personnage de premier plan dans les affrontements entre tendances rivales de la bureaucratie littéraire dans l'Union soviétique des années 1920. La rumeur voulait qu'il y soit un "tchékiste" c'est-à-dire un membre de la police politique. Ce qui n'avait encore, à l'époque, rien de péjoratif dans l'intelligentsia... ou presque.

Sans nul doute, Elsa n'avait pas accès à toutes les informations de son beau-frère, mais elle était assez fine mouche pour savoir ne pas jeter un regard innocent sur les tensions entre groupes d'écrivains, comme entre écrivains et pouvoir, qui s'exacerbaient alors en URSS et dont, précisément, le suicide de Maïakovski révélait le côté parfois implacable[1]. »

FEMME SEULE À MONTPARNASSE

Mais revenons en arrière. Quelle est la situation exacte en 1922 ? Maïakovski est l'éditeur national du journal *LEF*, dont Ossip Brik est coéditeur. Le poète travaille aussi activement pour Rosta, l'agence télégraphique russe. Les rôles sont partagés, tandis que les hommes travaillent par leurs écrits à la propagande, Lili, en bonne égérie, s'occupe de relations publiques avec les piliers du régime. Entre le président de la République socialiste de l'Extrême-Orient, le bolchevik Alexander Kranoshchokov, dont le vrai nom est Tobinson, l'espion Aranov et le héros de

1. Pierre Daix, *La Vie quotidienne des Surréalistes 1917-1932*, Paris, Hachette, 1993.

la guerre civile, le légendaire et fougueux général Primakov, Lili Brik n'a que le choix. En vérité, ils ont été à tour de rôle ses intimes. Il faut replacer ces amours dans le contexte de cette Russie tourmentée où tant de convictions ont basculé, où tant de valeurs sont violentées, où toutes les recherches sont tentées et où l'appel puissant de la survie est l'annonciateur caché de la terreur. Les hommes forts du régime trouvent en cette femme généreuse, spontanée et gaie comme un repos du guerrier qui présage leurs destins tragiques. Car, en cette année 1924, Lili a toutes les raisons de se croire comblée par la vie. Un amant glorieux, le plus grand poète de la Russie, un mari admiratif et tolérant, une réputation d'étoile de la politique et d'inspiratrice de la littérature, les soutiens sans faille des plus hautes autorités du régime et enfin une liberté de voyager retrouvée. Même si Vladimir Maïakovski connaît à cette époque une nouvelle vague de contestations de son art, l'influence de Lili et le soutien d'Ossip sont de nature à assurer la permanence de sa célébrité et à contribuer efficacement au maintien de son statut de chantre et de symbole de la révolution russe.

Quant à Elsa, elle vit dans le même temps une des périodes les plus inquiètes de son existence. Elle habite à Paris l'hôtel *Istria* à Montparnasse où Fernand Léger lui a trouvé une chambre grâce à l'intervention de son ami Vladimir Maïakovski. Ce ne sont pas les amants de passage qui peuvent chasser son angoisse, ni l'écrivain énigmatique de l'île Saint-Louis ni le fameux champion de jeu d'échecs. Pourtant, à chaque rencontre, elle croit qu'elle va connaître l'amour fou. Elle est taraudée par une nécessité intense : trouver l'homme de sa vie, d'autant que les expériences amoureuses de sa sœur deviennent pour elle une hantise. Du côté de la littérature où elle rêve de rendre son nom éternel, le succès n'est pas au rendez-vous. Si ses romans – *Fraise des bois, Tahiti* et *Camou-*

flage – ont reçu un accueil plutôt sceptique, ils sont tout de même publiés en Russie, mais sont dépassés par la pléiade géniale des écrivains de la première et de la deuxième générations de la révolution russe, du médecin Mikhaïl Boulgakov à l'aristocrate Alexis Tolstoï. A Paris, Elsa voudrait bien être publiée mais elle subit le handicap terrible de la langue dont elle parle avec angoisse : « Je suis une sans-patrie... C'est peut-être cela mon malheur... Je suis terriblement à plaindre... Moi, je suis la cosmopolite, je suis l'indifférente, la solitaire. J'ai beau aimer la France... » Comme presque toutes les égéries, elle rêve d'intégration, et de reconnaissance par l'amour. C'est dans cette atmosphère que, déprimée, elle omet d'évoquer de temps à autre son origine russe laissant croire que Triolet serait son nom de jeune fille. Pourtant elle restera et ce sera sa gloire, une Russe de Paris et, après des moments d'abattement, elle chantera elle-même cet état en des lignes admirables. Ainsi dans *Le Rendez-vous des étrangers*, elle écrit : « Les gens du Montparnasse formaient une sorte de Légion étrangère qui n'avait aucun crime sur la conscience autre que de se trouver hors de son pays, de son milieu... Paris nous avait abandonné ce coin-là... Ce milieu des sans-milieu, il était parisien comme Notre-Dame ou la tour Eiffel[1]. » Elsa a raison, mais elle ne sait pas jusqu'à quel point. C'est le Tout-Paris de l'esprit qui est charmé par les Russes. Et d'abord André Breton, pape du surréalisme, qui décide d'intituler son roman *Nadja* en hommage à cette russitude magnifique qui a envahi Paris en quête de son absolu : « Nadja, parce que, en russe, c'est le commencement du mot espérance et parce que ce n'en est que le commencement. » Mais les Russes vivent sans le sou dans des mansardes, la bohème, comme

1. Elsa Triolet, *Le Rendez-vous des étrangers*, Paris, Gallimard, 1956.

le raconte Ilya Erhenbourg : « J'étais comme d'habitude dans un café du boulevard Montparnasse devant une tasse vide et attendais que quelqu'un par six sous me libère d'un garçon de café patient... Nous allions très rarement au théâtre, non seulement parce que nous n'avions pas d'argent, mais plutôt parce que nous étions obligés de jouer nous-mêmes dans une pièce longue et compliquée. Je ne sais pas comment on l'appelait. Une farce, une tragédie ou une revue de cirque, ou peut-être faut-il mieux utiliser le terme inventé par Maïakovski, "Mysteria-bouffe". Sur le plan extérieur, La Rotonde apparaissait d'une manière pittoresque, mélange de tribus, de gens qui ont faim, de débats d'idées passionnés, mais cet assemblage d'êtres que la société refusait était d'autant plus curieux à considérer que tous allaient connaître une reconnaissance posthume. Maintenant, cet esprit pittoresque séduit les producteurs de cinéma... Ce qui frappait le plus, c'est l'éparpillement des caractères et la diversité des types humains, la différence des langues : on aurait pu se croire dans un pavillon de l'exposition ou à la répétition générale de congrès à venir. Les poètes français, Guillaume Apollinaire, Max Jacob, Blaise Cendrars, Jean Cocteau, André Salmon, les peintres Léger, Vlaminck, les Espagnols, Picasso et Juan Gris, les Italiens, Modigliani et Severini, les Mexicains, Diego Rivera et Sarrage, les peintres russes, Chagall, Soutine, Larionov, Gontcharova, Sterenberg... Marevna, les Polonais Kissling et Marcoussis, les Japonais Fujita et Kavachima. L'aspect extérieur de tous ces artistes stupéfiait les visiteurs. Personne, par exemple, ne peut décrire d'une manière définitive la tenue de Modigliani ; dans les bonnes périodes, il porte un veston de velours clair agrémenté d'un foulard rouge. Quand il a commencé à boire, à mendier et à être rendu malade par l'alcool, il n'était plus vêtu que de lambeaux aux couleurs intenses. Le Japonais Fujita arborait un kimono confectionné à la maison, Diego Rivera brandissait sa canne mexicaine à pommeau, sa bien-aimée, l'artiste Marevna, aimait se parer de teintes vives et s'exprimait d'une voix à la fois forte et aiguë, le poète Max Jacob habitait à l'autre bout de Paris, déjà à Montmartre. Aussi n'arrivait-il qu'au milieu de la journée en tenue de soirée, avec un plastron immaculé qui frappait l'imagination, portant dignement son monocle. L'Indien avec des plumes montrait ses pastels. Une négresse Aïcha jetait sa tête en arrière, ses petits cheveux frisés de couleur bleu foncé. Dans une cascade de rires, elle montrait la brillance de ses dents magnifiquement blanches. Le sculpteur Zadkine venait avec sa blouse de travail, inévitablement accompagné d'un énorme dogue danois connu par tous pour son mauvais caractère. Le modèle Margot se déshabillait comme à l'accoutumée et disait que son rêve le plus tendre serait de devenir reine. J'étais étonné et je lui en demandai la raison. Elle me répondit : "C'est parce que, mon pauvre ami, chaque homme désire violer la reine[1]". »

Il y avait donc véritablement une ligne Moscou-Montparnasse qui, avec l'arrivée du premier ambassadeur soviétique à Paris en 1924, allait intensifier la passion des allers retours. Moscou-Montparnasse aurait pu être le nom de l'express Rouge.

Quand nous sommes retournés à la résidence de l'ambassadeur de l'URSS rue de Grenelle avec Louba d'Astier de La Vigerie, elle nous désigna un petit salon en disant : « Là, c'était mon boudoir. » Elle évoque alors la brillante jeunesse de celles qu'on appelait « les Trois Sœurs ». Les filles de Leonid Borissovitch Krassine, révolutionnaire russe. Trois belles adolescentes débarquant à Paris : Louba, Katia et Lioudmilla à l'époque des salons

1. Ilya Ehrenbourg, *Lioudi, Gody, Gizn*, traduction des auteurs, Moscou, L'Écrivain soviétique, 1990-1991.

où elles furent vite reçues rencontrant les personnalités du temps les plus brillantes, les plus extravagantes comme Cocteau et Jean Hugo. Louba Krassine nous raconta comment elle était devenue mannequin chez Madeleine Vionnet et comment avec ses sœurs elle provoquait la curiosité des Français. Elle se souvenait de la grande époque du palais Rose et des réceptions éclatantes chez Boni de Castellane. Elle n'oubliait pas non plus ses bêtises ou les maladresses de ses sœurs. Ainsi, c'est à Paris qu'elles avaient appris à conduire avec la Rolls de l'ambassade qu'avait laissée là, en cadeau à son compagnon de route Krassine, le redoutable Vladimir Ilitch Lénine. Un jour dans une jolie étourderie, sa sœur Katia a heurté avec la Rolls russe un tramway français, presque un incident diplomatique. Ces souvenirs pittoresques sont comme les icônes d'une époque où la controverse sur la Russie est à son comble. Elle attire, elle effraie, elle répugne, elle fascine. C'est dans ces années vingt que le premier ambassadeur soviétique arrive à Paris. On attend le bolchevik avec un couteau entre les dents. On voit arriver à la gare du Nord, un monsieur propret à barbichette portant petit chapeau et col cassé et pourtant c'est lui, Leonid Krassine, l'ancien commissaire du peuple qui restera fidèle à ses convictions jusqu'à la fin de ses jours. Diplomate, ses manières sont parfaites, mais cela ne l'empêche nullement de commencer, dès son arrivée, à mettre en musique, dans un concert international, les premières mesures de l'orchestre rouge destinées au public occidental. Plus tard, la fille de Krassine, Louba, épousera un aristocrate français de gauche, un « marquis rouge » comme on disait à l'époque, qui s'est révélé pendant la guerre un grand héros de la résistance créant le réseau « Libération », Emmanuel d'Astier de La Vigerie, ministre engagé, écrivain de talent, merveilleux journaliste.

Louba se souvenait encore du jour où il reçut le Prix

Lénine de la Paix qui lui fut remis à l'hôtel *Lutétia*, le palace préféré des Russes à Paris. C'est encore à la résidence de l'ambassadeur, l'élégant hôtel d'Estrée, que nous avons rencontré Maria Pavlovna Romain Rolland, au 79, de la rue de Grenelle, l'adresse bien connue des compagnons de route et de leurs compagnes.

« IMAGINEZ LA BEAUTÉ ENTRANT DANS UNE PIÈCE... »

Elsa Triolet appartient déjà au Paris des « Montparnos » quand Maïakovski débarque le 2 novembre 1924. Pour elle, c'est une bouffée d'air pur, une chance, une relation charmante, une possibilité de montrer qui elle est, en Russie. L'arrivée du poète avec lequel elle est si liée donne un brevet d'authenticité à sa qualité littéraire et à son image de Russe inspirante. Elle sait que son beau et brillant « beau-frère » va fasciner Paris. Elle va le chercher à la gare du Nord, mais elle le rate à cause d'un malentendu. Elle le retrouve rue Campagne-Première. Il arrive de Riga, *via* Berlin. Toujours aussi beau, toujours aussi grand, toujours aussi fou. Toujours aussi merveilleux. Vladimir Maïakovski dit à Elsa : « Nous faisons courir le bruit que tu es devenue jolie. Montre-toi. » Un peu vexée mais sûre d'elle, Elsa déploie toute sa nouvelle grâce parisienne. Le poète est heureux mais il parle de la poursuite de son voyage. Il attend un visa pour se rendre aux États-Unis. Avec Elsa, il fait des emplettes pour Lili à qui il écrit des lettres sentimentales lui disant combien elle lui manque, combien la voix d'Elsa lui rappelle la sienne. Il affirme à Elsa qu'à Paris il sera fidèle à Lili. Mais, en même temps, il veut tout découvrir et tout connaître de la Ville lumière. Ilya Erhenbourg joue les guides dans les boîtes, les soirées russes, les bars, le *Café Voltaire* et ces fameux cabinets particuliers des grands restaurants, où les artistes amènent leurs conquêtes et où Maïakovski déclame des vers. Quand tout est prêt pour le départ du poète vers les États-Unis, que la cabine est retenue sur le transatlantique, que l'argent nécessaire à la traversée trouvé par Lili Brik est arrivé – somme à laquelle on a joint les dons obtenus par la quête organisée par Elsa, et pour laquelle Man Ray, Brassaï, Robert Desnos et le peintre Jean Pougny se sont montrés particulièrement généreux – Maïakovski part finalement à la découverte du Nouveau Monde. Il en reviendra plein de poèmes sur New York et, malgré ses critiques de la métropole capitaliste, on sentira poindre une admiration du géant pour cette ville immense. Ne nous cachons pas les choses : qu'est-ce qui ressemble le plus à la Russie et à ses grands espaces que l'Amérique ? Dvořák saura le montrer dans sa musique. Maïakovski y fait aussi connaissance de belles Américaines et, au loin, Lili commence à s'inquiéter. On lui a même rapporté que le poète avait eu un enfant à Manhattan et, quand il rentre à Paris, elle pense venir le rejoindre.

A son retour Maïakovski reprend ses habitudes parisiennes, les rendez-vous poétiques, déclamatoires. Elsa qui, entre-temps, a fait un voyage en Russie, constate qu'il mène la joyeuse vie. Maïakovski a effectivement une maîtresse américaine et, de surcroît, vient de rencontrer une jeune Russe exilée de dix-huit ans, d'une beauté stupéfiante, dont il tombe éperdument amoureux. Elsa, quand elle l'a rencontrée, n'a qu'un mot : « Vous êtes presque aussi grande que Maïakovski ! » Le couple qu'elle forme avec le poète est spectaculaire. Si, au début, Maïakovski l'entraîne acheter des cadeaux pour sa femme, Lili, et que la jeune fille l'aide à choisir, bien vite, c'est lui qui fait son choix. Il n'a plus d'yeux que pour Tatiana Yakovleva. Elle exerce le métier de mannequin dans une maison de couture, elle est blonde et ses traits sont parfaits. Elle présage l'ère des *top model*, elle dont Elsa dit qu'elle ressemble à une photo de mode. Son allure, ses traits parfaits, ses cheveux courts et crantés, ses mains magnifiques, sa beauté majestueuse dans la danse, sa bouche ravissante et ses sourcils dessinés comme par un peintre ne suffisent pourtant pas à séduire le poète russe. Elle ne le conquiert tout à fait que lorsqu'elle récite par cœur des poèmes entiers d'Alexandre Blok et des vers d'Anna Akhmatova. Elle sait tout de la poésie russe, mais ne peut lire un seul poème de Maïakovski. Le poète est cette fois-ci à la fois piqué et enchanté. Chaque Russe connaît le célèbre poème qu'il écrira pour Tatiana :

Vous seule m'égalez par la taille.
Dressez-vous près de moi
Front contre front...
A Moscou, on a besoin
De toi et moi
On manque de longues jambes
Ce n'est pas à toi
Qui avec ces jambes
as traversé la neige et le typhus
de les abandonner ici
Aux caresses
Des magnats du pétrole
à des banquets[1]*...*

Tatiana se souviendra : « Il avait le génie de l'amour violent. Je n'ai jamais rencontré d'homme ayant une telle capacité d'amour. Son amour était une explosion. » Ils circulent tous deux dans la capitale et ressemblent à une réclame pour l'amour. Même Elsa crie son admiration

1. Poème cité par Dominique Desanti dans son ouvrage, *Les Clés d'Elsa*, Paris, Ramsay, 1983.

quand elle tombe sur la jeune fille en accompagnant Maïakovski chez un médecin : « Imaginez la beauté entrant dans une pièce, encadrée de fourrure et de colliers. » Le poète, cette fois-ci, est pris. Il finira par se jeter à ses genoux et pense sérieusement à l'épouser. Tatiana a l'URSS en exécration. Le deuxième mari de sa mère y est mort d'inanition pendant les grandes famines de 1912. C'est grâce à son oncle, le peintre Alexandre Yakovlev, qu'elle a pu fuir la Russie. Maïakovski écrit pour elle un de ses plus beaux poèmes. Tout cela éblouit Elsa mais la rend malheureuse. Non seulement elle n'a pas d'homme digne d'un tel amour, mais encore voilà que son « beau-frère » bien-aimé ne s'intéresse plus à elle et la quitte pour une dérive dangereuse. Par ce nouvel amour, il inflige à Elsa un démenti humiliant ; ainsi est-il capable d'échapper aux sortilèges de sa sœur. Elsa est vexée : on a osé lui dire que ce camouflage est un roman raté. Ce n'est pas tout : elle doute plus que jamais de son talent littéraire. Le soir, elle rentre désespérée dans sa chambre et pense même à se donner la mort. Le lendemain, avec courage, elle décide au contraire d'affronter la vie. C'est la force des égéries russes de ne pas chuter dans le désespoir aux pires moments des crises personnelles et de savoir repartir pour gagner le pari qui les sauvera. Entre-temps, elle aura prévenu sa sœur de l'apparition d'une dangereuse rivale. Sa sœur Lili Brik, qu'il nous a été donné de rencontrer dans les années soixante-dix à Paris à l'occasion de l'exposition « Maïakovski, vingt ans de travail », a évoqué pour nous toute la vérité de Maïakovski jusqu'à son suicide. Avec elle, nous avons parlé aussi du premier signal, le suicide de Essenine. Notre conversation s'est poursuivie dans le soir sur la ligne Paris-Leningrad qui a remonté le temps, jusqu'à l'écho de la déflagration fatale.

LILI BRIK : « MES HOMMES MAGNIFIQUES »

A l'hôtel *Astoria* de Leningrad, les murmures deviennent des cris. Le poète Essenine s'est suicidé dans sa chambre. Il a écrit avec son sang un dernier message. C'est l'année 1925. Staline vient de prendre le pouvoir. Maïakovski, l'ami du poète, est prévenu. Il qualifiera pourtant le geste du désespéré d'« aberration romantique ». Mais le sang est comme le sort : il fait trois petits tours et puis il s'en va. Contestataire qui s'est trouvé dans un régime qui exclut toute contestation, Maïakovski ne peut supporter cette contradiction et, le 4 avril 1930, il choisira, lui aussi, contre la persécution stalinienne, ce mouvement devenu presque poétique : la balle au cœur. « On m'accable de tant de reproches, on m'accuse de tant de fautes que, parfois, il me prend le désir de fuir n'importe où, rien que pour ne plus entendre les invectives. » Plus de cinquante ans après, l'hiver sur Paris a ramené ces ombres russes. L'exposition consacrée au poète envahissait les yeux d'affiches, d'espoirs insensés et de déclarations magnifiques. Chacun quittant les manteaux du froid pouvait y retrouver le futurisme russe et le « Front gauche de l'art » avec des joues fraîches, sanguinaires, des couleurs, des défis, des phrases qui se veulent à la fois tableaux de maîtres et idées de visionnaires : « Les rues seront nos pinceaux et les places nos palettes. » Maïakovski travaille à transformer tout regard en révolution : « Je sens que je suis une usine soviétique produisant du bonheur. » Sur les photos déjà noircies de légendes, il est là, immense, sombre, un visage trop régulier de footballeur américain, mais aussi le front large, la vague d'une bouche qui attaque toute falaise en vue, le courage de dire, la dignité de cracher sur l'ennemi vulgaire. « Vous n'êtes pas compris des masses », reprochait-on à Maïakovski. « Comme vous méprisez le peuple », répliquait-il.

Lili est venue à Paris pour l'exposition. Pommettes mongoles, cheveux roux avec une longue natte dans le dos, petites mains décidées et jolies, la femme d'Ossip Brik, la sœur d'Elsa Triolet, le grand amour de Maïakovski habite près de Moscou dans un village réservé aux écrivains. Elle atterrit à Charles-de-Gaulle, où l'attendait depuis deux heures Louis Aragon avec des roses jaunes et rouges. Elle a regardé cet aéroport « pour fous » et son visage a aussitôt retrouvé le parfum d'autrefois. Elle est allée à l'ambassade d'Union soviétique pour demander une prolongation de son permis de séjour. Et la voilà avec ses yeux si intelligents, assise devant nous. « Maïakovski disait toujours : "Personne ne m'aime." Dès qu'il téléphonait à un ami pour jouer aux échecs et que celui-ci n'était pas libre, il criait à la trahison. » Elle sourit. On croit presque qu'elle parle d'un grand enfant attendrissant. « Il se plaignait du temps qui passait. Il ne voulait absolument pas être vieux. Je lui disais : "Mais regarde donc Tolstoï, Goethe, Shakespeare. On n'a jamais dit d'eux qu'ils avaient perdu leur talent." On ne disait pas "le vieux Shakespeare". Il ne voulait rien savoir... Il adorait jouer au billard... Nous avions loué une villa, mais nous n'avions pas d'argent... Essenine venait nous voir et aussi Eisenstein, le cinéaste, qui était si cultivé et parlait presque toutes les langues... Maïakovski détestait les bureaucrates et ne supportait pas ses propres échecs. Il passait de la gaieté à la tristesse... il était grand et beau, tout le monde le reconnaissait dans la rue et les cochers l'appelaient par son prénom... Même quand nous avions nos "romans" il dormait toujours à la maison. » Les « romans » de Lili Brik n'étaient pas ceux qu'écrivait sa sœur Elsa aux beaux yeux. C'étaient des aventures amoureuses, tout simplement. « Et Maïakovski aussi, de son côté, faisait la cour à toutes les femmes, surtout à celles qui ne voulaient pas de lui », précise-t-elle avec malice, alors elle se met à rire d'indulgence sur eux-mêmes, ce grand couple d'enfants. Et puis, tout à coup, grave, en observant l'un de nous prendre des notes, elle remarqua : « Comme c'est curieux, vous écrivez comme Maïakovski. Il s'est tué de la main gauche. »

Lili, jusqu'à la fin de sa vie, ne cessera de raconter qu'elle a connu des hommes magnifiques. Elle parlait avec tendresse aussi bien des amants que des amis, notamment de Pierre Bergé, qui a fait de ses derniers séjours à Paris, disait-elle, « la consolation des malheurs de sa vie ». Deux histoires revenaient souvent dans ses récits, prouvant que la magie qu'exerçait cette femme dans ses amours avait même parfois pour effet d'effacer les jalousies conventionnelles. Alors que nous l'interrogions inlassablement sur Maïakovski, elle nous fit une réponse qui ne manqua pas de nous surprendre, indiquant que le plus grand choc physique qu'elle avait ressenti dans l'épanouissement de ses quarante-quatre ans ne venait pas du poète, mais du beau général Primakov, son cadet de quatre ans. Il était alors paré d'un double prestige ; héros de la guerre civile et l'un des trésoriers de l'Armée rouge. Au moment de ce coup de foudre réciproque, le général, tout à son amour dévastateur, allait subir un préjudice qui aurait pu lui coûter la vie. Une main indélicate, ou plutôt deux, avaient puisé une somme faramineuse dans le coffre-fort du trésor de l'Armée. Primakov, cette fois-ci, avait perdu son calme légendaire. Il s'était tourné vers Lili. Que faire ? Affolée, elle raconta son grand malheur à ses proches, sans pouvoir imaginer la moindre solution. Elle s'en ouvrit aussi à celui qui fut son amant pendant de longues années, le richissime homme d'affaires Lev Grunkiug, l'oncle même de la ravissante artiste peintre Alex Grig, qui nous a rapporté cette histoire. Ce dernier lui demande quelques jours de délai mais promet de la tirer d'affaire. Il aura la générosité de vendre tableaux, objets de prix et valeurs pour réunir la somme nécessaire qui sera substituée à l'argent volé dans le coffre-fort de l'Armée rouge. Primakov, à son tour et d'une autre manière, suivra cet exemple de solidarité des amoureux de Lili, en osant transmettre à un Staline imprévisible une lettre d'elle, qui demandait au dictateur de faire le nécessaire pour rendre hommage à la mémoire de Maïakovski. Car, dans les années trente, certains avaient tendance à vouloir pousser son œuvre vers l'oubli. Staline recevra favorablement cette démarche mais cela ne l'empêchera pas de faire tuer Primakov pendant les purges de 1937.

Lili reviendra souvent à Paris. Elle goûtera ces instants délicieux, parfumés, aux beaux jours, par les feuilles des arbres de l'avenue Montaigne et les amitiés artistiques avec des talents comme Yves Saint Laurent dont bien des collections seront inspirées par la Russie. Grâce à ses amis, Lili prend des rendez-vous avec sa nostalgie. Dès qu'elle arrive au *Plaza Athénée*, elle demande à Alex d'être conduite dans son lieu élu, le bois de Boulogne, dont elle prononce délicieusement le nom à la russe en répétant toujours comme si c'était une destination de conte de fées « Bouloneskiles », « Bouloneskiles »...

Aujourd'hui, où les deux sœurs ne sont plus, comment ne pas évoquer le jour radieux où Elsa a cessé d'être une Russe exilée pour se sentir une muse française. C'est à *La Closerie des Lilas* qu'elle jette les yeux pour la première fois sur celui qui sera son plus grand amour. Et comment ne pas remarquer ce dandy au beau visage, au regard impérieux, vêtu de matières nobles, aux choix desquels il se consacre avec un souci digne d'Eugène Onéguine. Louis Aragon, le prince des poètes, est non seulement connu pour son charme évanescent, mais aussi pour sa langue admirable et sa poésie qui fascinent déjà les deux sexes. La cape rejetée sur l'épaule, le chapeau à large bord, la canne au pommeau précieux, Aragon ne craint pas de réunir tous les éléments de la panoplie des poètes qui font rêver. Les compagnons de ses errances nocturnes, Thirion et Sadoul, diront qu'il exerce sur les femmes un charme diabolique. A pied dans le Paris de Victor Hugo et de Baudelaire, ils se raccompagnent inlassablement les uns les autres en goûtant le plaisir suprême de cette conversation à la française où excelle par sa prodigieuse culture l'auteur des *Cloches de Bâle*. La nature de son pouvoir de séduction est composée des multiples facettes de sa personnalité. Cet enfant naturel, à la recherche d'une autorité paternelle évanouie, la retrouvera tout d'abord chez les surréalistes avec André Breton, dont il sera le brillant second, puis dans la figure emblématique de Staline. L'ambivalence qui domine sa vie entre l'engagement pur dans le communisme combattant et l'apparence aristocratique qui colore à la fois ses gestes et ses goûts ont fait dire à André Wurmser que Louis Aragon, à l'instar des petits marquis d'autrefois, était « rouge jusqu'aux talons ». Les témoignages sur la première rencontre entre Elsa et Aragon sont contradictoires. Si toutes les voix confirment que c'est Elsa qui a mené sa conquête avec une volonté farouche et une stratégie sans faille, il est difficile de démêler la légende de la réalité pour le premier contact d'autant plus que les amants-symboles de la poésie française ont su parachever leur légende en chef-d'œuvre. Cependant, ami proche de Louis Aragon, André Thirion a vu la scène se dérouler sous ses yeux. Lors d'un dîner autour de la table d'Argillet il nous a formellement confirmé sa première impression, l'attaque à l'abordage d'Aragon par Elsa : le soir de cette fête donnée pour Maïakovski à Paris en 1928, c'est la fièvre bleue du jazz, issue d'un gramophone noir, qui colore l'atmosphère de l'appartement. Paradoxalement cette fois-ci, la nostalgie russe a cédé la place au blues américain qui correspond exactement au vague à l'âme de Thirion. En bon ami, Aragon vient auprès de lui, à la fenêtre d'une loggia, pour le réconforter.

C'est alors que surgit Elsa qui, sans s'embarrasser de la présence de Thirion, va directement plaquer son corps contre celui du poète et l'entreprend sans façon dans un bouche-à-bouche têtu qui s'achève comme un baiser pour l'éternité.

Thirion, interloqué, reste seul. C'est dans son livre fameux *Révolutionnaires sans révolution* qu'il restitue la scène qu'il n'a jamais pu oublier : « Elsa avait obtenu ce qu'elle voulait. Aucun des partenaires n'avait été déçu. Ils quittèrent ensemble la loggia et dansèrent : ils n'étaient plus l'un avec l'autre comme avant... la petite Russe potelée, agréable, à la fois collante et effacée, avait fait place à une femme dont la peau appelait les caresses et l'amour, défendant, comme elle pouvait, par sa réserve et ses caprices apparents, la faiblesse de ses sens et son appétit de plaisir. » La partie n'est pas pour autant gagnée.

12

ARAGON DANS LES YEUX D'ELSA

Louis Aragon n'avait pas totalement évacué de son esprit ni de son cœur sa passion douloureuse pour Nancy Cunard, l'impétueuse héritière américaine de la Compagnie Transatlantique. De plus, d'autres femmes font obstacle à Elsa. Il y a cette Léna Amsel, une belle Yougoslave qui a les faveurs du poète. Elsa aborde d'emblée et sans peur cette femme lascive qu'on prête pour maîtresse à Aragon et la prie fermement de lui laisser la voie libre.

Impressionnée par la détermination d'Elsa, qui lui explique que Louis n'est pas important pour la jeune femme mais qu'il est essentiel à sa vie à elle, la langoureuse obtempère sans ajouter un mot. Elsa continuera d'avancer dans sa marche triomphale en utilisant la même méthode avec d'autres prétendantes qui n'ont pas sa détermination. Sa volonté d'acier lui fera faire des prouesses pour obtenir leur abdication. Jusqu'à montrer une insensibilité qui sera à l'origine de la réputation d'excessive dureté qui deviendra la sienne. Ainsi, elle va contrer Aragon chaque fois qu'il tente un geste de secours à l'égard de Nancy. Plus tard, en 1960, quand il interviendra par un article à la Une des *Lettres françaises* pour sortir Nancy d'un asile où elle a été enfermée à Londres après une crise de délire éthylique, elle s'insurge. Mais quand Nancy Cunard, mourante, supplie Aragon de venir lui rendre une dernière visite, sa jalousie l'emporte sur la compassion du poète qui s'abstiendra de tout signe. A d'autres reprises, ce caractère tranchant d'Elsa se manifestera sans montrer aucune pitié. Quand son oncle Borman, qui l'avait pourtant hébergée à Londres, lui demandera d'intervenir en faveur d'un parent persécuté dans les purges staliniennes, Elsa, qui alors bénéficie de toutes les entrées nécessaires à cette démarche à Moscou, préférera rester prudente en refusant nettement de s'entremettre. Dans ce couple idyllique, on ne badine pas avec la politique.

Après leur rencontre décisive, Elsa a investi l'appartement de Louis Aragon, rue Campagne-Première. Peu à peu, elle écartera les amis trop pressants et les rivales potentielles. Mais pour cerner et dominer tout à fait le caractère mouvant du poète et son tempérament inquiet, elle a décidé de le fixer politiquement. Elle dispose de plusieurs avantages : elle incarne pour lui la Russie éternelle, mais sait aussi lui faire comprendre combien la gravité d'un engagement va contribuer à la formation de sa personnalité littéraire. Enfin, elle établit ce pacte de fer qui lui donne le sentiment d'être pris en charge et d'être conduit à l'éternité poétique dans une carrière admirablement gérée mais tout entière consacrée, au milieu des mouvements du monde, au progrès humain. Cependant, défions-nous de tomber dans la caricature et écoutons l'analyse pertinente qu'Edmonde Charles-Roux livre à Bernard-Henri Lévy dans *Les Aventures de la Liberté* : « A travers Elsa, c'était la Russie... La Russie dont il avait appris la langue par jalousie, pour comprendre ce que l'on disait à Elsa. Il avait appris le russe en moins de deux mois parce qu'il ne supportait pas l'idée qu'on puisse parler à cette femme une langue qu'il ne comprenait pas.

Ceci pour vous dire à quel point, dans son esprit, Elsa et la Russie étaient confondues. Et puis il n'y avait pas seulement ça. Il y avait Maïakovski. Il y avait Pouchkine, qui était son dieu à cette époque-là ! On pouvait parler des heures de l'impossibilité de traduire Pouchkine. Donc voilà. Une extraordinaire emprise de la pensée, de la manière de vivre russe à travers une femme. Ou inversement. L'URSS à travers une femme, et cette femme à travers l'URSS. On peut discuter là-dessus. Mais c'est ça[1]... » Et d'ajouter dans ce documentaire, d'un regard droit et vert sous une paupière en amande, l'interrogation de la femme et la rébellion légitime de l'écrivain : « Qu'est-ce qu'on pouvait reprocher à Elsa ? D'avoir été aimée d'un homme très beau peut être une chose qu'on ne pardonne pas à une femme. Que cet homme lui ait été fidèle et lui ait voué un culte, c'est peut-être intolérable à beaucoup de gens. »

C'est vrai que désormais on voit Elsa de plus en plus souvent au côté de son beau poète. Deux fois par mois, les surréalistes se réunissent dans les brasseries de Montparnasse. Le mouvement, c'est dans sa nature, est perpétuellement animé par des secousses. André Breton vient de rejeter Soupault. La trinité surréaliste c'est désormais André Breton, Paul Éluard et Louis Aragon. Le maître joue habilement entre ses deux lieutenants, distribuant des faveurs à l'un ou à l'autre suivant son humeur. Elsa a du mal à supporter la soumission de Louis Aragon, devenu l'un des cardinaux du pape du surréalisme. Un jour, elle ose lancer à Thirion cette réflexion qui sonne comme un sacrilège : « Votre Breton, je le trouve assommant ! » Elsa qui a compris que, dans ce groupe d'hommes, elle n'avait que des ennemis, tente d'en détacher Aragon. Elle assiste

1. Bernard-Henri Lévy, *Les Aventures de la Liberté*, Paris, Grasset, 1991.

pourtant aux manifestations surréalistes et à leurs farces, ne serait-ce que pour approcher plus souvent l'homme qu'elle veut capter. Une photographie montre Aragon et Elsa à cette époque. C'est lors d'une nuit, boulevard de Clichy au cabaret *Le Paradis*. Tous deux sont assis dans un coin, ils se parlent, ils ont l'air absent de la mise en scène générale. Elsa est aussi présente quand, en février 1930, une expédition punitive est organisée contre une boîte de nuit qui a eu l'audace de se baptiser *Maldoror*, du nom du long et superbe poème d'Isidore Ducasse, dit comte de Lautréamont. Une soirée privée est organisée dans ce lieu par la princesse Cantacuzène qui se trouve être une amie de la poétesse Anna de Noailles. Elle a retenu le restaurant. Qu'importe, les surréalistes attaquent l'établissement et font des dégâts. André Breton bouscule le portier, René Char arrose les robes du soir de vin rouge, Thirion casse les vitres et la vaisselle. Le tenancier appelle la police. Quand elle arrive, Aragon, Elsa, qui sont restés dehors avec Éluard, Sadoul et Tanguy, prennent des airs innocents. Les surréalistes provoquent ainsi les gens du monde mais font aussi bon ménage avec eux. Quand les Noailles sont devenus les mécènes de Luis Buñuel, lui offrant les fonds nécessaires pour qu'il tourne et achève le tournage de *L'Age d'or*, une projection privée est organisée dans le salon particulier de l'hôtel de Noailles, place des États-Unis. Laquais à la française et tableaux de maîtres accueillent les révolutionnaires de la forme qui dévalisent le bar et se tiennent très mal. Les maîtres de maison, le vicomte et la vicomtesse de Noailles, ont eu l'extrême délicatesse d'être absents ce jour-là de façon que les surréalistes découvrent seuls et ensemble le chef-d'œuvre cinématographique de leur ami qu'ils ont eu l'élégance de financer.

ESPIONNE ?

André Breton ne tardera pas à exprimer quelques doutes à l'égard d'Elsa. Pour lui, c'est une espionne et il met franchement en garde Louis Aragon qui, d'après le témoignage de Thirion, en est très troublé. La presse de l'émigration russe ne cessera pas d'affirmer la même chose et cette rumeur accompagnera le couple durant toute son existence. Cette question étant posée sur la place publique, tentons à notre tour d'y voir clair à la lumière des sources russes enfin dévoilées, que nous avons pu compulser. Celles du Comité central et celles de l'Internationale communiste. Nous avons directement interrogé à Moscou les professionnels du KGB – et notamment le colonel Boris qui, sous des couvertures diverses, était chef de réseau à l'étranger – sur la réalité de l'affirmation péremptoirement avancée par Breton. Une chose est sûre. Le mari de Lili Brik a travaillé pour la police secrète russe du 8 juin 1920 au 1er janvier 1924, date à laquelle il a dû rendre sa carte de membre des services à cause de ses origines bourgeoises, victime d'une campagne menée à l'époque par la direction du parti. Mais ce serait mal connaître les habitudes des services que de penser que cette mesure signifie pour lui la cessation de leurs contacts. Cela expliquerait la relative impunité dont ont bénéficié les Brik ainsi que Maïakovski pendant les années vingt. Le même Brik sera ensuite chargé de préparer les contacts internationaux du premier Congrès des écrivains russes dans les années trente. Il est évident que ce travail est organisé avec le Guépéou puis le NKVD, deux appellations qui désignent la permanence du même service secret. C'est encore lui qui arrangera les contacts et lancera les invitations pour Louis Aragon et Jacques Sadoul pour le

Plénum international des écrivains révolutionnaires qui se tiendra à Kharkov le 15 août 1930. Les études pertinentes de l'universitaire et historien français Jean-Pierre Morel prouvent l'existence de liens organiques entre le Bureau international de la littérature révolutionnaire, qui a édité le journal *Vestnik* et l'Internationale communiste. Tous les collaborateurs de cette structure, dont Louis Aragon, devaient agir en conformité avec les directives de la IIIe Internationale. Celle-ci, à son tour, utilisait, comme c'est aujourd'hui de notoriété publique, les réseaux clandestins animés à l'étranger par les services secrets pour pénétrer les milieux internationaux et, si nécessaire, mener des actions subversives dont l'activité la plus mineure était l'émission de faux passeports. Cependant, le colonel Boris pense que même si Aragon a travaillé pour l'Internationale, ni lui ni Elsa ne peuvent être assimilés à des agents. C'est sous le vocable « d'agents d'influence » qu'il les qualifie pour leurs activités dans les années trente, notamment quand ils organisèrent la mobilisation des intellectuels français en faveur du soutien à Staline. Et seront les éléments moteurs du Congrès qui s'est déroulé à la Mutualité à Paris, en 1935.

La dernière semaine de septembre 1930, Elsa et Aragon sont dans le train qui les amène de Paris à Berlin et qui les conduira à travers la Pologne vers Moscou. Ils débarquent à Moscou où une voiture officielle les attend à la gare de Biélorussie ornée de marbre clair. La même année, Maïakovski s'est suicidé et pourtant le Comité d'accueil est plutôt gai, composé d'amis anciens de Lili souriante et de l'inévitable Ossip Brik. Ce premier voyage d'Aragon en URSS est celui de sa soumission totale au parti communiste. Afin d'être admis définitivement dans le chœur de l'Église marxiste léniniste, il va signer sans hésiter un document dont la lecture laisse pantois, qui le prive d'une grande partie de sa liberté et signifiera sa rupture définitive avec le mouvement surréaliste, avec les ardeurs de sa jeunesse et ses amis les plus chers. C'est sous l'influence d'Elsa et avec la complicité des Brik qu'il renonce ainsi à une partie de lui-même. Cet engagement est si ahurissant qu'avant d'en lire les termes, il est nécessaire de comprendre les circonstances qui l'ont conduit jusqu'à lui. D'abord, Aragon passe la nuit à Moscou. Par une volonté incantatoire étrange, Elsa conseille à son mari de dormir ce soir-là dans la chambre même où Maïakovski a été transporté après s'être donné la mort, dans l'appartement qu'il partageait avec les Brik, à Gendrikov Perioulok. Atmosphère macabre destinée à faire comprendre au poète français qu'il doit désormais reprendre le flambeau du poète révolutionnaire. Les Brik expliquent à Aragon qu'à Moscou l'atmosphère a changé. La relative liberté des années vingt est remplacée par une reprise en main très stricte des intellectuels. Staline a donné des consignes fermes d'alignement. Et selon toute probabilité, c'est déjà à Moscou que Brik prépare le terrain pour que Aragon et ensuite Sadoul, qui va les rejoindre plus tard, signent le document très dur d'autocritique sans quoi ils ne seront que les spectateurs et non les participants à part entière du Congrès pour lequel ils se sont déplacés et qui doit avoir lieu en Ukraine occidentale, non loin de la frontière polonaise, à Kharkov. Ce qui équivaut à un pacte avec le diable est proposé sans façon à Aragon. Pourquoi Elsa et les Brik le poussent-ils tant à signer ce document accablant ? Pour Elsa, c'est l'occasion de le séparer définitivement de ses amis, les surréalistes, qui n'ont jamais accepté la jeune Russe. C'est aussi le moyen de prendre maintenant la première place dans la hiérarchie familiale. Maïakovski est mort ; longtemps il a servi de porte-flambeau non seulement pour Lili mais pour tout l'entourage familial. Elsa veut transmettre à Louis le fanion laissé libre de premier poète révolutionnaire. Elle veut aussi montrer à ses proches en URSS que finalement, comme Lili, elle a su trouver un homme génial qui a fait d'elle une authentique égérie russe, un homme célèbre et enraciné dans la culture de son pays qu'elle a su ramener, par son rayonnement personnel, à la cause soviétique. Il est beau, et quelle revanche pour la petite fille humiliée de le montrer partout. En contre-jour apparaît aussi la compétition secrète avec la sœur. Pour la postérité, après que Lili se fut acquis le prestige de Maïakovski, Elsa montre à son tour qu'elle peut aussi sortir son atout, Louis Aragon, poète français. Car inutile de se le cacher, les deux sœurs ont à tout instant l'obsession de cette postérité. Cela nous a été confirmé par Alex Grig, amie intime de Lili comme d'Elsa, maintenant établie aux Etats-Unis : « Elles ne prononçaient pas une phrase, sans penser aux conséquences futures que leurs paroles pouvaient avoir pour leur réputation devant les générations à venir. » Ce désir de se promouvoir à travers un homme, partagé par les deux sœurs, est accompagné par la crainte aiguë du recul de Brik et la peur de la perte de son statut jusque-là fort confortable. L'heure est grave et même périlleuse. Il ne s'en cache pas auprès des deux femmes, elles-mêmes parfaitement conscientes que Brik est menacé par la lutte sans merci qui est l'effet direct du tour de vis sans pitié organisé par Staline : moins de conférences, moins d'argent, peu d'articles, des adversaires de plus en plus féroces. Et ce n'est pas l'ombre de Maïakovski, qui, depuis sa mort, est largement déconsidéré par ses adversaires, qui va servir de bouclier à la petite tribu. On ne cesse de leur rappeler, avec un air moqueur annonciateur de dangers : « Vous savez, Lénine déjà n'aimait pas tellement Maïakovski. » Ce n'est pas tout. La manœuvre a aussi deux avantages : pour Elsa, Aragon passe d'éternel second de Breton à premier.

Pour Louis, elle a un double effet ; il se détache de la domination intellectuelle de Breton et crée les conditions qui écarteront Henri Barbusse du magistère de la gauche intellectuelle française. Le « clan » passe donc à une contre-offensive générale. Cette fois, Elsa se sent généralissime et monte en première ligne. Aussi énorme que puisse apparaître l'obtention proche de la signature d'Aragon, on verra que ce n'est que le premier acte de la campagne de Russie, aussi glorieuse pour Elsa qu'elle le fut pour Koutouzov en 1812. Elle veut victorieusement camper à Kharkov comme les régiments de Cosaques bivouaquaient tranquillement sur les Champs-Élysées au début du XIXe siècle.

CANTATRICE DE L'ORCHESTRE ROUGE

Le voyage à Kharkov va être déterminant à bien des égards. Dominique Desanti raconte qu'Elsa a transformé son wagon en véritable salon. Les deux sœurs sont tout à leur joie. Les surréalistes français seront congressistes et non comme de simples observateurs de ce « Plénum élargi du Bureau international de la Littérature révolutionnaire ». A bord du train spécial protégé par des miliciens en armes, on traverse les plaines ukrainiennes. Car cette région est dangereuse ; des bandes de paysans révoltés qui n'ont rien à perdre devant la terreur qui a déjà commencé et l'insupportable collectivisation qu'on leur impose se montrent de plus en plus offensifs. Les voyageurs français ne sont au courant de rien. On leur cache la réalité du pays, c'est-à-dire l'organisation radicale dans cette région du massacre des paysans et de la déportation en masse de leurs familles qui feront plusieurs millions de victimes. Pendant ce temps-là, dans ce train enchanteur, les privilégiés du pouvoir mènent leur valse de la séduction comme s'ils étaient dans l'Orient-Express. Séduction politique tout d'abord, exercée à l'intention des intellectuels français déjà consentants, Louis Aragon et Jacques Sadoul. Mais aussi séduction amoureuse entreprise auprès d'Elsa par deux piliers du pouvoir, le plus beau et le plus ignoble. Le plus beau, c'est Alexandre Fadeev, héros de la guerre civile, haute taille, yeux myosotis, cheveux couleur des blés ukrainiens aux plus beaux jours des moissons. Grand amant, grand buveur, bras séculaire de Staline auprès des écrivains et lui-même auteur de talent dont le roman épique *Le Dernier Udégué* peint la guerre civile en Extrême-Orient avec le lyrisme de la jeunesse. Que peut-on demander de plus à un homme dans un train que d'être à la fois un Apollon, un héros et un écrivain ? Elsa ne se posera pas trop longtemps la question et deviendra brièvement la maîtresse de Fadeev. Ce Fadeev était un rêveur aux yeux de douceur. « Je l'ai revu avec des yeux déterminés et froids », disait de lui Ehrenbourg. Le voyage à Kharkov nous a été raconté par l'ami et confident de Fadeev, Valentin Kataev. Qui est donc ce grand sentimental qui se dit alors « ensorcelé » par Elsa ? Son nom sera irrémédiablement lié aux exécutions sommaires et consécutives de ses pairs, les écrivains, pendant les années de la Terreur rouge. Même Staline est parfois contraint de calmer ses ardeurs et d'apaiser son zèle. Alors que Fadeev lui propose une nouvelle liste d'écrivains à punir, le dictateur lui répondra en lâchant sous sa moustache un des traits de son humour morbide : « Sacha, je n'ai plus d'autres écrivains pour toi, tente de travailler avec ceux qui nous restent. »

Impitoyable mais fidèle, Fadeev continuera d'être l'exécuteur des basses œuvres de Staline jusqu'au jour où Khrouchtchev prononcera les premières vérités de la déstalinisation. Le Don Juan russe décidera ce jour-là de rencontrer la statue du Commandeur. Il boira deux bouteilles de vodka et se donnera la mort dans son appartement de la rue Gorki.

Quant au second personnage de cette traversée ferroviaire c'est l'ignoble Jdanov. Pourquoi ignoble ? Parce que c'est lui qui sera au cœur même de toutes les décisions des années de terreur, au sommet du parti communiste dans le domaine de la propagande et de la culture. Inutile de rapporter tous ses crimes, signalons simplement les édits de 1946 contre les plus grands créateurs de la culture russe, Anna Akhmatova, Chostakovitch ou plus tard Eisenstein. Il est l'apôtre du réalisme socialiste et cependant c'est lui qui anéantit les artistes. A moins qu'ils n'aient bien compris sa phrase préférée : « Les écrivains sont les ingénieurs des âmes humaines. » Jdanov n'a pas le charme de son lieutenant Fadeev. C'est un bolchevik classique, version morne et conventionnelle. Son apparence est sans surprise une traduction vestimentaire de la langue de bois, c'est-à-dire petite moustache taillée à la verticale, blouse kaki à la Staline – qu'en Russie on appelait alors, nul ne sait pourquoi, « Franch » – cheveux gras et rares, et odeur fadasse de l'eau de Cologne « Chypre » qui dégoûte Elsa et attire Aragon qui croit y percevoir le parfum du peuple. Même si les trépidations ferroviaires inspirent à ces deux personnages une humeur galante, ils sont bien loin d'oublier leurs devoirs. Fadeev s'est donné mission de séduire Elsa tandis que Jdanov, qui aurait accepté d'un cœur léger la même charge, décide courageusement de s'en détourner pour se consacrer à une affaire tout aussi essentielle : la conversion du mari. Homme intelligent quoique d'une grande suffisance, Jdanov est un peu surpris que son discours en langue de bois passe aussi facilement dans les oreilles occidentales. Pour lui, il est urgent de condamner les dérives idéalistes dans la pensée moderne, notamment dans celle de Freud. Il affirme que la méthode la plus efficace du travail des intellectuels est de se conformer aux directives du Parti dont la discipline et le contrôle doivent désormais dominer leurs activités littéraires. Aragon et Sadoul, en écoutant docilement Jdanov, opinent du chef. Ce dernier profite de la pression exercée sans relâche depuis leur arrivée à Moscou pour obtenir leur allégeance à la doctrine marxiste léniniste et à la politique soviétique. Il pense que le temps est venu maintenant de leur annoncer combien il serait logique qu'ils signent dès leur arrivée à Kharkov le document évoqué plus haut. A cet égard, Morel est formel : c'est bien avant le commencement du Congrès, en effet, et afin d'être acceptés comme congressistes postulants à devenir membres de la nouvelle organisation que les deux Français signent sans hésiter. Plus tard, Aragon ajoutera à cet acte, traduit en français, la date du 1er décembre pour montrer qu'il ne s'est décidé que convaincu par les conclusions du congrès de Kharkov. Pieux mensonge qui ne dissimule rien de la réalité ; on a compris que l'autocritique conditionnait l'invitation des deux Français et que l'acceptation de la condamnation politique de leur conduite passée était leur ticket d'entrée.

C'est un des meilleurs stylistes de la littérature russe, Valentin Kataïev, un vieil ami que nous retrouvions tantôt à Peredelkino, le village des écrivains parmi les pins, tantôt au *Select* à Paris, qui nous a rapporté ce témoignage détaillé sur Kharkov, lui qui, lors de leurs beuveries désespérées, était le confident de Fadeev aux pires moments de l'invasion allemande. La dernière visite de Kataïev à Paris fut d'autant plus émouvante qu'il ne nous avait pas caché qu'il sentait approcher sa fin. Avec ce goût de la vie qui le caractérisait et cet amour gourmand de la France de l'impressionnisme, il a tenu à nous amener dans un restaurant des bords de Seine qui lui rappelait les temps heureux des canotiers et de l'île de la Grenouillère qu'il croyait avoir vécus à travers son cher Maupassant. Car, en Russie, *Les Contes de la Bécasse* et *Bel Ami* font figure de passeport pour la France authentique. C'est en partageant un grand bordeaux qu'il nous révéla combien Aragon, dans le train de Kharkov, avait fait un voyage sans retour, poussé en avant par Elsa, sa femme. La confirmation de ces paroles, nous l'avons trouvée lors de notre retour à Moscou, sous une forme incontestable : un écrit du poète dont nous publions en annexe de ce volume le fac-similé, ainsi que la traduction du rapport confidentiel qu'il adresse aux camarades du Rassemblement des écrivains révolutionnaires. C'est dans les archives secrètes du Komintern que se trouve aujourd'hui l'original des lettres d'Aragon qui démontrent qu'à partir de 1931 le poète français décide, de lui-même, de rendre compte de tous ses faits et gestes à la direction du parti et de soumettre toutes ses démarches – même littéraires – et le moindre de ses pas à l'Internationale communiste, par conséquent, aux Soviétiques. En quittant les mornes bureaux des archives centrales situés face au Conseil municipal de Moscou, nous étions tristes de constater que ces pièces à conviction confirmaient absolument les propos les plus désabusés d'un Kataïev vieillissant qui ne se cachait même plus d'avoir tout vu. Et l'image nous revint de cette ultime visite parisienne où, dans un élan symbolique, il nous demandait de l'accompagner au cimetière du Montparnasse où, auprès du tombeau de Guy de Maupassant, il cueillit une marguerite qu'il serra religieusement dans son large portefeuille noir avec un geste qui claquait comme si, devant nous, il refermait le livre de sa vie. Pour cet intime des Aragon, Elsa était plus qu'une sorcière, plutôt une possédée à la Dostoïevski ; possédée complètement par ce temps sans pitié.

Après Kharkov, Aragon devient un familier de l'hôtel *Lux*. Un nom légendaire, un mot de passe, un code pour ces milliers de partisans de la cause de la révolution mondiale éparpillés dans le monde et qui s'y retrouvent à Moscou. L'hôtel *Lux* est le rendez-vous des partis frères au service de l'Internationale communiste. C'est là que des écrivains connus se métamorphosent en agents de la IIIe Internationale, le Komintern, en préservant les apparences. C'est là que les agents viennent recevoir des consignes, quérir du matériel, de l'argent. C'est de là que partent les directives de la propagande, la pêche aux renseignements, les projets de sabotage. Hôtel *Lux*, c'est la répétition du théâtre de la terreur stalinienne et déjà la mise en scène des procès et de l'épuration du Parti. Hôtel *Lux*, le passage dorénavant obligé d'Elsa et de Louis Aragon.

LE CRÉPUSCULE D'UN COUPLE MYTHIQUE

Tout est donc consommé dès le premier voyage de Louis et d'Elsa Aragon en Russie. Et d'abord la rupture définitive avec les surréalistes. Louis reviendra souvent en Russie, en particulier pour un long séjour en 1932 où il explorera enfin l'immensité de sa passion pour le grand pays, faisant notamment une traversée de l'Oural. Lors d'un dîner dans un chaleureux restaurant des Halles, *Chez Monsieur Bœuf*, deux ans après la mort de sa femme, Louis Aragon nous fera une description magnifique des montagnes mauves de l'Oural se détachant sur une bande de nuages lactés. La conversation se poursuivra sur la route du retour jusqu'à l'appartement de la rue de Varenne où, sous un portrait d'Elsa, il évoquera encore ses voyages qui l'ont conduit jusque dans les paysages peints par le jeune Pouchkine, dans le midi de la Russie, au-delà d'Odessa. Curieusement, les souvenirs nostalgiques d'Aragon étaient émaillés de propos quelque peu embrouillés où, sous la réserve d'un secret qu'il demandait, sans vouloir en dévoiler la nature, on percevait, dans le flou de ses suppositions à la fois torsadées et vagues, une sorte de peur étrangement ancrée dans le passé. Dans ce contexte, signer un ouvrage d'art – il s'agissait alors de son Matisse – amenait cet homme âgé à justifier par une longue dissertation au couchant de sa vie de poète, après les révisions déchirantes, le sens exact de sa dédicace. Était-ce le souvenir de la signature de Kharkov qui avait créé dans son subconscient ce dérangement étonnant devant des jeunes gens tout à leur admiration ? En tout cas, à l'ami russe qui était venu lui faire ses adieux et repartait pour Moscou, il lâcha la phrase qui nous fit tressaillir : « Alors, les Soviétiques veulent encore que je signe quelque chose... »

Et n'est-ce pas lui qui écrit dans *La Valse des adieux* en 1972, parlant de sa propre existence : « Cette vie à la fin des fins, qu'on ne m'en casse plus les oreilles, qu'on ne me raconte plus combien elle a été magnifique, qu'on ne me bassine plus avec ma légende. Cette vie comme un jeu terrible où j'ai perdu. Que j'ai gâchée de fond en comble. » Mais, entre le vieux poète au chapeau à large bord, errant et perdu dans le crépuscule de ses souvenirs, dont on ne pouvait savoir s'il était libéré de ses certitudes d'autrefois ou égaré par elles, et l'Aragon qui débarque à Kharkov dans l'éclat de sa quarantaine, sous l'arme neuve de ses convictions, que de distance ! Et, entre cette gloire sacrée par la résistance nationale, qui invite Rostropovitch à faire chanter sur la tombe de sa femme l'âme bouleversante de son violoncelle, et l'auteur de ces poèmes implacables qui glorifient sans précaution ceux qu'on ne peut pas appeler autrement que bourreaux, quelle différence ! Car, en 1932, sur la sombre toile de fond de la terreur stalinienne, c'est bien Louis Aragon qui écrit le poème glorifiant le Guépéou :

L'éclat des fusillades ajoute au paysage
Une gaieté alors inconnue
Ce sont des ingénieurs, des médecins qu'on exécute,
Mort à ceux qui mettent en danger les conquêtes d'Octobre
Mort aux saboteurs du plan quinquennal.

Oui, c'est vrai, l'URSS de l'époque est entrée dans une période hallucinante qui pourrait expliquer sans jamais le justifier ce climat hystérique. Est-ce une raison pour y succomber ? Louis Aragon y a succombé. Maxime Gorki y a succombé. Romain Rolland y a succombé. Mais Mandelstam y a résisté, allant même jusqu'à lancer, presque à la même époque, son poème défi à Staline. Boris Pasternak y a résisté même si ce fut dans sa manière taciturne et Mikhail Boulgakov aussi avec les accents désespérés du *Maître et Marguerite*, qu'Aragon, l'imprécateur, a jeté comme huile sur le feu en Russie. Il ne craindra pas de le recommencer en France. C'est le sens de son poème *Front Rouge* écrit en 1931 :

Feu sur Léon Blum
Feu sur Boncour Frossard Déat
Feu sur les ours savants de la démocratie
Feu, feu... Feu, vous dis-je
Sous la conduite du parti communiste
SFIC
J'assiste à l'écrasement d'un monde hors d'usage
J'assiste avec enivrement au pilonnage des bourgeois
Y a-t-il eu plus belle chasse que l'on donne
A cette vermine qui se tapit dans tous les recoins de la [ville

Les chiens, les chiens conspirent
et comme le tréponème pâle échappe au microscope
Poincaré se flatte d'être un virus filtrant[1].

C'est vrai que ce poème est écrit peu de temps avant l'arrivée du fascisme. C'est vrai que les amis de Kharkov auront alors l'astuce de transformer la haine naturelle contre le fascisme en une mobilisation en faveur de Staline. C'est vrai qu'alors, l'Orchestre rouge commencera à jouer son rôle en Occident, ensorcelant à juste titre les intellectuels dans l'esprit de résistance mais les utilisant aussi dans le même temps pour occulter totalement les horreurs du stalinisme. En combattant le pavillon noir, ils placeront entre le public et la réalité un écran rouge. Qui peut mieux que Nina Berberova, dans son œuvre remarquable *C'est moi qui souligne*, décrire ce tour de passe-passe terrifiant et mondial ? « Entre 1925 et 1935, malgré les suicides d'Essenine et de Maïakovski, les difficultés éprouvées par Ehrenbourg, la disparition de Pilniak et les bruits qui couraient au sujet des ennuis de Gorki, les intellectuels occidentaux continuaient à croire que l'URSS représentait pour le monde de l'après-guerre, et plus particulièrement pour l'art d'avant-garde, un renouveau, un soutien et des perspectives illimitées. Cette foi résistait à toutes les hésitations et à tous les doutes. Il suffit de rappeler que, même dans les années soixante, après qu'on eut dénoncé le "culte de la personnalité", Louis Aragon osa publier sa monumentale *Histoire de l'URSS* en se basant principalement sur les archives de la période stalinienne, et que Jean-Paul Sartre, dans son livre sur Jean Genet, se permit de qualifier Nicolas Boukharine de traître et d'ennemi du peuple, se solidarisant une fois encore avec

1. Louis Aragon, *Œuvre poétique*, Paris, Messidor, 1975.

Staline. Tous deux étaient sûrement au courant des changements apparus en Russie soviétique à la suite du XXe congrès, mais faisaient semblant de les ignorer n'ayant ni le temps ni l'envie de réexaminer leur idéologie et de revoir leur échelle de valeurs [1]. »

D'HONORABLES CORRESPONDANTS

A Paris, où Louis et Elsa sont de retour de Russie en 1933, il y a deux correspondants des journaux les plus célèbres d'Union soviétique : *La Pravda* et *Les Izvestia*. L'un s'appelle Mikhail Efimovitch Kolstov, l'autre Ilya Grigorievitch Ehrenbourg. Les archives du ministère français de l'Intérieur et de la Préfecture de Police de Paris sont formelles : ce dernier n'était pas un agent secret russe et n'a jamais travaillé ni pour le Guépéou ni pour le NKVD. Nos recherches à Moscou l'ont également confirmé. Le premier personnage est beaucoup plus ambigu. Déjà on découvre que Kolstov, sous la couverture d'un correspondant de guerre en Espagne, était en vérité un commissaire politique en activité. Ernest Hemingway le dépeint sous le nom de Kharkov dans *Le Soleil se lève aussi*. Quand nous avons interrogé la commission de réhabilitation des victimes, et demandé à son président de nous fournir le dossier de Kolstov, fusillé sur ordre de Staline le 2 février 1940, il nous a répondu par un éclat de rire sans ambiguïté : « Regardez plutôt du côté de Evguéni Primakov, le chef actuel du SRV, la structure héritière du KGB, actuellement en fonction pour tout ce qui concerne les multiples activités extérieures à la Russie. » Le colonel Boris que nous avons interrogé à ce

1. Nina Berberova, *C'est moi qui souligne*, Actes Sud, 1982.

propos est également formel. Kolstov était un honorable correspondant des services secrets soviétiques et utilisait un chiffre pour envoyer ses dépêches codées à Moscou et informer ainsi Staline sur les personnalités politiques et culturelles de l'Europe occidentale, se fondant sur « les sources précieuses » comme ont coutume de dire les spécialistes des services. Mais qui étaient donc ces sources fameuses ? En 1935, Kolstov est en contact permanent avec Elsa et Aragon dont il devient l'ami très cher. Quand les Aragon viennent à Moscou, comme ce fut le cas notamment au moment de la mort de Maxime Gorki, c'est toujours Mikhail Kolstov, omniprésent, qui les pilote et les escorte.

Les Aragon et Kolstov vont travailler main dans la main pour préparer la grande messe dont Staline est le pape absent. Le Congrès pour la Défense de la culture, va réunir à la Mutualité le *casting* éblouissant des plus grands esprits de l'Occident, puisqu'on y retrouve en cette année 1935 André Gide, Alexis Tolstoï, Anna Seghers, André Malraux, Bertolt Brecht, Henri Barbusse, Heinrich Mann, Isaac Babel, Andersen Nexo, Boris Pasternak, Toller, Strachey, Feutchtwanger, Robert Musil, Julien Benda, Vaillant-Couturier, Foster, Brod, André Chamson, Monnier, Guéhenno, Jean-Richard Bloch, Tristan Tzara et, évidemment, Louis Aragon. Les écrivains soviétiques sont bien entendu représentés. Remarquons en plus de ceux que nous avons précédemment cités Tvsetaieva, Korneitchouk, Tikhonov et, c'est bien naturel, Kolstov lui-même. Des messages afflueront venant de Maxime Gorki, Georgi Dimitrov et Romain Rolland. La surprise sera créée par l'arrivée au dernier moment des deux auteurs russes notoirement en disgrâce, Pasternak et Babel. C'est à l'insistance des écrivains français qu'on doit la participation de dernière minute de ces grands talents. Ce congrès, qui a été souvent présenté comme une initiative spontanée des intellectuels de la planète en quête d'une définition de leur identité, est une mélodie en sous-sol dont les accords s'élèveront très haut, orchestrée en vérité par un chef qui joue merveilleusement de la baguette, Staline lui-même. Paradoxalement, ce n'est pas Kolstov, qu'on dit pourtant très proche du dictateur, mais Ehrenbourg qui joue le rôle de premier violon. L'affaire remonte au 13 septembre 1934 quand il suggère avec un à-propos génial à Joseph Staline la création d'une vaste organisation antifasciste qui réunira les plus grands esprits de l'Europe jusqu'à l'Amérique. Il sait faire comprendre au dictateur que ses plus fervents serviteurs utilisent des méthodes à la fois sectaires et démodées qui déconsidèrent leurs entreprises dans les opinions nationales. Staline a flairé la bonne idée et il n'attend pas une semaine pour donner sa réponse qui est non seulement positive mais enthousiaste : « Ehrenbourg a raison. Il serait bon d'élargir le MORP (Organisation des écrivains révolutionnaires) vers le combat antifasciste et de mettre à sa tête le camarade Ehrenbourg. » Et il ajoute du trait gras de son crayon rouge tant redouté : « C'est important ! » Les premières mesures de l'Orchestre rouge ont ainsi retenti. Il faut, pour soutenir cette grande production, des réseaux mais aussi de l'argent. Ni l'un ni l'autre ne manqueront et le Komintern sera mis à contribution. Malgré les décisions plutôt sectaires du seizième congrès de 1928, la machine est en marche, transgressant avec l'accord du dictateur les esprits rétrogrades du Parti qui ne peuvent saisir l'amplitude de l'enjeu. La partition est écrite et elle sera signée tour à tour par Willy Munzenberg, député au Reichstag, l'un des chefs de file de la propagande parallèle du Komintern, par Henri Barbusse, par Upton Sinclair et par Maxime Gorki sous la forme d'un manifeste contre la guerre impérialiste. Kolstov, Aragon et Elsa composent la véritable trinité à laquelle ce succès sera dû. Une seule fausse note dans ce grand concert harmonieux : le suicide du poète français René Crevel, qui a pris cette décision fatidique en raison de la position rigide de ses camarades contre l'homosexualité et ne voulant plus que son nom soit pris en otage par le parti. Il a laissé une explication de son ultime geste, que les organisateurs du Congrès se sont bien gardés de rendre publique. Une somptueuse réception clôturait ce congrès à l'ambassade soviétique, rue de Grenelle. L'Orchestre rouge pouvait être satisfait. Durant le congrès, aucun trotskiste n'avait pu prendre la parole, les surréalistes avaient été marginalisés notamment par Aragon lui-même et les apparatchiks russes tels Parfenov et Loupol avaient pu exposer leur thèse approuvée par le Comité central. Même Alexis Tolstoï, dans son français admirable, et Boris Pasternak, avec son superbe discours pré-écologique, avaient joué à la perfection le rôle de garniture qui leur était dévolu. Replaçons toutefois cette manifestation dans la gravité des événements qui attendent le monde à cette époque : la lutte contre le fascisme est à l'ordre du jour. C'est bien ainsi que l'entendent André Malraux et André Gide, somme toute satisfaits de cette prouesse.

L'amour déjà forgé d'Elsa et d'Aragon trouvera lui aussi sa consécration dans la lutte antifasciste et leur engagement fut complet dans la Résistance française.

LE TEMPS DES AVEUX

Leur attitude héroïque dans la Résistance n'éteindra pas leur aveuglement à l'égard du régime de Staline comme l'illustre l'affaire Kravtchenko, qui éclate à la fin des années quarante. Ce dernier avait osé fuir l'URSS en accusant Staline d'être un dictateur. Exilé aux États-Unis ce Russe sera sali par les meilleurs intellectuels de l'Occident et ignominieusement qualifié de traître et de déserteur. Ecœuré par ces attaques, il finira par se donner la mort. Encore une fois, Aragon et Elsa suivront les directives de la propagande soviétique à son égard et hurleront avec les loups. Cependant, une autre affaire, celle des « blouses blanches », leur mettra enfin la puce à l'oreille. Il s'agit de ces médecins, pour la plupart d'origine juive, que Staline a décidé d'envoyer dans les camps. Cette fois, Elsa et Aragon auraient pu se rebiffer, mais l'égérie russe fait taire les doutes de Louis et il faudra attendre longtemps, c'est-à-dire 1968 et l'invasion de Prague par les troupes soviétiques, pour que le couple légendaire, les amoureux célèbres, dénoncent d'une même voix ce qu'ils avaient enfin reconnu comme intolérable.

Deux ans avant sa mort à elle, quatorze ans avant sa disparition à lui, Elsa et Aragon ont connu l'accomplissement de leur révision déchirante. Et qui peut aujourd'hui nier leur courage intellectuel et le panache de leur expression quand ils décident, en écrivains, de se juger eux-mêmes sans précaution devant la postérité : c'est Elsa Triolet qui, avec grandeur d'âme, formule cet aveu étonnant : « Mon mari est communiste, communiste par ma faute, je suis l'instrument des autorités soviétiques, j'aime porter des bijoux, je suis une dame du monde, je suis une souillon. »

C'est Louis Aragon qui, noblement, confesse tout en un quatrain implacable : « Inexorablement, je porte mon passé. Ce que je fus demeurera à jamais mon partage. C'est comme si les mots pensés ou prononcés exerçaient pour toujours un pouvoir de chantage. »

Les faits s'effacent dans le miroir du temps et en Russie la neige étend son manteau blanc. Les années s'évanouissent et il est même des larmes qu'on oublie, des sanglots dont on ne se souvient plus. Ce qui reste, c'est la poésie. Ce qui demeure c'est l'amour. Lili Brik et Maïakovski, les yeux d'Elsa et Aragon tels Béatrice et Dante... Comme le dit ce proverbe russe : « Le véritable amour ressemble à un anneau, car un anneau n'a pas de fin. »

13

MOURA, LA FEMME DE FER

Les belles lettres, le vert tendre des gazons, les traités d'esthétique, les battes de cricket, les pupitres des salles d'étude, les frondaisons du parc, le rugby, les bibliothèques en bois ancien, les promenades en barque sur la Cam, accessibles aux amoureux les jours de congés, vous connaissez Cambridge, l'une des deux plus célèbres universités anglaises avec Oxford qui, elle, compte trente-six collèges et des maîtres aux perruques poudrées. Vous connaissez aussi, bien sûr, l'histoire ahurissante du groupe de Cambridge, ces étudiants de tradition qui, dans les années vingt, deviendront par conviction des espions soviétiques alors même qu'ils contrôlent les postes clés du royaume au service de Sa Gracieuse Majesté. Trois d'entre eux finiront leur vie en URSS, notamment le flamboyant Kim Philby, qui achèvera ses jours dans un trois-pièces discret d'une maison de la Nomenklatura auprès d'une douce épouse russe, décoré, en fin de carrière, des plus hautes consécrations de l'État soviétique et ne regrettant rien de son « retournement ». Son enterrement aura toute la pompe et le faste réservés aux héros de la grande Russie. Défilé des officiers du KGB aux casquettes ornées de cocardes vertes, parades des régiments d'élite, émotion des cuivres dans la marche des Braves, l'Orchestre rouge rendait hommage, dans le chœur du courage, au plus secret de ses solistes. Les deux autres espions britanniques, piégés par leur homosexualité, finiront beaucoup plus tristement leur existence d'abord dans la délectation morose de la grisaille moscovite puis dans un désespoir franchement affiché et noyé dans l'alcool.

Mais connaissez-vous l'histoire de la baronne Boudberg, qui, native de Russie, fut l'égérie de deux immenses écrivains, Maxime Gorki et Herbert Wells, auteur de *la Guerre des Mondes*, non sans avoir d'abord inspiré, dans un amour fou, un des plus grands espions anglais de son temps, Robert Bruce Lockhart ? A l'inverse de Philby et de ses amis, elle offre un exemple à l'histoire internationale de l'espionnage en devenant par passion pour un Britannique – et sans le savoir – d'abord sa collaboratrice puis son informateur privilégié au Kremlin pour le service de la monarchie anglaise. Souvent, comme au début des nombreuses histoires de ces femmes dont nous avons ressuscité les traits, tout commence par une idylle romantique. Amoureuse, Maria, qui sous le diminutif de Moura entrera dans l'histoire, épouse en 1911 à Saint-Pétersbourg Ivan Beckendorrf, descendant direct du chef de la police du tsar Nicolas Ier qui fit subir à Pouchkine tant d'humiliations, notamment en l'introduisant dans le Corps des Pages alors que le poète en avait largement dépassé l'âge.

Ivan Beckendorrf, jeune diplomate russe, qui rendait visite à son père, ambassadeur à Londres, avant d'être nommé secrétaire d'ambassade à Berlin, y a rencontré Maria Zabrevski, sœur d'un des fonctionnaires de l'ambassade. Elle est issue d'une famille de hauts fonctionnaires du tsar et l'un de ses ancêtres a été président de l'Académie des Beaux-Arts de Moscou. C'est une grande jeune fille à la bouche sensuelle, intelligente et dure, douée de capacités exceptionnelles et d'un don de la communication rare dans sa génération. Elle a des cheveux sombres, les yeux brillants et, comme une tigresse, excelle dans l'art d'apprivoiser les mâles. Après leur mariage, ils partent pour Berlin où Ivan est nommé secrétaire d'ambassade à la représentation russe. En 1913, naît un petit garçon, Pavel, et en 1915 une petite fille, qu'ils prénomment Tatiana.

La guerre mondiale vient d'éclater quand le couple revient à Saint-Pétersbourg. Ils assistent en 1917 à la déchéance du tsar et sont atterrés par les premiers exploits de la sombre révolution qui se lève. Cette année-là, pleine de turbulences, ils la vivent entre Saint-Pétersbourg et leur propriété de campagne où éclatera le drame au début de l'année 1918. Ivan est massacré par les paysans en colère du village voisin. Sa femme inquiète des menaces qui pèsent sur leur appartement de Saint-Pétersbourg est en ville ce jour-là. C'est là qu'elle apprend l'horrible nouvelle : son mari est mort, empalé par les moujiks déchaînés. Abattue par le chagrin, elle se réfugie à Moscou où sa famille a gardé des amis. De plus, Saint-Pétersbourg est saisi par un froid terrible et, à Moscou, l'approvisionnement est plus facile. C'est vraisemblablement en passant par Saint-Pétersbourg qu'elle retrouve fortuitement une de ses connaissances de Londres. Il s'appelle Robert Bruce Lockhart et il est le représentant des services secrets anglais sous une couverture de diplomate à l'ambassade anglaise qui se trouvait alors au centre de Saint-Pétersbourg, sur le Quai du Palais. L'Anglais, mince et jeune, a un air réservé, et un visage réfléchi. C'est un fou de la Russie, il a commencé à y venir en 1912, fréquentant le milieu littéraire, découvrant le monde du théâtre, devenant à la fois l'ami des artistes et des têtes pensantes de la politique en tenant table ouverte dans les meilleurs restaurants de la ville où son goût pour les *pelmeni*, les fameux raviolis russes à la viande et à l'oignon, était partagé à la vodka par ses amis de plus en plus nombreux sous les violons des Tziganes qui joueront un rôle important dans notre récit. En effet, le goût commun et passionné pour les nostalgiques accents bohémiens de Maria la Russe et Robert Bruce le Britannique qui présidera à ce coup de foudre les marquera tous deux pour la vie.

Maria, qu'on appelle familièrement Moura, ne sait pas encore le rôle exact de son gentleman. La vérité est qu'il est mandaté en Russie par Lloyd George pour empêcher que l'Entente entre la France, l'Angleterre et la Russie n'éclate sous la tentation d'une alliance séparée entre la Russie bolchevique et l'Allemagne du Kaiser qui pourrait arrêter la grande guerre. Dès son arrivée en Russie, Robert Bruce fréquente le gratin des responsables supérieurs du bolchevisme. Il connaît tout le monde, Lénine, Trotski, le chef de la police politique, Dzerjinski. Il entre au Kremlin comme il entrerait à Buckingham. Sa présence en Russie soviétique intéresse aussi les bolcheviks. Pourquoi ? Parce qu'ils veulent éviter que l'empire britannique ne soutienne ouvertement et de manière active l'Armée blanche dans la guerre civile qui fait rage. Lockhart connaît aussi l'agent français Jacques Sadoul. En se promenant le long de la Moscova qui charrie de gros glaçons gris, ils discutent passionnément de l'avenir du monde et de la solution qu'il faut choisir. Ou miser sur les bolcheviks pour qu'ils poursuivent la guerre contre les Allemands, ou soutenir les Blancs pour se débarrasser de la menace rouge. Ce qu'ils craignent tous les deux, c'est que, s'ils soutiennent l'armée Denikine, les Blancs, après leur victoire, ne s'allient cette fois avec les Allemands. Robert Bruce est hésitant et, tout à coup, il oublie tout, il ne voit plus rien, ni les cadavres gelés dans la rue, ni les demeures délabrées des grands seigneurs, ni même l'esprit de la révolution, ni le Hyde Park de son enfance où de vieux messieurs jouent comme des enfants avec de grands cerfs-volants. Il s'absente de tout pour contempler l'image floue de cette grande fille aux gestes décidés qu'il croit voir apparaître dans l'aurore rose et perle de l'aube moscovite. Il ne pense qu'à Moura, celle qu'il aime passionnément et qui l'accompagne dans tous les instants de turpitudes de cette guerre civile. Bientôt, elle viendra vivre avec lui et il l'introduira dans son équipe de l'ambassade, où elle pourra participer, avec ses collaborateurs de confiance, aux analyses de la situation russe et aux décisions à prendre.

Finalement, Lockhart tranche sur toutes ses hésitations. Il met au point un plan de renversement des bolcheviks. Montage à plusieurs facettes mené parallèlement à une manœuvre qui aboutit à l'assassinat de l'ambassadeur d'Allemagne. Il est aidé dans son action par l'ancien terroriste, écrivain à ses heures et ancien ministre de la Guerre du gouvernement Kerenski, Savinkov, qui, émigré un temps à Paris, a parfaitement connu le Volochine de Koktebel. Mais l'Histoire a encore serré la vis d'un cran, le temps des cafés parisiens et des errances de Montparnasse est oublié. Il faut maintenant passer à l'action et donner toutes ses chances à Savinkov que Lockhart voit comme une figure montante de la nouvelle Russie. Malheureusement les réseaux de l'espion anglais sont à leur tour infiltrés par la Tcheka et l'affaire tourne mal. Moura et Robert Bruce sont arrêtés par la police soviétique et vont pourrir dans les cellules de la Loubianka en attendant des interrogatoires brutaux. C'est alors que le chef tchékiste propose à l'espion anglais dévoilé un double choix qui installe dans son cœur le plus déchirant des dilemmes. Soit il trahit la Couronne et reste en Russie avec Moura pour travailler au service des Soviets. Soit il part sur-le-champ en Grande-Bretagne, mais devra laisser à Moscou celle qu'il aime, sans pratiquement aucun moyen de survivre. Dans une longue nuit glacée, dit-on, on donne aux deux amants la possibilité de discuter de cette question. Aux premières lueurs du jour, Moura est décidée : il doit partir. Un mystère continue de planer sur cette ténébreuse affaire. Certains disent que Bruce et Moura auraient dû être sommairement exécutés après la découverte de leur complot et on peut penser, en effet, que la relative bienveillance de la police politique laissant retourner sans échange dans son pays un agent étranger ne s'explique pas seulement par la nostalgie des raviolis russes autrefois partagés sous les violons des Tziganes. Et si un proverbe russe dit : « Tout sage possède un grain de candeur », un autre proverbe russe dit aussi : « Ne te hâte pas de punir, hâte-toi de comprendre. » Pour l'historien russe Onova, qui, ces derniers temps, est revenu sur cette affaire, Moura aurait fait le suprême sacrifice de sa beauté au chef tchékiste Peters pour prix de la survie de son bien-aimé, afin qu'il puisse retrouver la liberté et la patrie.

De retour à Londres dans ses promenades mélancoliques, Lockhart ne peut détacher ses pensées de celle qui demeurera son plus grand amour. Devant la Tour de Londres, il compte dans le soir les six ailes de corbeau coupées, témoins de tant d'exécutions et de passions amoureuses, qui nichent dans ses créneaux et dont la légende affirme que leur disparition serait le signe de la fin de la royauté. A Moscou, dans la petite chapelle où le prince Cheremetiev a épousé une fille serve après que le tsar lui eut autorisé ce geste d'amour insensé, une femme très belle, la tête couverte d'un châle noir et rouge se penche pour prier. Elle non plus ne peut oublier. Fedor Dostoïevski l'avait écrit : « Il existe une force qui fait tout supporter. »

MUSE DE GORKI, INSPIRATRICE DE WELLS

Moura erre de Moscou à Saint-Pétersbourg, sans revenus, en quête d'une occupation qui lui permettrait de survivre dans la tourmente et d'élever ses deux enfants. En Angleterre, Lockhart a reçu un accueil méfiant. Le gouvernement britannique qui a enfin opté pour une politique antibolchevique ne lui a pas pardonné sa trop grande familiarité avec les tout-puissants du Kremlin. Il est contraint de quitter les services secrets du Royaume-Uni et, sans l'amitié d'un grand directeur de journal qui le case comme éditorialiste dans ses prestigieuses colonnes, il aurait sombré dans la misère. Pourtant, une des têtes pensantes de l'Intelligence Service ne l'a pas abandonné et lui a même promis : « Si l'Angleterre doit faire face à une nouvelle guerre, nous vous rappellerons au service du pays. » Promesse qui sera tenue, contre toute attente, puisque Lockhart jouera un rôle de premier plan dans la lutte sans merci que Churchill lance contre Hitler, à la tête d'une cellule secrète avec accès direct au Premier ministre. La vie ne lui donnera pas seulement cette deuxième chance, mais aussi la joie incomparable de revoir Moura. Désormais, c'est une tendre amitié qui relie cet homme qui a tout vu à cette femme qui n'a rien perdu de sa force. Ils se reverront souvent à Paris, à Londres et à Prague où, dans une période difficile de sa vie, il est devenu conseiller commercial. Peu à peu, des épaisseurs successives du passé surgit aux yeux du public la vraie grandeur de cet homme humilié. Un livre d'abord, consacré à la carrière secrète de cet espion reconnu comme l'un des plus importants, un film ensuite dédié à celui dont la légende a pu être comparée à celle de Lawrence d'Arabie, lui redonnent la dimension, qui fut la sienne dans la vie.

La Russe Nina Berberova décrira ce couple de légende dans son fameux livre où elle fait ce portrait inégalable de Moura : « Elle était née entre 1890 et 1900, c'est-à-dire qu'elle appartenait à cette génération de Russes qui fut exterminée aux trois quarts, d'abord par la Première Guerre mondiale, puis par la guerre civile. »

Alors que Moura croit toucher le fond du désespoir, l'écrivain Kornei Choukovski lui trouve un travail éditorial dans la maison d'édition russe, La Littérature mondiale. Maxime Gorki, le fils du peuple idéal pour incarner les mutations de la Russie soviétique, l'ami de Lénine pourtant désabusé par l'envergure de la terreur, vient souvent dans ces bureaux. Son chemin amoureux est déjà bien rempli. Marié d'abord, il a vécu ensuite avec l'actrice Maria Andreeva. Mais cette histoire touche à sa fin. Par-delà ses malheurs, la beauté intacte de Moura ne laissera pas Gorki insensible. Il l'engage tout d'abord comme secrétaire-interprète et elle se trouve transplantée dans ce vaste bureau que prolonge un grand appartement. L'entrée, le bureau de l'écrivain, la chambre de Gorki, la chambre de Moura, la chambre d'Andreeva, le salon, la chambre du secrétaire se succèdent dans ce lieu où tout le monde cohabite, accueillant chaque jour des visiteurs venant de toute l'URSS, des écrivains auxquels Gorki veut donner un coup de main, des intellectuels qu'il tente de secourir, d'obscurs talents qu'il veut publier, des étrangers à qui il offre une hospitalité fraternelle, lui qui n'a qu'une seule loi dans la vie : « Au lieu de s'apitoyer sur les hommes, on ferait mieux de les aider. » Moura entrera ainsi dans sa vie. Elle demeurera auprès de lui pendant dix ans, devenant son égérie. Il écoutera avec attention le récit de ses malheurs et partagera par l'imagination tous ses revers passés au point de les introduire dans le plus grand de ses romans, une fresque monumentale consacrée à la période révolutionnaire, *La Vie de Klim Samguine*, qu'il dédiera fièrement à celle qui a su l'inspirer. Gorki veut aussi protéger Moura de la malveillance constante de la Tcheka qui persiste à la considérer tantôt comme une espionne anglaise tantôt comme une espionne allemande. Par un mariage blanc conclu avec un aristocrate balte, le baron Boudberg, en accord avec Maxime Gorki, elle se trouvera dotée des papiers nécessaires pour vivre à l'étranger. Durant plusieurs années, elle vivra encore à Capri aux côtés de Gorki qui s'est éloigné – un moment – des bolcheviks. Pressentant un retour prochain en URSS de l'écrivain, elle s'en ira en Angleterre où elle vivra sa dernière histoire d'amour avec l'écrivain vieillissant Herbert Wells qu'elle a rencontré pour la première fois à Moscou. Ce dernier y avait vu Lénine qui l'avait à ce point abruti de discours, lui parlant tout à la fois de la magie de l'électricité, de la multiplication des machines agricoles et de l'avenir radieux du communisme, qu'en sortant sous les arcades de brique du Kremlin, cet auteur de science-fiction écrira dans un article, non sans un certain humour volontaire ou involontaire : « J'ai rencontré le rêveur du Kremlin. »

A partir de 1925, Moura rend plusieurs visites à Wells pour finalement venir s'installer auprès de lui à Londres en 1931. Wells est considéré à l'époque comme une conscience de l'Europe même si ses divagations optimistes de président du Pen Club sur l'avenir de l'humanité constituent un dur contraste avec l'évolution du monde. Cependant, il conservera une certaine objectivité lorsque, grâce à Moura, il rencontrera Gorki, dont il n'est pas sans remarquer la dérive pro-stalinienne. Mais ce qui compte le plus dans la vie de cet homme pour qui l'esprit était tout, c'est l'amour de Moura. Il confie à la page blanche la brutalité de son désir pour l'être aimé et l'immense éblouissement qu'il éprouve au soir de sa vie dans les bras de son égérie, allant même jusqu'à dire que sa première nuit avec elle fut l'événement essentiel de sa vie. Les reflets de cette passion, on les retrouve dans beaucoup de publications de ses dernières années : « Le plus important dans la vie, c'est le travail mais sans femme, le travail n'est que la nécessité logique et l'absence de joie complète. La passion non plus n'est pas suffisante. Il faut avoir l'amitié, la confiance absolue. Si cela existe, tout est permis », écrit l'auteur des *Endroits secrets du cœur*. Ainsi a-t-il défini le rôle exact de l'égérie.

Moura restera auprès de Wells jusqu'à la fin de ses jours, mais refusera toujours la proposition de mariage de son amoureux transi. « Ce ne serait pas digne de mon âge », dira-t-elle en souriant alors que cette beauté est dans la plénitude de ses cinquante ans. Après la disparition de Wells, elle vivra encore longtemps, célébrée par le Tout-Londres, entourée d'égards par l'aristocratie anglaise qui n'a ni oublié les services qu'elle a rendus à la Couronne ni le rôle qui fut le sien auprès du bureau du général de Gaulle pour la France libre à Londres. Cette femme, qui avait voué sa vie aux écrivains, a désiré écrire elle-même à la fin de ses jours l'histoire de son existence. Pour cela, elle avait rassemblé une immense documentation qu'elle avait fait venir dans sa dernière demeure, en Italie. C'est là, près de Florence, qu'elle comptait écrire ses mémoires. Mais le malheur qui l'avait si souvent frappée veillait à achever la pièce en lui portant un coup fatal. Un banal court-circuit a provoqué l'incendie qui a anéanti par le feu l'immense richesse d'une existence, et brûlé dans sa totalité la documentation qu'elle avait rassemblée pour écrire le livre de sa vie. Cette fois-ci, la femme de fer n'a pas daigné relever le défi des cendres. Elle attendra le pourrissement des feuilles d'automne pour s'éteindre définitivement, elle et son chagrin, en 1974.

14

UNE PETITE PRINCESSE HABILLÉE EN GARÇON

« J'étais une petite fille heureuse qu'on a habillée en garçon jusqu'à l'âge de quatre ans. Dès qu'on m'a fait porter des jupes, tous mes malheurs ont commencé... » Ainsi parlait en éclatant de rire une jeune femme de trente ans, menue et ravissante comme un modèle chinois, dans l'air léger et l'azur des montagnes de Koktebel. Avec attendrissement, son vieux maître à la barbe fleurie, Max Volochine, lui disait : « Tu es trop sentimentale... Tu tombes amoureuse trop souvent et puis, chaque fois, tu veux te suicider. » Cette conversation badine et charmante appartient au passé, aux heures perdues du bel automne de 1919 dans la douceur parfumée de Koktebel où, pendant plusieurs années, Maria, née hors mariage, d'une mère française, Mme Cuvivier, et d'un père russe, viendra chaque été se ressourcer, souvent accompagnée de sa mère. C'est surtout pendant les années tragiques de la guerre civile que les amis et les artistes ont serré les rangs à Koktebel autour de leur prophète de paix Volochine. Il y avait là Tvsetaieva, Mandelstam, Ehrenbourg, Sofia Parnok et tant d'autres créateurs de premier plan de la littérature russe. Mariée très tôt à un homme de famille noble, Maria devient princesse Koudacheva et aura bien vite un petit garçon auquel elle donne le prénom de Serge. C'est dans la douceur de cette arrière-saison vécue en Crimée, quand tout porte à l'extrême bonheur, cette période bénie d'octobre que les Russes appellent « la saison de velours », qu'une nouvelle tragique va foudroyer la petite princesse. Alors que pour avoir des nouvelles de son jeune mari, Serge, qui se bat en héros dans les rangs de l'Armée blanche, elle se rend en voiture à cheval jusqu'à Feodossia, leur quartier général avancé en Crimée, elle apprend qu'il vient de mourir du typhus. Elle revient accablée à Koktebel, faisant marcher au pas son vieux cheval qui, comme en signe de deuil, progresse l'encolure penchée vers la poussière de la piste. Elle restera de longs mois inconsolable, pleurant cette perte tragique. Volochine, qui s'inquiète de sa longue mélancolie, lui demande de rester à Koktebel pour se remettre de son deuil tandis qu'alentour, la guerre continue à faire rage. Les bonnes et les mauvaises nouvelles continuent d'affluer à Feodossia, ville de Crimée entre les mains des Blancs où s'est recomposée une atmosphère de capitale. La garde blanche, les espions, les étrangers, les artistes, les musiciens, les débutants, les aventuriers, les communistes clandestins, spéculateurs du hasard, tous sont là au milieu des poètes qui ont reconstitué leurs cafés littéraires où ils déclament leurs vers en goûtant le fameux café à la turque qu'en Crimée on présente au consommateur accompagné de grains de sarrasin. Les temps sont dangereux et la campagne est parcourue par des bandes sans foi ni loi. A Koktebel, les invités sont partagés entre l'inquiétude provoquée par les informations contradictoires en provenance de Feodossia et les débats passionnés dans cet éden de lumière sur la nécessité de rester au-dessus de la mêlée et de préserver à tout prix la valeur absolue de l'individu dans toute sa poésie. L'un des invités, Ossip Mandelstam, se montre particulièrement éloquent. Il regarde Maria de ses yeux ardents. Le soir, il la rejoindra dans sa chambre. Mais la jeune veuve, si elle écoute ses discours, refuse ses avances. Elle raconte : « Il était ridicule et imprévisible. Je lui ai dit que je voulais m'endormir. Alors il a déclaré qu'il ne voulait pas partir, ajoutant bizarrement : "Vous m'avez compromis. J'ai passé avec vous plus de huit heures d'affilée. Maintenant, il est plus de minuit. Vous savez bien ce que tout le monde pense de nous. Si je redescends, je risque de perdre ma réputation virile." » Maria Koudacheva n'est pas sensible à l'argument et Mandelstam prendra la porte. Pourtant, c'est elle qui, quelques mois plus tard, le sauvera quand il sera arrêté par les Blancs, des paysans jaloux l'ayant accusé de comploter avec les bolcheviks. Volochine écrit une lettre aux autorités militaires blanches pour expliquer que Mandelstam est un grand poète et qu'il n'a rien à voir avec les bolcheviks. Il faut donc le libérer, d'autant, dit-il, que ce génie de la poésie « panique facilement » et que la peur peut lui « faire frôler la démence ». Cette démarche qui frôle l'insolence est, Dieu merci, accompagnée d'un argument frappant en la personne de la princesse Koudacheva, veuve du jeune héros tsariste mort au combat. A la seule vue de sa carte de visite, quand elle apporte le message à l'état-major blanc, le poète Ossip Mandelstam retrouve la liberté. Mais à la pendule du destin vont sonner les dernières heures de Koktebel, quand Max Volochine, asthmatique, tombe gravement malade. La maison du bonheur est en train de perdre son âme et bientôt, la demeure n'aura plus son maître. La princesse Koudacheva rentre à regret à Moscou où elle devient, à l'Académie des Sciences, la secrétaire du Pr Piotr Kagan et entretient une liaison avec lui.

A temps perdu, elle s'attelle à une traduction de *Poé-*

sie révolutionnaire de l'Occident moderne où elle découvre des vers d'auteurs qu'elle aime, comme Romain Rolland ou Georges Duhamel. Elle est familière de ces auteurs français et servira de guide à Georges Duhamel et Luc Durtain lors de leur voyage en URSS. Elle leur sera d'un grand secours et au retour, ils parleront d'elle à Romain Rolland.

A la fin des années vingt, ce sont les éditions de Léningrad Vrémia qui ont l'idée de préparer un recueil des œuvres de Romain Rolland en vingt volumes. Lorsqu'il apprend cette nouvelle, il s'en montre fort réjoui et fier. Il a raison car aucune édition de ce genre n'a encore été publiée dans aucune langue. Romain Rolland, dans son bonheur d'être largement publié en Russie, ne perd pas la tête et décide que ses droits d'auteur iront à l'université de Moscou à titre de bourse pour les étudiants. La composition de ses futurs volumes est une tâche énorme et l'écrivain y est très attentif. Bien entendu, il exige que toutes ses œuvres soient imprimées sans corrections ni coupures, désir scrupuleusement respecté. Il demande aussi que Maria Pavlovna Koudacheva prenne part à la préparation de cette édition et, en 1929, il l'invite à Villeneuve. Mais c'est mal connaître les autorités soviétiques de l'époque que de penser qu'une Russe peut ainsi rejoindre en toute facilité un grand écrivain français dont le poids sur l'opinion du monde ne laisse pas indifférents les apôtres et les stratèges du marxisme-léninisme. A Maria Koudacheva, au moment de l'obtention du visa, on mettra le marché en main. Elle peut partir mais seulement si elle s'engage à faire « mieux comprendre » à l'intellectuel vieillissant la noble réalité de la Russie révolutionnaire. Et afin d'être encore plus sûr qu'elle remplira sa mission, on lui annonce que son fils restera en Union soviétique. Cette tactique de l'otage, qui consiste à garder sur le terrain national et sous surveillance un proche de ceux qui ont été autorisés à partir à l'étranger, est maintenant bien rodée par le nouveau régime russe. Les propositions dans ce sens émanent en général du Guépéou, qui ne cesse de raffiner cette pratique odieuse en augmentant la pression sur ceux qui sont restés afin d'obtenir encore plus de résultats de la part de ceux qui sont partis.

Afin de s'assurer de la venue de Maria Pavlovna, Romain Rolland se verra obligé de mener des démarches auprès de Maxime Gorki, notamment, et de l'ancien commissaire de la Culture, Lounatcharski.

LA CONQUÊTE DE ROMAIN ROLLAND

Dans son appartement du boulevard du Montparnasse, la princesse Koudatcheva nous a reçus bien des fois pour d'interminables conversations sur le passé de la Russie, la beauté de la poésie et la personnalité de Romain Rolland. Dans la gravité et la profondeur de ses propos, surgissait tout de même la malice quand elle nous raconta sa première rencontre avec le grand écrivain. « Lorsque je suis arrivée à la gare de Paris, pour mon premier voyage en France, Romain Rolland n'était pas là pour m'accueillir. J'étais étonnée et même inquiète. Il s'était pourtant donné du mal pour que je vienne. Un inconnu s'est présenté à moi, il venait de la part de Romain Rolland et m'a indiqué l'hôtel où je pouvais m'installer. L'écrivain m'y avait réservé une chambre ayant une porte communicante avec la chambre voisine et, bien qu'elle soit fermée, j'eus l'étrange sentiment d'être observée. J'entendis un bruit léger et tout à coup la porte s'ouvrit. C'était Romain Rolland en personne. Je pense qu'il avait monté tout ce stratagème pour savoir si j'étais belle ou moche. Apparemment, je ne l'ai pas déçu puisqu'il m'a emmenée à Villeneuve. » Ainsi même les vieux écrivains utilisent-ils des méthodes d'enfant quand l'amour frappe à la porte de leur pensée. Maria Koudatcheva s'acclimate très vite à Villeneuve et partage bientôt les intérêts spirituels de Rolland. Peu à peu, elle se rend indispensable. Il avait de la joie à partager avec elle ses idées et ses plans, à recevoir ses soins quotidiens, à lui dicter des lettres, à la voir s'affairer autour de la table à thé, ou armée d'un sécateur dans les massifs de fleurs.

« Il pouvait, des heures durant, écouter ses récits sur l'Union soviétique : il était impressionné que la veuve d'un prince – un officier blanc – se montre si attachée au nouveau régime », note une spécialiste russe de Romain Rolland. Pourtant, à ce moment-là, Romain Rolland se considère entre deux feux, entre deux camps. Il n'a pas encore choisi celui de Staline. Maria Pavlovna Koudatcheva lui traduisait chaque jour les journaux soviétiques et les livres des écrivains russes contemporains. En un mot, elle fit beaucoup pour que Romain Rolland découvre, comprenne et aime ce qu'on appelait la Russie nouvelle. Mais il y a deux femmes dans la maison de Villeneuve. Maria la Russe et Madeleine, la sœur de l'écrivain, qui ne céda pas facilement son rôle de maîtresse de maison à une autre, étrangère de surcroît. On peut la comprendre. Madeleine était accoutumée à s'occuper de son frère, à l'aider dans tous ses travaux et jugeait que cela était la première raison d'être dans son existence. Romain Rolland appréciait l'aide de sa sœur, ménageait ses sentiments, et reconnaissait son dévouement mais il comptait sur le temps pour que les deux femmes finissent par s'accorder. C'est pourquoi il ne se pressa pas d'officialiser sa liaison avec Marie jusqu'au moment où il jugea bon de faire savoir à ses amis et aux critiques littéraires qui avaient sa confiance, qu'il s'était marié dans l'intimité, un jour d'avril de 1934, à la Maison communale de Villeneuve. Romain Rolland aima celle qu'il appelait dans ses courriers sa

« bonne compagne » : « Vous savez combien elle est simple et active », écrivait-il. C'est auprès d'elle qu'il écrit alors *L'Ame enchantée* qui lui est dédiée. De ce roman, Romain Rolland écrit à Stefan Zweig : « Ne me demandez pas d'en faire un second *Jean-Christophe,* avec beaucoup de vie extérieure, de nombreux personnages, le spectacle aux mille décors du monde contemporain ! Mon intention, ma volonté sont tout autres. Je veux me concentrer dans l'univers intérieur d'une "âme enchantée" qui arrache, l'un après l'autre, les voiles de Maya[1]. »

Malgré la présence de Maria qui, par conviction mais aussi par intérêt, ne tarit pas d'éloges sur la Russie soviétique, Romain Rolland est encore hésitant : « Ce qui se passe en Russie est une énigme. J'ai peu parlé de la Russie, mais j'ai une profonde méfiance à l'égard du succès ultime de son expérience[2]. » Voilà les propos qu'il tient à Gandhi qui est venu le visiter. Gandhi a désiré que le premier jour de conversation soit, conformément à son régime, un « jour de silence ». Il écouta tranquillement Romain Rolland, enregistra ses questions, prit des notes pour ne lui répondre que le lendemain. Il lui confirma sa grande idée selon laquelle seule la non-violence pouvait sauver l'Europe. Autre sujet de conversation, l'Italie et le fascisme. Rolland avait mis en garde son hôte contre son projet de voyage à Rome, et lui rappela comment les autorités italiennes, cinq ans auparavant, avaient induit Tagor en erreur. Comment Romain Rolland montre-t-il tant de prudence et de prévoyance pour Gandhi et si peu pour lui-même quand il fera le voyage en Russie dont l'utilisation par la propagande soviétique et l'exploitation de ses propos entameront si gravement sa crédibilité ? En attendant Gandhi n'a rien changé à ses plans et il est parti

1. *Cahiers Romain Rolland,* Paris, Albin Michel, 1948-1992.
2. *Ibidem.*

voir Mussolini. Avec ses compagnons de voyage, il rejoint Milan puis Rome. La rencontre du philosophe de la non-violence avec l'apôtre de l'énergie nationale est rapportée dans les journaux et Romain Rolland ne manque pas de s'en étonner. Quelques jours plus tard, il recevra une lettre de Gandhi : « Mussolini est une énigme pour moi. Beaucoup de réformes qu'il a faites m'attirent. Il semble avoir fait beaucoup pour la classe paysanne. A la vérité, le gant de fer est là. Mais comme la force (la violence) est à la base de la société d'Occident, les réformes de Mussolini sont dignes d'une étude impartiale[1]. » Au moment où Rolland se décide à répondre à cette lettre, il apprend que Gandhi, retourné en Inde, vient d'y être arrêté. Il vole à son secours dans la revue *Europe.*

La littérature russe joue un grand rôle dans les conversations entre Maria et Romain. Pour lui, les meilleurs romans soviétiques « se rattachent à la grande tradition réaliste de l'âge précédent » mais parfois il s'égare allant jusqu'à dire qu'une œuvre plutôt secondaire et propagandiste de Cholokhov, *Terres défrichées*, est « un peu dans la ligne psychologique de Tolstoï ». Tolstoï, avec qui il a établi une correspondance continue et profonde peu avant la mort du prophète de Iasnaïa Poliana, Tolstoï, dont il aime relire *Guerre et Paix.* Cette lecture des œuvres russes auprès d'une femme dont l'être exprime toute la poésie des plaines immenses de la Russie profonde, stimule son désir de voir enfin de ses yeux la réalité du pays auquel il a adressé ses vœux. « L'œuvre est toujours un monde en marche vers un but, lointain ou proche, que l'esprit s'est assigné », écrit-il alors dans *Par la révolution, par la paix.*

1. *Cahiers Romain Rolland, op. cit.*

AU KREMLIN AVEC STALINE

Le 17 juin, Romain Rolland quitte Villeneuve pour Moscou par le train, accompagné de sa femme. C'est alors un grand voyage, tempéré par des nuits de repos à Zurich, Vienne et Varsovie, qui dure à peu près six jours. Dans son journal, Romain Rolland écrit : « Seul, je n'aurais pu faire ce voyage. Je sais trop ce que je peux faire avec ma santé minée. Trop de fatigue. Et dans le fond, malgré la sympathie pressante que j'ai pour l'URSS, malgré ma foi dans ses desseins, peu de curiosité en ce qui concerne les hommes et les choses. Je suis trop vieux et j'ai surtout besoin de me concentrer, de méditer avant le départ[1]. » L'entreprise était en effet risquée au regard de l'état de santé de l'écrivain. Il est parti pour se rendre à l'invitation de Gorki qui lui a adressé son livre sur Goethe et Beethoven, accompagné de cette dédicace dont la lucidité se révélera lumineuse après le voyage : « Nous nous trompons tous, mais chacun se trompe autrement. » Car si Romain Rolland est l'invité de Maxime Gorki, il est aussi l'hôte du régime soviétique qui va rôder avec lui l'art d'apprivoiser les intellectuels occidentaux libres, par un mélange de bonhomie et d'apparat, d'organisation et d'improvisation, de spontanéité et de calcul. Savant cocktail qui grisera plus d'un des grands esprits dévorant la Russie. Romain Rolland est *gost strany*, c'est-à-dire un hôte national. Il est sensible à une foule d'attentions dont il est l'objet. L'absence de morgue chez les plus hauts personnages du régime, venus un soir, à sa surprise, visiter Gorki, l'émotion que lui donnent les contacts qu'on a préparés pour lui avec le monde ouvrier, et surtout avec la jeunesse

1. Romain Rolland, *Voyage à Moscou : juin-juillet 1935*, Paris, Albin Michel, 1992.

représentée par une section de petits parachutistes ne cessent de l'enchanter. Mais ce qui a le plus frappé Romain Rolland, d'après le témoignage de sa veuve, c'est l'accueil exceptionnel que lui a réservé Staline et la façon dont il a cru percevoir tous les secrets de son caractère. Car Staline excellait à l'égard des Occidentaux dans le numéro du Géorgien jovial à l'écoute des grands esprits, du paysan de la campagne de Gorki, touché dans son épaisseur par la subtilité du trait de son interlocuteur, et de l'homme d'État à la volonté sans faille, capable, derrière son sourire malicieux, sous des moustaches soignées, d'être sans pitié.

Au fil des plans quinquennaux, Rolland a changé d'attitude. Il est maintenant impressionné et son ancienne méfiance à l'égard de Staline cède la place à un certain respect. Les succès de l'Union soviétique rejetaient leur éclat sur celui qui était à la tête du pays. Rolland, en plus, donnait crédit aux appréciations qu'il trouvait dans les articles de Gorki ou qu'il avait entendues de Barbusse. Staline, dans cet entretien, manifesta, comme en témoigne également Maria Pavlovna, beaucoup de bienveillance et de respect envers Rolland. Il essaya de rassurer le visiteur français : en répondant à ses questions, il développa son idée sur l'accentuation de la lutte de classes à l'intérieur, au fur et à mesure des succès de la société socialiste. Les adversaires du régime soviétique, dit-il, employaient les moyens les plus perfides, jusqu'à entraîner des adolescents dans leurs aventures. Puis, après cet entretien entre les boiseries luisantes du Kremlin avec le dictateur parfumant son vaste bureau de la fumée de sa pipe, bourrée de son tabac préféré, Gertsegovina flor, Romain Rolland partit se reposer aux environs de Moscou, dans la maison de Gorki. Environnée par la nature, la demeure de l'écrivain offrait le calme à son invité. La vie, chez Gorki, était des plus agréables. Rolland avait la possibilité d'y rester seul ou d'y recevoir les visiteurs les plus divers. La plupart, journalistes, écrivains, artistes étaient des interlocuteurs intéressants. Romain Rolland qui, dans ses premiers jours à Moscou, a pu rencontrer une délégation des Komsomols, une autre des femmes ouvrières du métro, une petite troupe de pionniers arméniens se tourna ensuite vers les intellectuels.

Mais une véritable déception l'attend, avec Maxime Gorki lui-même. Il pensait voir la figure du visionnaire, il n'a rencontré qu'un écrivain de plus en plus endoctriné qui, en outre, ne lui donne pas la satisfaction si douce de la communion des esprits. Il n'en laissera rien paraître si ce n'est quelques lignes dans son journal où il note le récit de sa visite au dictateur :

« *Vendredi 28 juin.* J'ai rendez-vous, dans l'après-midi, avec Staline, au Kremlin ; et je consacre ma matinée à méditer ce que je lui dirai. A 4 heures, Arosev vient nous chercher, Macha et moi ; et nous sommes introduits, tous les trois, – à travers de longs couloirs et plusieurs salles où travaillent des secrétaires – dans le grand cabinet de travail de Staline, à l'étage supérieur d'une aile du Kremlin, qui donne sur la cour, meublée des dépouilles de Napoléon (les canons pris durant la retraite de Russie).

L'entretien dure de 4 h 10 à 6 h moins 10. Il aurait pu se prolonger encore, si je n'avais pas craint d'abuser. Un orage gronde et choque les fenêtres, pendant l'entretien. Staline est différent de ses portraits : il n'est pas grand ni trapu comme on se le figurerait. Il est relativement petit et assez mince. Sa rude chevelure caractéristique commence à grisonner et à s'éclaircir. Il a dû certainement vieillir depuis un ou deux ans. Mais il a toujours son regard droit et vigoureux, et son sourire énigmatique, qui est (ou qui peut être) cordial, impénétrable, indifférent, bon garçon, implacable, amusé et narquois. Dans tous les cas, une parfaite maîtrise de soi. Il parle sans élever la voix, d'un timbre un peu nasal et guttural à la fois – (l'accent géorgien, me dit-on) – avec de longs silences, pour réfléchir. Il écoute encore mieux qu'il ne parle, notant les points principaux de ce que je lui dis, au milieu des gribouillages au crayon rouge et bleu qu'il fait, sur une feuille, pendant que je parle. (J'ai grand regret de ne pas la lui avoir demandée.)

Nous sommes assis au bout d'une grande table, – lui, au milieu de nous, – moi à sa droite, Arosev à sa gauche, Macha près de moi. Arosev s'est introduit dans l'entretien, sous le prétexte qu'il se fera le traducteur : (car Staline, pas plus qu'aucun des Commissaires du peuple ne parle ni n'entend le français) ; mais il traduit fort imparfaitement, et Macha, dans la mesure du possible, le rectifie.

Après les premières salutations, (fort flatteuses pour moi) Staline me laisse parler. Et je le fais, pendant une vingtaine de minutes, sans qu'il m'interrompe.

Voici, d'après mes notes, ce que je lui ai dit :

"Cher Camarade Staline, je vous remercie de me recevoir. Vous devez penser ce que votre nom, ce que votre personne est pour nous, en Occident, quelle force, quelle sûreté c'est pour nous de vous savoir au poste de commande de ce grand monde nouveau, qui est notre fierté à tous, et sur lequel nous avons mis nos espoirs. Je suis heureux de vous serrer la main. – Et je tiens à vous dire combien je suis touché de toutes les marques de sympathie que j'ai trouvées ici, en particulier de votre offre de me reposer dans votre villa."

(A quoi Staline me répond – ce que j'ai noté plus haut – que la villa n'est pas à lui, qu'il ne possède aucune villa, et que l'offre vient non pas de lui, mais du Conseil des Commissaires, c'est-à-dire Molotov, Vorochilov, Kaganovitch, et lui, qui mettent à notre disposition une des villas que l'État possède, aux environs de Moscou, pour les offrir à ses hôtes de passage[1].) »

On a le sentiment que si, durant ce voyage et surtout à son retour, Romain Rolland joue le jeu qu'on attend de lui, c'est qu'il mène aussi une sorte de mission humanitaire privée par amour pour sa femme, en faveur de son fils à elle. Avant son voyage déjà il écrivait à Mikhaïl Aplétine, apparatchik en vue et président de la Société soviétique des liens culturels avec l'étranger : « Mon beau-fils (le fils de ma femme, Mme Koudatcheva, qui est maintenant Mme Romain Rolland), Serge Koudatchev, âgé de dix-sept ans, termine ce printemps ses cours préparatoires à l'université. Il doit présenter ses "documents" à l'université[2]. »

Quatre ans plus tard, Romain Rolland se distancera de Staline en apprenant la signature du pacte germano-soviétique. C'est la grande trahison : « J'ai été – comme des milliers de Français – atterré, en apprenant hier le pacte signé entre Berlin et Moscou », écrit-il à sa sœur le 23 août. Il dit aussi ses craintes à propos de Molotov : « C'est un homme intelligent, mais fanatique, froid et entêté, pour qui la France, l'Angleterre, l'Allemagne, etc., sont également l'ennemi[3]. » Dans son journal, il consigne ses réflexions :

« Ces jours sont une suite de mauvais rêves et de catastrophes. La plus bouleversante est la nouvelle soudaine du pacte conclu par l'URSS avec Hitler (21-22 août). Les meilleurs de France sont écrasés. Aucun de nous ne peut comprendre une pareille trahison au moment où

1. *Voyage à Moscou, op. cit.*
2. *Ibidem.*
3. *Ibid.*

Hitler se faisait le plus menaçant pour les démocraties – un défi aussi cynique à toute bonne foi, à toute moralité politique [...]. On a beau chercher les raisons purement politiques d'un tel pacte impie, rien ne peut en excuser l'ignominie morale, la déchéance. Et pour nous, Français, c'est un coup de poignard dans le dos. Quelles qu'aient été les erreurs de nos chefs, notre bon peuple, notre dévouement ne méritaient pas cela ! Et notre peuple ne l'oubliera pas[1]... »

Serge, le fils de prince, grâce aux convictions du grand pacifiste et au charme de sa mère pourra entrer à l'université de Moscou où il fera ses études de mathématiques. Il gardera un contact attendrissant avec celui qu'il considère comme son père spirituel et échangera avec lui de fort belles lettres que nous avons lues. Ce fils d'un officier blanc s'engagera dans l'Armée rouge en 1941. Il sera tué au front en luttant contre le nazisme. Cette mort marquera profondément Mme Rolland. Parfois, dans nos longues conversations, nous sommes allés, encouragés par la liberté d'esprit de cette dame âgée et cependant si vive, jusqu'à lui demander comment elle pouvait, malgré l'évidence des crimes staliniens, continuer – après en avoir fait l'éloge auprès de son mari – défendre devant nous les mérites du montagnard du Kremlin, comme l'avait surnommé Mandelstam, ce qui lui coûta la vie au goulag. Devant cette question grave, cette femme, toujours avenante, effaça pour une fois son ensorcelant sourire. Et elle nous jeta : « N'oubliez pas que j'avais un fils qui est mort au front en criant : "Vive la patrie, vive Staline !" »

Quelques années plus tard, nous faisions partie de la

1. *Voyage à Moscou*, *op. cit.*

grappe de fidèles venus rendre un ultime hommage à cette petite dame admirable qui avait tant compté pour un grand homme. A la sortie de l'église, nous regardions ces visages attristés de Russes et de Français qui se perdaient dans la grisaille d'une journée parisienne. Ils avaient eu vingt ans en 1917 et eux aussi revenaient en arrière sur le passé de Maria Pavlovna Romain Rolland que d'aucuns avaient connue princesse Koudatcheva. Dans cette superposition d'images que vous impose l'émotion, laquelle choisir ? Une jeune fille pleine de vie tenant la main de son amie la poétesse Marina Tsvetaieva dans l'été brûlant de la Crimée, une femme de quarante ans debout derrière le fauteuil où son mari s'est assis face à Staline qui se demandait si elle n'avait pas joué les premiers violons de l'Orchestre rouge ou une mère apitoyée, au cœur déchiré, dont le petit prince vient de mourir pour le peuple ?

15

LENA DERRIÈRE UNE DÉDICACE DE SARTRE

Les Mots, le meilleur livre de Sartre, commence par une dédicace mystérieuse. « A Madame Z... » Qui est donc cachée derrière cette dernière lettre de l'alphabet ? Une Moscovite, Lena Zonina, que Jean-Paul Sartre connaîtra lors de son premier voyage et reverra lors de chacune de ses expéditions en Russie. Elle le rencontre pour la première fois au début des années soixante. Quel est son âge alors ? La réponse est dans la réplique qu'elle adresse à sa fille qui vient s'épancher auprès d'elle après un flirt malheureux. Elle lui dira, sereine : « Les vraies histoires d'amour, c'est toujours après quarante ans. »

L'histoire de sa vie est liée à l'histoire de son pays. Née le 22 novembre 1922, elle commence ses études dans le fameux IFLI, Institut de la Philosophie de la Littérature et des Arts, pépinière de l'intelligentsia russe de l'époque. Après, comme beaucoup de jeunes filles de sa génération, elle se retrouve au front, où en première ligne, à côté des hommes, elle est soldat. Après la guerre, vient le mariage avec un critique d'art, la naissance de sa fille unique, à laquelle succédera malheureusement la mort du mari. Elle élèvera seule son enfant. Mais parfois, c'est une chance inattendue qui succède à la série de la malédiction. Lena, qui a toujours rêvé de littérature, devient l'assistante d'un écrivain de renom, Ilya Ehrenbourg, Parisien de Moscou. C'est l'occasion pour elle de multiples contacts avec des Français en visite dans la capitale de l'URSS. L'inlassable travail de la traductrice, l'action qu'elle mène à Moscou pour la promotion de la culture française, la familiarité qu'elle acquiert avec les plus grands textes contemporains de Sartre, de Georges Bernanos et de Nathalie Sarraute, une autre Russe de Paris, comme l'essai qu'elle écrit sur *Le Nouveau Roman*, font d'elle l'interlocutrice privilégiée de tout ce qui est français. Mais c'est Sartre qui comptera essentiellement dans sa vie. Quand il vient à Moscou, c'est elle qui l'accompagne partout.

Lorsque nous regardons les photos, se succèdent les images d'une tendresse secrète. Sartre dans le bureau de Khrouchtchev, jetant un regard complice à Lena. Sartre au centre d'un cercle d'ouvriers dans une usine de machines-outils. Les prolétaires dévorent des yeux ce mage de l'existentialisme et tentent de répéter correctement les phrases qu'on leur a enseignées par cœur et qu'ils doivent maintenant prononcer. Au côté de Sartre, Lena. Mais, si son regard est triste, c'est qu'elle n'est dupe de rien. Autant le dire tout de suite, il y a un énorme écart entre elle et ceux qui accompagnaient Romain Rolland, forgeant son aveuglement, par des rencontres mises en scène avec les corpulentes ouvrières du Metro et l'attitude de cette femme digne et effacée qui voit tout et osera même jouer son rôle quand il s'agira d'ouvrir les yeux de Jean-Paul Sartre sur la réalité totalitaire. Non, elle ne prenait pas des poses héroïques. Elle avait trop conscience du danger de la dissidence, elle qui devait élever son enfant et faire vivre sa mère. Mais, chaque fois qu'il s'agissait d'avoir du courage et de défendre la cause de la liberté, elle était là.

Là où il fallait. Avec d'autres intellectuels russes, elle signera l'appel en faveur des écrivains persécutés Siniavski et Daniel. C'est elle encore qui soutient le poète Joseph Brodsky aux pires moments de son existence, lui qui recevra un prix Nobel de Littérature. Et quand un journal français *Commentaire*, en panne de scoop, a tenté il y a quelques années de présenter Lena Zonina comme l'apparatchik modèle de l'Union des Écrivains, non seulement il s'est lourdement trompé mais encore il tirait à côté de la cible. De toute façon, les écrivains ses frères savaient qu'elle était sans reproches parce qu'ils l'avaient aussi vue sans peur. Et elle-même disait à sa fille : « Tu dois savoir que, pendant toutes ces années où beaucoup ont été lâches, je n'ai rien fait qui pourrait te valoir un jour la honte. » Ce qui reste d'elle, ce sont les livres, la dédicace capitale. Et cette séquence de film en noir et blanc où le mouvement donne une leçon de grandeur d'âme. On y voit Simone de Beauvoir laisser Lena marcher au premier plan au côté de Sartre, main dans la main. Reconnaissance de l'amour. C'est en souvenir de cet amour qu'elle exprime la volonté qu'après sa mort des lettres magnifiques où l'écrivain se délivre enfin de ses vérités et de ses doutes soient transmises à la France et publiées, mais pas avant 1991, plus de mille pages qui constituent un voyage dans tous les recoins de son âme. Ces lettres qui sont conservées à la Bibliothèque nationale sont actuellement sous séquestre. Beaucoup attendent le jour de leur publication même si les légataires universels n'ont pas encore décidé qu'elle était utile. Ceux qui ont pu prendre connaissance des copies de ces lettres demeurées à Moscou chez les héritiers de Mme Z. ont été subjugués par la force et la franchise avec lesquelles Sartre se considère et analyse son entourage. Ce qui demeure aussi, c'est une lettre tragique de Lena à Jean-Paul Sartre, qui ne lui a jamais été envoyée. C'était à ce moment qu'ils avaient évoqué entre eux la possibilité d'une installation de Lena à Paris. Mais tous deux hésitaient. Elle, parce qu'elle ne pouvait quitter sa fille et sa mère qu'elle faisait vivre, lui parce qu'il craignait qu'elle perde à Paris son statut et ses racines d'intellectuelle russe.

Nous en révélons un extrait déterminant grâce à l'amitié de sa fille Macha Zonina qui, traductrice, fait perdurer la tradition littéraire léguée par sa mère. Tous les amants connaissent les incertitudes dues à la distance et la douleur de ne pouvoir se réunir : « Ça ne dépend que de nous, écrit Lena à Jean-Paul. D'ailleurs plus je lis les Mémoires de Castor, plus je comprends que jamais je ne me déciderai à changer les choses. Et ça me tue... Tu sais bien que j'ai de l'amitié pour Castor. Je l'estime, j'admire vos rapports... Mais toi et Castor vous avez construit ensemble un truc remarquable digne d'émerveillement mais tellement dangereux pour les personnes qui s'approchent... J'ai fait une faute impardonnable. J'y ai mis trop de moi-même. »

Il faut considérer que cet amour profond est doublé d'une grande amitié intellectuelle, que ce lien comptait également pour les deux, même si on a l'impression qu'en tant que femme Lena semblait s'offrir plus. Il est également remarquable et rare de voir l'estime réciproque des deux femmes. Car lorsque la venue de Lena auprès de Sartre à Paris a été envisagée, Simone de Beauvoir en a accepté le principe mais pour elle seule. Cette exception faite, le projet ne se fera pas. Il n'en reste pas moins que l'accord de Castor est un signe rare de respect et de considération. Ces sentiments sont si vrais de la part de Simone que, connaissant l'amour de Sartre et de Lena, elle accepte de venir en Russie pour les « couvrir ». A l'époque, ce genre de rapport était mal vu et dangereux. Une interprète officielle ne pouvait se permettre d'avoir des liens personnels avec un invité du régime, en particulier quand ce dernier est compagnon de route et grande conscience de la France.

Distance et déchirements ; Lena écrit à Jean-Paul Sartre : « Je ne t'écris pas, bien que souvent j'en aie envie. Ce ne sont pas des lettres, car je ne sais pas quand tu pourras les lire et y répondre – c'est plutôt une sorte de journal intime. On ne peut pas écrire son journal dans une langue étrangère. Une lettre ne fait que renforcer le sentiment de la distance... Toi, tu as la force de caractère socialiste qui me manque ! Tu comptes avec des unités qui me sont inconnues. Mais ce destin c'est nous qui l'avons choisi nous-mêmes. »

Dans cette lettre apparaît toute la tragédie de ceux qui, déchirés par la distance, sont en plus séparés par le rideau de fer. D'où l'ironie amère de Lena à l'égard des brimades socialistes soviétiques. Et Sartre dans ses lettres explique à Lena que c'est seulement pour elle que Simone est allée aussi loin.

Les lettres étant lues par la censure, on ne pouvait s'y livrer quand elles étaient confiées à la poste. C'est pourquoi il fallait pouvoir les confier à un ami sûr qui les remettra en main propre. Ainsi procédaient donc Lena et Jean-Paul. Encore fallait-il que les messagers soient disponibles. Cela demandait parfois des mois. Voilà pourquoi certaines lettres de cette correspondance, qui a duré près de dix ans, comportaient jusqu'à quarante pages comme celle de Sartre, qui écrivait pendant parfois deux mois la même lettre en attendant le porteur de confiance. Il est triste de penser, eu égard à la qualité et à la densité de ces lettres, qu'elles ne soient pas encore publiées. A cause de l'amour dont elle témoigne mais aussi de la hauteur intellectuelle qu'elles expriment.

Car cette histoire d'amour n'a pas toujours été heureuse. Lena subissait tout ; l'intransigeance des autorités qui ne permettait qu'un séjour tous les trois ans à l'étranger à celle qui aurait voulu voler bien plus souvent. La maladie rattrapera cette femme courageuse dont la vie avait commencé par le malheur. Pendant des années, elle souffrira du diabète et devra s'infliger trois piqûres par jour. Comme elle avait une passion pour le théâtre, il lui arrivait d'être obligée à l'entracte de se retirer dans les toilettes afin de se piquer au risque que les mauvaises langues lui fassent une réputation de droguée. Que reste-t-il de ce grand amour méconnu ? C'est une image des plages blanches et sablonneuses de la Baltique, une photo prise à Nide pendant leur escapade à deux. Jean-Paul Sartre est à genoux, il débarrasse, après une promenade dans les galets, les grains de sable qui se sont accrochés aux souliers de Lena et tandis qu'elle se penche pour le regarder, à la fois étonnée et éblouie, il embrasse son soulier. Vous direz « conte triste » ? Non, histoire d'amour du XXe siècle.

16

L'AUTOMNE DE MATISSE À MOSCOU

A Moscou, dans sa superbe demeure, un homme mûr, assuré et riche, déambule dans sa galerie. Tout Moscou envie sa monumentale cheminée de bois et ses tableaux de Cézanne. Il s'appelle Morozov et cherche en ce jour de 1911 le chef-d'œuvre de ses rêves. C'est plus qu'un amateur éclairé, un collectionneur d'exception. Adolescent, il était peintre amateur. Dans sa jeunesse, il a étudié avec Korovine. Il a suivi les conseils des marchands français et consulté les critiques d'art et poètes russes qui visitent les ateliers parisiens. Aujourd'hui, il règne sur les toiles de maîtres, mais surtout il est amoureux d'une couleur cachée, d'un tableau qu'il ne connaît pas encore et qui aurait pu lui échapper. Des années durant, Morozov a cherché l'œuvre qui lui manquait. En cette nuit de Noël, il a décidé d'aboutir. Il sent qu'il s'agit d'un Cézanne bleu, d'un paysage d'azur. Il s'impatiente en martelant son parquet ciré et en confiant à son ami Makovski ce désir fou surgi d'une âme d'enfant dans la nuit enneigée de la Nativité. Cet homme est un précurseur. Il sait tout de Bonnard, le plus parisien des peintres, il aime chez Marquet la puissance de synthèse du dessin, mais c'est de Cézanne qu'il parle comme personne : « Un raté de génie. » Entre l'artiste bourgeois français et le bourgeois russe découvreur, c'est le coup de foudre. Morozov est lié avec tout ce qui compte parmi les marchands d'art en France : Kahnweiler, Bernheim jeune, Durand Ruel, Vollard, et chaque fois qu'il se rend à Paris, il va visiter les ateliers de peintres. Ainsi a-t-il composé sa prodigieuse collection et introduit dans la vieille Russie les audaces de l'art contemporain. Mais Morozov a un rival et peut-être même un maître en matière de chasse aux chefs-d'œuvre d'avant-garde. C'est Serge Chtchoukine qui a commencé avant lui une collection de peinture française. Sur les conseils de Durand Ruel, il acquiert plusieurs Picasso et quelques Matisse. Il ne sait pas encore que ces deux artistes trouveront l'inspiration chez leurs égéries russes, Olga et Lydia, quelques années plus tard. Chtchoukine, ce jour de Noël, est lui sans tourment. Sa collection comptera 221 tableaux : 54 Picasso, 37 Matisse, 19 Manet, 26 Cézanne, 13 Renoir, 29 Gauguin, 20 Derain, 4 Maurice Denis et 7 Rousseau. Matisse l'a attiré dans les salons, grâce à son *Nu noir et or* et son *Harmonie bleue*. Lorsqu'il le rencontre, il lui commande pour l'escalier de sa villa deux immenses panneaux décoratifs, *La Danse* et *La Musique* où s'exprimeront à la fois le paroxysme de la tension rythmique et la saturation des couleurs. Matisse devient sa folie. Il aime cette vision de la musique où les moyens les plus simples sont réunis : « Le rose du corps, l'azur du ciel, le vert de la colline. » Il décide d'acquérir tous les Matisse importants : *La Conversation, Le Jeu de boules*, le portrait de famille du peintre, la *Nature morte d'Espagne* et *Le Café arabe*. Son flair est sans faille alors que l'échelle des valeurs des œuvres de Matisse n'est pas établie. La postérité qui reconnaîtra le grand peintre devra convenir que Serge ne s'est jamais trompé. A son invitation, Matisse va venir en Russie pour l'installation de ses deux panneaux, *La Danse* et *La Musique*. Le mouvement est lancé d'un va-et-vient permanent entre les deux pays. Ce goût nouveau est dû à une bourgeoisie opulente qui a fondé son succès sur le travail. A l'orée de sa puissance, elle accède déjà à une satisfaction élevée : le mécénat. Et de la récente industrialisation de la Russie sont nées d'immenses fortunes dont les détenteurs auront l'intelligence de consacrer la plus grande partie à l'art. Cette haute bourgeoisie éclairée embellit ses hôtels particuliers d'œuvres d'art. A l'essor fastueux de ces familles, les marchands ajoutent une dimension digne des Médicis. Et, de cette manière, la classe montante tente de surpasser en grandeur la noblesse russe. C'est ainsi que Vroubel exécute pour la demeure d'Alexis Vikoulitch Morozov, le cousin du grand collectionneur, cinq panneaux décoratifs sur le thème de Faust, destinés à son cabinet de travail de style gothique. Dans son hôtel du *Cygne noir*, l'éditeur de la revue d'art *La Toison d'or*, Nicolas Pavlovitch Riabouchinski fait faire une frise de style néo-primitif par le meilleur peintre du groupe de « La Rose bleue », Pavel Kouznetsov.

Mais ce qui est peut-être le plus significatif et symbolique de cette affinité élective qui se développe désormais à grande vitesse entre la France et la Russie, c'est l'appel fait par les marchands de Moscou aux artistes français. Maurice Denis va orner de fresques la salle à manger de la maison de A. V. Morozov tandis qu'Ivan, le grand collectionneur, demande à Pierre Bonnard de décorer sa résidence d'été. Dans le salon de Kharitonenko, surnommé « le vieux pompier », on peut admirer des tapisseries d'Aubusson tandis que les plafonds sont décorés par Vlaminck. Mais le point d'orgue de ces visites continuelles désormais entre Paris et Moscou est peut-être l'arrivée de Matisse chez Chtchoukine, venu accrocher ses panneaux *La Musique* et *La Danse*, aujourd'hui présentés au Musée de l'Ermitage à Saint-Pétersbourg. On comprend, avec l'admiration exprimée par Matisse devant la beauté des icônes, que si les Russes sont attirés par les peintres français, les créateurs de Paris, eux, n'ont pas fini d'être subjugués par la qualité, le message et la spiritualité qui émanent des œuvres médiévales russes. Matisse ne s'est-il pas exclamé devant les icônes d'Andreï Roublev : « Vos étudiants ont sur place des modèles incomparables, bien mieux qu'à l'étranger. » Et il a ajouté : « Les artistes français devraient venir apprendre en Russie[1] ! »

En 1911, vers la fin de l'automne quand le blanc des bouleaux est coloré par l'incendie d'or des feuillages jaunes, Matisse arrive en Russie. La presse de Saint-Pétersbourg et celle de Moscou célèbrent l'événement. A l'aube des années « fauve », le peintre a amorcé son virage violent vers la couleur comme absolu de la peinture, mais qui peut dès lors le comprendre ? Serge Chtchoukine sans doute, qui écrit à Matisse, pour soutenir son courage : « Le public est contre vous, mais l'avenir est à vous. » La France le boude encore, le monde l'attend déjà. Durant son séjour à Moscou, Matisse confie à un journaliste : « En ce qui me concerne, je travaille entièrement pour l'Amérique, l'Angleterre et la Russie. » La Russie, où le critique Alexandre Benois a pu baptiser Moscou « ville de Gauguin, Cézanne et Matisse », grâce à Chtchoukine, importateur de tissus orientaux, cinquante ans, sobre et végétarien, et à Mozorov, qui appartenait à l'une des plus célèbres dynasties marchandes de cotonnades à Tver. Matisse dépeint ainsi ce dernier : « C'était un colosse russe de vingt ans plus jeune que Chtchoukine, qui possédait une usine employant trois mille ouvriers, et était l'époux d'une dan-

1. *Catalogue Paris-Moscou*, traduction des auteurs, Moscou, musée Pouchkine, Le Peintre soviétique, 1981.

seuse. » C'est justement en achetant à Chtchoukine son premier artiste étranger avec *Gel à Louveciennes* de Sisley, que Morozov commence sa fabuleuse carrière de collectionneur. Tous deux feront de la Russie le premier pays étranger importateur d'œuvres de Matisse. L'année suivante, Matisse part pour Tanger, mais bien vite quelques chefs-d'œuvre marocains, notamment *La Porte de la casbah* rejoignent les collections des deux mécènes les plus éclairés du début de ce siècle qui les ont acquis. Les lumières éblouissantes du Maroc de Matisse côtoient les reflets dorés de l'automne russe où, en avant-garde, s'est épanoui l'art moderne. Mais si le décalage horaire Paris-Moscou crée parfois une avance, il peut aussi produire un retard. Il faudra à Matisse attendre vingt et un ans avant de rencontrer à Nice son égérie russe, Lydia Delectorskaya.

LA FÉE AU CHAPEAU DE CLARTÉ

C'est une étude au crayon, très poussée, dont Henri Matisse a gravé une eau-forte. Elle s'intitule *Fée au chapeau de clarté*. Les yeux de la Russe sont beaux et ses cheveux tressés dans un ondoiement admirable. Pendant vingt-deux ans, elle sera à la fois le modèle et la collaboratrice la plus proche du peintre. La vie de Lydia a commencé comme dans un roman de Pasternak par une enfance ballottée entre la guerre civile, la Sibérie et la neige, les bandits et les loups. Elle va perdre son père, puis sa mère et rejoindre une tante qui ne l'aime pas tellement. La maison est froide, elle est orpheline. Dans l'ancienne Mandchourie, à Kharbine, elle fait ses études au Lycée russe. La ville vit une étrange atmosphère dans cette province autrefois peuplée par les Russes au moment de la construction du chemin de fer et qui apparaît comme une île russe au milieu d'un océan chinois. Les bâtiments sont de style colonial et l'afflux des émigrés venant de Russie soviétique sur ce territoire chinois confère à la cité une illusion d'empire retrouvé. Un riche Chinois qui achète la maison de sa tante jette les yeux sur cette belle jeune fille. Il va lui demander sa main. Elle souhaite une année de réflexion, puisqu'elle part pour Paris avec sa tante. Dina Vierny, la grande égérie de Maillol, disait de Lydia, l'égérie de Matisse, que si le peintre lui était aussi attaché, c'est que l'image qu'il avait d'elle précédait sa rencontre avec la jeune Russe. Qu'elle était inscrite dans son subconscient. Qu'il l'avait pour ainsi dire toujours connue et sans cesse recherchée. Matisse aimait en elle son côté sauvage, son caractère exotique. Lorsqu'il se fâchait, il l'appelait « Kirguiz », du nom de ce petit pays de l'Asie centrale alors que rien ne ressemble moins à une belle Russe blonde aux yeux bleu-vert que les habitants de la Kirguizie, aux visages jaunes et aux cheveux noirs, marqués par l'Orient. La fidélité de cette femme à la famille Matisse et l'absolu désintéressement qu'elle a montré toute sa vie font d'elle l'une des plus attachantes de nos égéries.

Nous l'avons souvent rencontrée dans sa petite maison de l'Ile-de-France, cernée de lilas. Elle nous parlait toujours de Matisse, avec un attachement intact, et des toiles et dessins dédiés à sa beauté. Elle nous montrait le magnifique album qu'Adrien Maeght, qu'elle avait connu enfant, avait publié sur Matisse et qui recèle peut-être le témoignage le plus intense sur sa relation avec l'artiste. Face aux interrogations suscitées par cette amitié au-dessus du commun, elle l'avait intitulé *Vous n'avez rien compris !* Ce texte, taillé comme un diamant à facettes, elle nous a autorisés à le publier. Comme pour celui d'Akhmatova concernant Modigliani, il est tellement précieux que nous le restituons sans en retrancher un seul mot :

« De 1934 à 1939, j'ai beaucoup posé pour Henri Matisse, ou bien je l'aidais à l'atelier, comme il en fut par la suite pendant des années. En bref, qui je suis ? Fille unique de médecin, je suis née à Tomsk, ville dont le nom, pour les Français, évoque Michel Strogoff. A la suite d'épidémies (de typhus puis de choléra), qui sévissaient en Sibérie au début des années vingt, je suis restée en 1922 orpheline de père et de mère. Un an plus tard, la tante qui m'avait recueillie et qui partait avec ses enfants en Mandchourie m'y emmena aussi.

« Dès que j'eus terminé mes études au Lycée russe de Kharbine, je fus transplantée en France de même, par la force des circonstances. Mais là, je devenais une émigrée et, de surcroît, je ne connaissais pas du tout le français (en Extrême-Orient, on apprend l'anglais).

« A dix-neuf ans, je me suis mariée à Paris avec un émigré russe, un "célibataire" endurci, mais à vingt ans, je le quittai déjà.

« Voilà, en résumé. Deux ans plus tard, alors que j'avais quitté Paris pour Nice, en octobre 1932, à un moment difficile pour moi, je trouvai, le hasard aidant, un travail temporaire auprès d'Henri Matisse. Il travaillait alors sur son immense panneau *La Danse* pour la Fondation Barnes à Philadelphie et avait besoin d'une aide d'atelier.

« Au bout de six mois, *La Danse* achevée, il revint à la peinture de chevalet et mon aide lui devint inutile. Mais, quatre ou cinq mois après, Mme Matisse – de santé très fragile depuis de nombreuses années – eut besoin de remplacer la jeune fille qui lui servait de garde-malade et de dame de compagnie. On se souvint de moi, on me retrouva et, en octobre 1933, je fus engagée pour cet emploi. Au début, je venais "à la journée", ensuite on me proposa d'être "logée et nourrie" au mois, ce que j'acceptai.

« C'est ainsi que je me suis trouvée auprès d'Henri Matisse... pour vingt-deux ans.

« Au cours de ma première année chez eux, Henri Matisse ne me prêtait guère d'intérêt. Il vivait absorbé par son travail ; moi, j'étais "une utilité" dans la maison ; il paraissait surtout un peu dérouté par la présence dans sa famille très française d'un spécimen de la fameuse "âme slave".

« Il travaillait toute la journée dans ses ateliers du bout de l'appartement, mais à chaque pause venait passer quelques instants auprès de Mme Matisse qui vivait une grande partie de la journée allongée. Je restais là pendant qu'ils bavardaient de choses et d'autres, Matisse, l'esprit visiblement toujours rivé à son travail.

« Quand, au bout de quelques mois, d'un an peut-être, Henri Matisse se mit à arrêter sur moi un regard lourd et scrutateur, je ne prêtais à cela aucune signification précise. Bien que tout au début, alors que j'étais son aide d'atelier, il eût fait d'après moi trois ou quatre dessins, l'idée ne m'effleurait même pas qu'un jour je poserais de nouveau pour lui.

« Il y avait deux raisons à cela.

« Lorsque, à la recherche d'un gagne-pain, je m'étais présentée chez lui, j'appartenais à la catégorie des émigrés qui, d'après les lois françaises, n'avaient pas droit au travail rémunéré, exception faite de quelques emplois passagers ou occasionnels ; celui de figurante au cinéma, de mannequin, de garde d'enfant, etc. Aussi, m'étant trouvée dans une pénurie extrême et possédant encore très mal le français, avais-je résolu de recourir à la profession de modèle. Avant de tomber par pur hasard sur l'adresse de Matisse – dont j'ignorais tout ! – j'avais réussi à poser dans trois ateliers ; mais ce métier, où il me fallait simuler de l'assurance, était pour moi une véritable corvée. C'est pourquoi, dès qu'un travail stable, de "dame de compagnie" me fut offert, d'emblée je voulus croire qu'il excluait à tout jamais celui de modèle, que j'avais trouvé détestable.

« De plus, comme auparavant, après à peine quelques dessins, Henri Matisse avait cessé de travailler avec moi, j'en avais conclu que je ne lui convenais pas comme modèle, et voilà tout. Cela aussi réglait la question une fois pour toutes.

« D'ailleurs, c'était un fait : je n'étais pas "son type". A part sa fille, la plupart des modèles qui l'avaient inspiré étaient des Méridionales. Or, j'étais une blonde, très blonde. Et c'est sans doute pourquoi, une fois que quelque chose eut déclenché son intérêt envers moi, le regard dont il me détaillait était-il méditatif, pesant.

« Jusque-là, je n'avais jamais eu de contact conscient avec la peinture : je n'avais rien lu, rien étudié dans ce sens. Et même le fait qu'Henri Matisse était un peintre de notoriété mondiale demeura pour moi une notion abstraite pendant des années, même auprès de lui : je le savais par ouï-dire, mais ne le ressentais pas, n'en prenais pas conscience.

« Matisse s'en rendait compte, toutefois ne m'en blâmait pas et ne cherchait pas à m'instruire. Il se bornait à cultiver mon intérêt pour son travail.

« Sans se départir d'une certaine réserve, les rapports entre Henri Matisse et moi étaient devenus progressivement très cordiaux. Je me consacrais entièrement et de tout cœur à leur maison, à son travail ; de leur côté, Mme Matisse et lui-même m'avaient prise en affection et me gâtaient même un peu à l'occasion, en se donnant toutefois de bonnes raisons pour cela.

« Par exemple, certaines fois, lorsque je décidais de

m'acheter un vêtement, on me questionnait sur la somme que je me proposais d'y mettre, puis on la doublait.

« "Vous prendrez quelque chose de meilleur." Après tout, c'est pour accompagner Mme Matisse dans ses promenades.

« Ou encore, sachant qu'à part le salaire – qu'ils avaient fixé d'après les tarifs en cours – je n'avais strictement rien, Matisse me payait les heures de pose en sus, sous le prétexte :

« – Je ne vais tout de même pas exploiter une employée, en économisant sur des modèles !

« C'était d'ailleurs sa manière en général d'épauler quelqu'un. La vie lui avait appris de bonne heure à connaître le prix de l'argent, il cherchait à préserver ce sens chez les autres et il ménageait surtout leur respect de soi. Il trouvait un détour pour que l'argent qu'il offrait ne soit ni une prodigalité ni une aumône dégradante, mais une attention bien justifiée.

« – Faites-vous soigner, c'est moi qui paierai le médecin, disait-il à certains modèles : j'ai besoin pour mon travail de pouvoir compter sur quelqu'un de bien portant.

« Amusé lui-même, il m'avait raconté un jour comment il s'arrangeait pour "retaper" les trois jeunes Niçoises qui posaient pour lui ensemble dans les années 1920 et qui visiblement ne mangeaient pas à leur faim. Tous les jours, à un des repos, il quittait l'atelier "pour boire une tasse de thé" et pendant ce temps leur faisait apporter de copieux casse-croûte, comme si chez lui c'eût été une tradition bien établie.

« Il lui était arrivé de "me faire manger" moi aussi, quand, ne travaillant chez lui comme aide que la matinée, je "tirais le diable par la queue". Là aussi, ses raisons se trouvaient être "irréfutables".

« Quant aux toiles fraîches ou en cours de travail, il les accrochait carrément dans sa chambre, face à son lit, "pour pouvoir au réveil en percevoir le choc à l'improviste et en juger la portée" ou méditer dessus pendant les insomnies.

« Je disais donc qu'à partir du moment où j'ai commencé à poser pour lui régulièrement, j'eus droit à une petite épreuve de toutes ces photographies. Je me procurai une sorte d'album et les y collai, en mentionnant la date et le "titre d'atelier" de l'œuvre, que Matisse improvisait pour les différencier.

« Il me semble qu'il serait à propos de préciser ici que les quelques photos prises par Henri Matisse dans son atelier et reproduites dans cet album n'ont été pour lui qu'un divertissement occasionnel.

« Contrairement à certains peintres, Henri Matisse n'a jamais pris, ni fait prendre, de photographies en prévision d'une éventuelle peinture : aux tableaux de chevalet, il travaillait toujours d'après nature. Il avait besoin de l'exaltation que lui procuraient la vue et la proximité des fleurs, des tissus chatoyants, des fruits juteux, de corps féminins, qu'il allait tenter de sublimiser.

« Son chevalet empiétant presque sur son sujet, il peignait en général assis à même pas deux mètres de ce dernier, comme pour être immergé dans son atmosphère.

« Je l'ai entendu dire plus d'une fois :

« – Un gâteau vu à travers une vitrine ne vous fait pas saliver comme quand, entré dans la boutique, vous avez le nez dessus.

« Et, par exemple, quand il peignait une nature morte aux huîtres, il fallait les lui remplacer par des fraîches un jour sur deux, avant qu'elles ne perdent leur éclat alléchant. Et il ne les mangeait jamais lui-même, sans doute pour garder inassouvie l'attirance qu'elles suscitaient en lui.

« Pour son voyage à Tahiti en 1930, Henri Matisse s'était acheté un petit Kodak. Mais, sur place, fasciné par ses impressions directes, il ne songea que rarement à utiliser l'appareil. Et, de retour en France, il s'en désintéressa complètement.

« Presque tous les jours, mes obligations matinales auprès de Mme Matisse terminées, je me hâtais de me présenter à l'atelier où Matisse "déjà sur la brèche", "rongeait son frein" dans l'impatience de se lancer dans le travail "pour de bon". Il peignit toujours d'après nature, toute sa vie, je crois. Et s'il lui arrivait de porter quelques rectifications sur le tableau en l'absence du modèle, avant de rendre son remaniement définitif, il attendait de voir son sujet dans sa réalité.

« La matinée, jusqu'à midi et demi, sinon une heure, était presque toujours, à de rares exceptions près, consacrée à la peinture. Ensuite, après une heure de sieste – qui lui était réellement indispensable, car, insomniaque, il ne dormait la nuit que trois heures, cinq au mieux – Matisse dessinait. En général, il s'agissait d'études au fusain des éléments essentiels du tableau en cours, surtout si celui-ci progressait difficilement.

« La plupart des toiles se trouvaient conclues en quelques séances, mais il était presque de règle que, durant "la saison de travail" (de septembre à juin-juillet) un tableau, au moins, traînât en longueur. Non pas que Matisse y échouait. Bien au contraire : il sentait dans une telle toile la possibilité de faire un pas en avant dans sa recherche picturale et il la retravaillait sans fin pendant des semaines : la solution souhaitée prenait de l'ampleur et l'entraînait toujours plus loin.

« Parallèlement, comme des décharges de l'accumulation des impressions reçues et de l'exaltation accumulée, surgissaient soudain deux ou trois toiles spontanées et rapides comme des croquis, mais achevées et souvent brillantes.

« Dans le tableau qui progressait lentement, il menait

une lutte intelligible pour lui seul, trouvant jour après jour, dans ce qui la veille lui paraissait conclu, "par où se glisser dedans pour aller plus loin". Cette "faille", c'est-à-dire une retouche ne fût-ce que minime, l'entraînait à nouveau dans des remaniements obstinés de tous les éléments : le dessin, la couleur et la composition.

« Et ça pestait ! pendant cette sorte de travail. Lui-même n'entendait pas ses invectives, mais s'il s'en avisait, il s'en excusait auprès du modèle. Ce qui ne l'empêchait pas d'oublier aussitôt sa présence : le modèle redevenait simplement un composant de son problème.

« (Vu mon éducation bourgeoise, ces jurons, au début, m'interloquaient, me choquaient et – puisque lui-même jugeait nécessaire de s'en excuser ! – décidée à lui faire perdre cette habitude, je lui annonçai un jour que j'allais le pénaliser. Mais dès le lendemain, ayant compté au cours de la séance vingt et une exclamations malsonnantes, je compris que c'était à moi de m'y faire...)

« Mais il arrivait aussi à Matisse de maugréer des phrases brèves, à propos de son travail en cours ou de la peinture en général. Ces phrases ne s'adressaient pas à moi pour m'expliquer le processus de son travail. C'était en quelque sorte des méditations à haute voix, des justifications ou un encouragement à lui-même : tantôt c'était une affirmation du bien-fondé du remaniement du tableau, tantôt une sorte d'aphorisme, grommelé, du genre :

« – Quel sale métier !

« Ou encore :

« – La critique, c'est facile ! Les critiques d'art sont des peintres ratés : ils voient les fautes, mais ne sauraient pas les éliminer.

« Devant une toile neuve, une fois son sujet décidé, je le voyais souvent demeurer une dizaine de minutes immobile, silencieux, le regard courant sur la surface blanche. Puis il se levait et laissait tomber :

« – Je vais fumer une cigarette pour me calmer.

D'autres fois, après avoir étudié du regard son sujet, dait l'index vers la toile vierge et traçait dans l'air la composition du tableau futur. Et, sitôt le bras baissé, il s'affligeait :

« – Zut ! Si j'avais un pinceau, ce serait déjà fait !

« Entre-temps, à force de vivre auprès de Français, de gens cultivés de surcroît, dit Lydia, j'avais fini par posséder le français relativement bien. Et l'idée me vint de noter pour moi, après la séance, ce qui me restait en mémoire de ses réflexions[1]. »

Ainsi se voit Lydia, avec une modestie exquise, dans son rapport avec le maître. Certains diront que cette mise au point laisse planer plus d'énigmes qu'elle ne donne de clés pour déchiffrer les relations entre Matisse et Lydia.

Mais Lydia nous fait bénéficier d'une sorte de confession sur la collection des œuvres de Matisse qu'elle a léguée généreusement aux Musées de l'Ermitage et Pouchkine. Nous publions en annexe ce document d'un intérêt exceptionnel.

Vous ne pourrez jamais oublier son visage et, même si ses traits s'évanouissaient dans votre esprit, l'art les rappellera toujours à votre mémoire. Car Lydia fut si souvent représentée dans les chefs-d'œuvre de Matisse ornant désormais les musées du monde entier que, sans vous avoir donné rendez-vous, elle vous fixera de ses yeux pers au Metropolitan de New York, au Musée Pouchkine à Moscou, à celui de l'Ermitage à Saint-Pétersbourg, partout où le beau est célébré sur cette planète, de Tokyo jusqu'à Baltimore.

---

1. Henri Matisse, ... *Une apparente facilité...*, Paris, Éd. Maeght, 1986.

17

UNE PROMENADE EN PROVENCE

Deux géants de l'art du XXe siècle se promènent, au même moment mais à chaque extrémité du midi de la France, sur les marchés odorants et colorés, avec la complicité de leur principal collaborateur, le soleil. Ils ne sont pas seuls et, malgré leur âge vénérable, ils sont accompagnés chacun d'une jeune femme rayonnante comme des fruits de Provence ; l'une a la peau claire, couleur de pêche, l'autre a l'épiderme foncé, façon prune. Ce sont les égéries russes de Henri Matisse et d'Aristide Maillol. Dans les grands yeux clairs de Lydia Delectorskaya on croit voir les variations vertes et blanches des taïgas de Sibérie. Dina Vierny, elle, vient d'Odessa et promène parmi les étalages de fruits et de légumes une silhouette dorée dont la grâce est coutumière des ombres et des lumières du sud de la Russie et du midi de la France. Depuis plusieurs saisons déjà, sa peau bronzée a rejoint les bronzes de Maillol dont elle est le modèle. Non seulement elle est belle comme une statue, mais le mouvement de son pas accentue encore sa grâce. Les passants à l'accent chantant du Roussillon et de Nice se retournent sur ces couples séparés par l'espace mais unis par l'histoire. Les artistes à la barbe fleurie marchent d'un pas assuré, au bras de ces grâces qui sont plus que des accompagnatrices, plus que des collaboratrices, le sel même de leur art.

Matisse aime le Midi. A Cimiez, sur les hauteurs de Nice, il est partout chez lui. A l'hôtel *Beaurivage*, en décembre 1917, il a posé ses valises, choisissant des modèles « aux seins pleins comme des gourdes de Chianti ». Puis le peintre s'installe au *Régina* conçu en 1897 pour la reine Victoria. Matisse, dans son ancien atelier, avait un bow window qui donnait sur la mer. Plus tard, il explique à Louis Aragon comment et pourquoi il s'est attaché à cette vibration de la lumière si particulière au sud de la France : « Voulez-vous que je vous dise, à propos de Nice : dans mon art, j'ai tenté de créer un milieu cristallin pour l'esprit ; cette limpidité nécessaire, je l'ai trouvée en plusieurs lieux du monde, à New York, en Océanie, à Nice. » Impression et révélation que beaucoup d'artistes vont partager. A Aragon, lui aussi réfugié aux Ponchettes en 1941, Picasso qui vécut à Cannes et à Mougins disait de Matisse : « Il a un soleil dans le ventre. » Comment oublier également que, lors de son arrivée à Nice en 1917, la première visite de Matisse est pour Renoir dans sa maison des Collettes à Cagnes-sur-Mer où le vieux maître impressionniste s'est retiré ? Comment effacer la multiplication de ces images nées de la rencontre des artistes avec la terre et la mer, la complicité entre la palette des peintres, les rivages et les paysages dont ils sont devenus les pères adoptifs, tels des santons ravis ? Pierre Bonnard a peint plus de deux cents toiles au Cannet dans sa villa des Bosquets qu'il avait surnommée « Mon charmant pigeonnier ». Les gens de l'Est ont, semble-t-il, trouvé une consolation particulière au mal de l'exil sous le rassurant soleil du Midi. C'est à Vence qu'est mort l'écrivain polonais Witold Gombrowicz. C'est là que Chagall vécut longtemps au cœur d'une plantation d'orangers. Il y avait aussi les hommes de la Colline ; Dufy fasciné par le baou de Saint-Jeannet et Cézanne amoureux de la montagne Sainte-Victoire. Tous épris de la Provence, ce mot issu de l'ancien français et qui signifiait tout simplement province. Au pied du baou, Matisse loua pendant la guerre la villa « Le Rêve ». Et la chapelle du Rosaire est entièrement conçue et réalisée par lui, des vitraux jusqu'aux chasubles en passant par l'autel et les représentations du Chemin de Croix ou de la Vierge Marie. Matisse s'adonna avec dévotion à cette œuvre à la demande d'un ancien modèle, Monique Bourgeois, qui devint religieuse dans la congrégation des dominicaines sous le nom de sœur Jacques-Marie. C'est à un Russe, le peintre Marc Chagall, que nous laisserons le dernier mot sur cet amour de l'Est pour la Provence un mot qui n'est pas sans rapport mystérieux avec l'amour de Matisse, inspiré par une égérie russe, pour le Midi. Chagall qui, contemplant de sa maison vençoise la vue magnifique sur le baou de Saint-Jeannet et les Alpes italiennes, eut ce mot arraché au silence de sa méditation sereine : « Je mourrai en l'admirant. »

C'est Dina Vierny qui nous a restitué la correspondance magique de ces deux promenades matinales ajoutant avec son sourire éclatant cette confidence malicieuse : « Mais n'allez surtout pas penser que ces deux messieurs très âgés se prenaient pour des vieillards. Ils se considéraient, à juste titre, comme des hommes au fait de leur maturité. » Elle nous livre ces souvenirs avec le dynamisme que nous lui connaissons depuis quinze ans et qui l'anime toujours dans le nouveau chantier de sa vie : le plus grand musée privé consacré à celui qu'elle a inspiré. Parmi les travaux de sa Fondation, la muse et le modèle du sculpteur nous parle de ce projet qui occupera les trois mille cinq cents mètres carrés de cet ancien couvent des Recollets dont la façade signée Bouchardon est une commande de Louis XVI et dont les fontaines ornées de dauphins laissent couler la première eau potable de Paris. C'est là qu'un musée, logé dans l'aile droite et le corps du logis, abritera les sculptures monumentales de Maillol, mais aussi ses productions moins connues. « Il a tout fait, dit-elle. Il était peintre, lissier et céramiste ! » Tout, avant d'inventer la sculpture moderne, porté par son esprit de perfection, son amour de l'excellence, son obsession du dépouillement. Le premier étage doit recevoir la collection privée de Dina Vierny, de naïfs, Rousseau, Bonbois et Bauchant, d'autres maîtres de Dufy à Matisse en passant par Poliakoff, et la collection qu'elle a constituée au moment le plus difficile de la terreur intellectuelle communiste, lorsqu'elle a courageusement et généreusement soutenu les créateurs dissidents comme Chemiakine, Kabakov, Boulatov et Yassivilev. Mais rien ne limite son regard amoureux de l'art. Une autre vocation de ce lieu élu sera de présenter son musée de poupées, jouets et automates. Quel rapport avec Maillol ? Elle répond : « Aucun – si ce n'est le génie : certaines poupées sont de véritables chefs-d'œuvre ! » Et Dina Vierny d'ajouter, comme une justification à la liberté de son bon vouloir et au merveilleux éclectisme de ses goûts : « Maillol était un homme d'avant-garde. »

59, rue de Grenelle, c'est, au moment où paraît notre livre, l'adresse idéale d'un hommage à l'histoire de l'art où Dina salue Maillol comme le sculpteur célébra son égérie russe. Mais disons la vérité : toute demeure de Dina Vierny est un musée privé et son existence même fut tissée dans la matière de l'art. Après avoir posé comme modèle pour Maillol, Matisse, Bonnard et Derain, Dina Vierny inaugurait sa galerie de la rue Jacob aménagée par l'architecte Auguste Perret. Cinq ans plus tard, elle organisait la première exposition personnelle de Serge Poliakoff, ce curieux guitariste qui l'accompagnait dans ses chants tziganes. « J'aime découvrir », confie Dina qui trop modestement n'avoue pas qu'elle est une visionnaire. La curiosité de son regard fait d'elle une conservatrice mobile de tout ce qui est beau, de tout ce qui est étrange, de tout ce qui doit rester. Elle se situe là dans la merveilleuse tradition russe qui fait que le premier tsar occidentaliste, Pierre le Grand, entassait dans une chambre de son palais ses souvenirs sous forme d'objets hétéroclites mélangés aux symboles des conquêtes scientifiques de son siècle. Avec eux, la vie est un voyage et comment l'oublier, quand Dina chante les complaintes des prisonniers du goulag dont elle a su avec une délicatesse remarquable réunir les compositions en un recueil. Cet amour des voyages est d'autant plus fort chez elle qu'elle en a subi la privation quand, à cause de la férocité du KGB, elle fut interdite de séjour en URSS pendant plus de dix ans.

Le peintre anglais Gainsborough aimait, avant d'entreprendre une toile, se promener aux environs de Bath, ramassant sur son chemin des brins d'herbe, des morceaux de bois mort, qu'il préparait dans son atelier comme l'esquisse d'un paysage y ajoutant pour figurer un cours d'eau un morceau de miroir brisé. Dina Vierny, dès l'âge de cinq ans, ramassait de la même manière de minuscules bouts de verre qu'elle trouvait par terre. Quand elle le raconta à Pablo Picasso, il lui dit : « J'en faisais autant. » Sa précocité dans l'amour de l'art n'eut d'égal que sa précocité dans le souvenir. Alors que nous lui demandions quelle était l'image de la Russie de son enfance, elle nous dit : « Un petit garçon qui me faisait la cour, j'avais six ans. » N'était-ce pas cette privation des voyages dans son pays natal qui lui a donné l'amour des voyages dans le temps ? Dans sa propriété d'Ile-de-France, elle a réuni une fabuleuse collection de véhicules anciens. Sa collection d'attelages est comme un chant d'amour à la liberté à travers les siècles. Et, à l'orée du XXIe siècle, elle se déplace dans un Milord tout de jaune carrossé, tiré par deux chevaux, sous les yeux habitués de son voisinage. Pour elle, il n'y a pas d'objets morts, seulement la beauté ressuscitée : « Existe-t-il spectacle plus déchirant qu'une exposition préalable à une vente publique ? demande-t-elle. L'objet passe de main en main, on le croit caressé, il est maltraité. Pour s'épanouir, une œuvre d'art a besoin d'un maître. » Dans la « salle des chevaliers », elle nous montre sa chaise à porteurs peinte dans le goût de Boucher, ses traîneaux de neige somptueusement sculptés, ou son « Régent », un modèle du XVIIIe siècle reproduit par un charpentier de village. Dina Vierny n'hésite pas à faire construire dans ses ateliers les répliques des chefs-d'œuvre disparus. Pour elle, les objets ont une âme et il s'agit de leur donner une maison. Combien de cheminées, de portails, de samovars orphelins, de gravures ressuscitant le Saint-Pétersbourg ancien n'a-t-elle pas sauvés des ruines, des cendres, de la mort et de l'oubli ? Ce qui nous a toujours frappés en elle, c'est sa force de vie. Face aux charges du destin, comme face à l'incendie de ses souvenirs, elle n'a jamais baissé les bras. Quand la salle qui réunit ses plus belles pièces s'est enflammée dans la joie d'un Noël trop illuminé par l'arbre incandescent, elle n'a eu qu'une idée face aux cendres : reconstruire de main de maître l'ordonnance des chefs-d'œuvre effacés par le feu. Dina Vierny n'a rien perdu de sa rage de vivre et, chaque matin, dans son paradis verdoyant, son oie préférée vient la câliner. Chez cette grande dame qui dit : « Je suis aussi petite que la reine Victoria ! », l'amour de l'art, l'amour des objets comme l'amour des animaux et celui de l'art, est un réflexe profond de la solidarité. « Au moins cinq cents tableaux sont passés par mes mains et j'en possède cent quarante-quatre. » Les gens de cinéma n'ont pas oublié comment, pendant les tournages de film, elle faisait se coucher les chevaux dans les reconstitutions de bataille car, aidée d'un dresseur professionnel, elle avait capté tous leurs secrets. Il faut l'avoir vue rendre un coursier gracieux devant une caméra pour le comprendre. Il faut l'avoir entendue discuter avec son singe qui s'appelait Rodrigue. Dina Vierny a une place qui porte son nom à Banyuls-sur-Mer, dans le sud de la France, où vécut le sculpteur Maillol dont elle est la légataire universelle mais elle a surtout une place dans le cœur de chacun de ceux qui ont eu le privilège de la voir, de lui parler, de la connaître. C'est une véritable égérie russe parce que, avant tout, elle privilégie l'œuvre de son maître et considère que l'artiste est d'abord marié avec son art. Elle dit : « D'ailleurs est-ce que les artistes sont faits pour être mariés ? Je me le demande toujours, car finalement leur famille ce sont leurs œuvres. »

MAILLOL : UNE STATUE POUR L'ÉTERNITÉ

C'est le jour de la mort de Renoir que naît Dina Vierny en 1919. Cette coïncidence peut apparaître comme un présage de son existence ou un raté du destin. Car le beau corps qui, avec ses rondeurs enchanteresses, captiva le regard de Maillol, aurait certainement inspiré le pinceau de Pierre-Auguste. A cet égard, Dina Vierny est formelle. Elle nous a fait une confidence sur la nature du charme des égéries russes et sur la qualité d'antériorité qui, la plupart du temps, a présidé au rapport de ces dernières avec les plus grands artistes européens. De même que Dali, bien avant d'imaginer qu'il rencontrerait Gala, avait déjà dans la tête cette vision d'une petite fille russe illuminée par une lanterne magique dans le traîneau de neige du temps, de même Maillol, d'après Dina, avait toute sa vie cherché à retrouver la forme de ce corps qu'il avait inlassablement sculpté dans ses rêves. Quand il la vit la première fois dans son atelier à Marly-le-Roi passer timidement le seuil de la porte à l'âge de seize ans, ce fut comme si son imaginaire lui livrait l'exactitude de ses songes. Un port de tête, des épaules, des seins, un ventre et des jambes d'où émanaient une force d'être, une volupté tranquille, une grâce terrestre que seul le geste du sculpteur pouvait restituer. Dina nous dit lors d'un déjeuner au restaurant *Le Paris* du *Lutétia* le 20 juillet 1993 : « Le modèle, c'est la consultation de la Nature. Le modèle apporte son caractère, mais moi, je ressemblais à son invention. Maillol était convaincu qu'il m'avait inventée. »

A dix ans, Dina Vierny arrive à Paris conduite par son père, à la fois un homme d'affaires et un pianiste amateur qui, dans la tradition de l'intelligentsia russe, s'intéresse particulièrement aux artistes et à la littérature. C'est ainsi qu'il deviendra l'ami d'Antoine de Saint-Exupéry. Précoce, elle s'intéresse à tout, elle lit passionnément et scrute déjà les êtres avec une étonnante perspicacité. Elle aime l'art et pour le festin de ses yeux dévorants, elle visite les musées. Au printemps de 1934, elle rencontre Dondel, architecte en vogue à l'époque, qui a l'intelligence de comprendre que cette adolescente étonnante, qui lui fait penser aux néréides de Maillol, pourrait devenir un modèle de sculpteur. Il est ainsi à l'origine de leur rencontre. « Comment vais-je le reconnaître ? » lui demande Dina. « C'est un homme âgé avec une barbe blanche, facile à situer », lui répond Dondel. Dina part confiante vers la gare Saint-Lazare, prend le train omnibus de Saint-Germain-en-Laye. Elle arrive enfin dans l'atelier de Marly où il y a plein de monde et, se trompant de maître, s'adresse à Van Dongen, lui aussi paré d'une barbe impressionnante. Finalement, avec une gentillesse extrême, sa courtoisie coutumière et son urbanité proverbiale, Maillol fait visiter sa demeure à la jeune fille. Demeure où il vit avec sa femme et où elle rencontre son fils, Lucien, qui est peintre. Tout est simple dans cette maison où le sculpteur mène une vie patriarcale, où le travail est parfois interrompu par la dévotion des visiteurs. Mais le plus clair est la conscience que prend immédiatement Maillol du fait que le type physique et même le masque de Dina répondent parfaitement à ses canons de beauté. Si bien que l'intérêt qu'éveille la jeune fille chez le vieux maître dépassera son regard sur tous les modèles qu'il a pu connaître. Dina Vierny deviendra le symbole de Maillol. « Ce qui a frappé Maillol c'est que j'étais étonnante. Il était d'une immense délicatesse et aussi un puits de culture. Il exprimait des sentiments élevés et était l'ami de Gide, de Barbusse et de Laforgue. » Peut-on appliquer à cette rencontre idéale entre une pré-vision esthétique et un être vivant, la réflexion de Matisse, le meilleur ami de Maillol : « On n'a qu'une idée, on naît avec, toute une vie durant on développe son idée fixe, on la fait respirer. » Quoi qu'il en soit, Maillol, qui ne s'est pas attaché à ses modèles précédents, a rencontré en Dina l'être de ferveur qui pouvait véritablement l'inspirer. Il la forme, lui explique et les raisons et les déraisons de sa création. Il prend en compte ses intuitions et plus tard, elle apparaîtra comme un relais avec le monde moderne. Ce monde moderne qui les inquiète tous les deux car une nouvelle guerre mondiale se prépare. Maillol, avec obstination, poursuit son travail. Non seulement il projette des statues mais il multiplie les dessins et se consacre aux œuvres peintes. Mais lorsqu'il décide de fermer l'atelier de Marly et de rejoindre Banyuls, Dina le suit et s'installe dans une petite maison à côté de la sienne. Dina, en véritable égérie russe, est un trait d'union permanent pour le maître. « Avec moi, il a fait de la sculpture. Il n'en faisait plus, car il se croyait trop vieux. De nouveau, il a réalisé de grandes choses. Trois statues monumentales, aujourd'hui dans les jardins des Tuileries : *La Montagne, La Rivière* et *L'Air.* »

Dina va et vient tel un perpétuel messager, gardant

pour Maillol le contact avec ses marchands, Ambroise Vollard et Pierre Camo. Elle se rend à Perpignan pour voir Dufy, au Cannet pour retrouver Bonnard ou à Nice pour porter des lettres à Matisse. Sa présence auprès de Maillol et sa collaboration avec lui deviennent essentielles au sculpteur. Elle sert l'œuvre de son initiateur, elle joue le rôle de sa secrétaire et recueille avec vénération ses pensées. Mais devant les événements, elle ne peut rester indifférente et s'engage avec courage. Elle deviendra une résistante active et fera partie du Comité Frey, le comité de secours américain pour intellectuels antifascistes. Elle va jusqu'à créer un réseau clandestin pour permettre le passage de la frontière espagnole aux résistants poursuivis par les Allemands. Elle mène cette activité secrète avec d'autant plus d'intrépidité qu'étant d'origine juive, elle risque sa vie tous les jours. Michel Droit nous a raconté ce que Jean-Paul Belmondo nous a confirmé : les Allemands commençaient à suivre de si près ses activités qu'Arno Brecker avait même demandé au sculpteur Paul Belmondo si son amie Dina Vierny était juive. Avec fermeté et pour la protéger, le fameux sculpteur avait répondu que ce n'était pas le cas. Cette affirmation avait assuré à l'égérie russe quelques mois de tranquillité. Pendant ce temps, Dina fait plusieurs incursions en Espagne. Elle se rend aussi en zone Nord. Elle accompagne à Marseille des amis qui veulent fuir aux Etats-Unis. Et quand Breton s'embarque, elle est à ses côtés. Son activité inlassable finit par intriguer de nouveau. Vichy est prévenu. Bientôt l'invasion de la zone Sud va rendre sa situation impossible. Elle est assignée à résidence et son nouveau statut lui interdit de se déplacer. Certes, la notoriété de Maillol la protège, mais pour combien de temps encore ? Elle décide de passer à l'action et s'échappe à Paris. En 1943, elle sera arrêtée par la Gestapo et passera six mois à la prison de Fresnes. Ce n'est que par miracle qu'elle a échappé à la déportation. En cette fin de guerre, les voies ferrées détruites l'empêchent de retourner à Banyuls. Dina Vierny verra la Libération de Paris, le peuple en liesse devant l'arrivée des Forces françaises libres et les chars du général Leclerc. Cette joie immense bercée par les cloches de Notre-Dame sera tristement interrompue par une nouvelle tragique qui la frappera en plein cœur le 27 septembre 1944 : la mort d'Aristide Maillol dans le sud de la France. Aujourd'hui, quand vous vous promenez dans les jardins des Tuileries, contemplez ces grâces de bronze qui reçoivent les rayons de l'astre dans leurs poses voluptueuses. Elles sont le témoignage d'une fixation admirable : celle de l'artiste sur sa muse, du sculpteur sur son modèle, du créateur sur son égérie. Fixation fidèle des sentiments dans la forme. Fixation matérielle dans le bronze pour l'immortalité. Et fixation poétique du souvenir et de l'avenir de la féminité.

ÉPILOGUE

ELLES ONT SIGNÉ DES HOMMES COMME ELLES AURAIENT SIGNÉ DES ŒUVRES

L'amour est un anneau et un anneau n'a pas de fin. Il en est de même de la litanie des égéries russes. Si nous avons raconté Lou Andreas-Salomé et Rilke, Olga et Picasso, Marina et Pasternak et Rilke, Gala Éluard et Gala Dali, Elsa et Aragon, Maria et Romain Rolland, Lena et Sartre, Dina et Maillol, Lydia et Matisse, c'est parce que les égéries russes sont entrées dans la mythologie occidentale pour l'éternité. Elles ne se sont pas contentées d'inspirer les écrivains, les poètes, les sculpteurs et les peintres, mais aussi les théoriciens et les savants, les chefs politiques ou militaires. La ballerine Karssavina auprès de Keynes, le père de l'économie moderne, la fille du révolutionnaire Krassine, Louba, devenue l'épouse du baron rouge Emmanuel d'Astier de La Vigerie ou encore Rima Testisovkaïa, aristocrate ukrainienne devenue l'épouse exemplaire d'un lord de l'Amirauté, chacune de ces égéries aurait mérité à elle seule un volume. Si d'autres écrivains s'y sont déjà consacrés pour certaines, nous espérons que de nouveaux auteurs viendront servir celles dont nous avons révélé l'existence et dessiné les premiers parterres de leur jardin secret.

Le bonheur existe-t-il ? Tolstoï prévient ceux qui peuvent s'être aveuglés que « c'est une faute éternelle des hommes que de s'imaginer la félicité comme la réalisation de leurs désirs ». Les égéries russes ne se sont jamais imaginé la félicité comme la réalisation de leurs désirs. Mais elles ont combattu pour ce bonheur qui est de connaître la vraie vie. Elles ont accepté les obstacles afin de pouvoir les comprendre, les surpasser, payé le juste prix des épreuves pour accéder à la félicité. Elles ont su subir la solitude, l'exil, l'attente, la peine et les incertitudes du hasard avant de rencontrer, puis de construire ce qu'on appelle le grand amour. Elles ne se sont pas contentées d'attendre le prince charmant, elles ont encouragé les hommes qu'elles avaient choisis sur les chemins risqués de la création, s'effaçant souvent en douceur en leur faveur ou même renonçant à leur propre création. Leur but ultime était la réussite élevée dans une communion complète, la quête partagée de la beauté et de l'absolu, l'aboutissement poétique dans le plus parfait amour. Elles ont su choisir l'homme comme l'instrument de la création, de la création pure comme de leur création personnelle. Les artistes, à leur tour, ont célébré, vénéré et aimé ces égéries russes, établissant à leur nom un passeport pour l'éternité. Elles sont ainsi entrées dans la mémoire des arts en parachevant leurs chefs-d'œuvre. Elles ont signé des hommes comme elles auraient signé des œuvres.

Moscou, Beauchesne, Peredelkino, Paris,
1976-1993.

ANNEXE 1

Fac-similé d'une lettre de Louis Aragon adressée le 23 octobre 1932 au secrétaire de l'Union Internationale des Écrivains Révolutionnaires, Dela Illes. Les archives russes R.TS.H.I.D.N.I. Ancien institut du marxisme-léninisme. F. 541 « Union Internationale des Écrivains Révolutionnaires ». D.6.

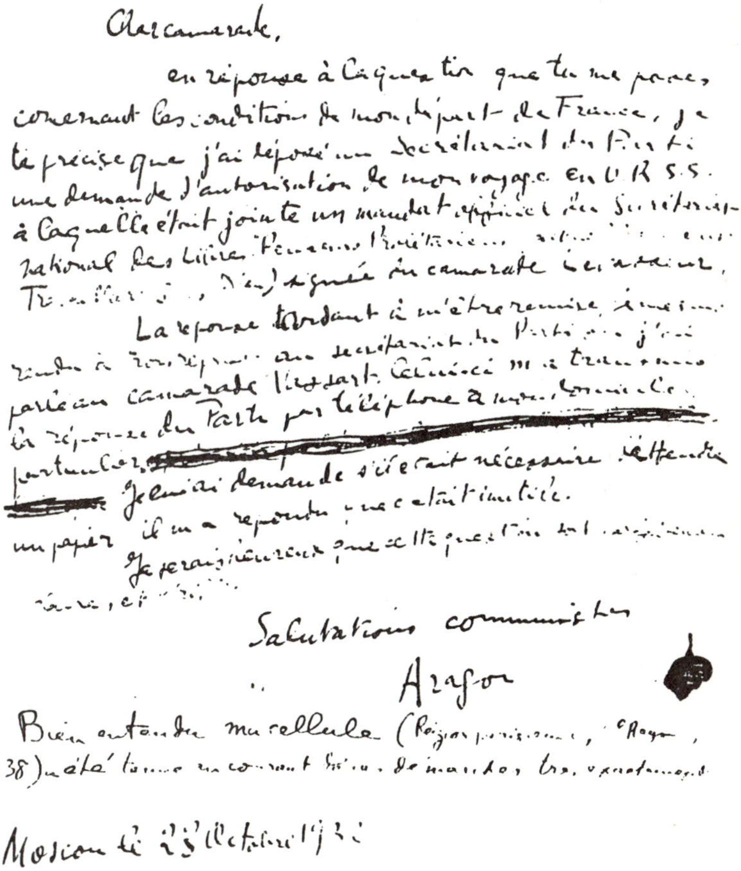

Cher camarade,

en réponse à la question que tu me poses, concernant les conditions de mon départ de France, je te précise que j'ai déposé au Secrétariat du Parti une demande d'autorisation de mon voyage en U.R.S.S. à laquelle était jointe un mandat officiel du Secrétariat international des Lettres Révolutionnaires [illegible] signé du camarade [illegible]

La réponse tardant à m'être remise, [illegible] au secrétariat du Parti où j'ai parlé au camarade Vassart. Celui-ci m'a transmis la réponse du Parti par téléphone à mon domicile particulier. Je lui ai demandé s'il était nécessaire d'attendre un papier. Il m'a répondu que c'était inutile.

Je serais heureux que cette question [illegible]

Salutations communistes

Aragon

P.S. Bien entendu ma cellule (Région parisienne, [illegible] cellule 638) a été tenue au courant [illegible] de mon départ [illegible]

Moscou le 23 octobre 1932

ANNEXE 2

Extrait de la déclaration de Louis Aragon inscrite dans le protocole de réunion du secrétariat de l'Union Internationale des Écrivains Révolutionnaires, mai 1933. Les archives russes R.TS.H.I.D.N.I. Ancien institut du marxisme-léninisme. F. 541 « Union Internationale des Écrivains Révolutionnaires ». D.6.

Document secret.

Дорогие товарищи, 541 1.6 25

Согласно договоренности с товарищами из Ассоциации Революционных Писателей и Художников Франции мне кажется, что я должен письменно выяснить Вам мои позиции.

Прежде всего, в соответствии с решениями Харьковской конференции и будучи сторонником неуклонного применения их на практике я заявляю, что я буду безоговорочно работать по созданию агитационной литературы, освещающей и поддерживающей политику Коммунистической партии Франции и Коммунистического Интернационала. Я заявляю, что целиком и полностью присоединяюсь к линии КПФ и Коминтерна. В противовес претензиям на создание внепартийной и внеклассовой литературы, откуда бы не исходили эти претензии – с „поэтических" или „общечеловеческих" позиций, – я буду стремиться всеми моими произведениями и всей моей деятельностью поддерживать работу Ассоциации Революционных Писателей и Художников во имя завоевания масс под знамя пролетарской идеологии и во имя классовой борьбы и революционной победы Пролетариата.

Я признаю, что на основе некоторых неизжитых мною иллюзий, характерных для эволюции интеллигента, переходящего из лагеря буржуазии на сторону пролетариата /эволюции, которая, к сожалению, не может происходить без срывов/, я допустил ряд ошибок, которые я вынужден теперь признать.

Эти иллюзии коренились в том личном доверии, с которым я считал нужным относиться к сюрреалистским писателям и художникам, которые своим поведением за последнее время сами разоблачили необоснованность этих иллюзий. Эти иллюзии заставили меня написать и напечатать в журнале, стоящем вне контроля партии статью "Сюрреализм и перспективы революции", в которой я допустил ряд ошибок, которые,
резюмировать

ANNEXE 3

Traduction du russe de la déclaration de Louis Aragon au secrétariat de l'Union Internationale des Écrivains Révolutionnaires.

Aux Camarades de l'Association Internationale des Écrivains Révolutionnaires

Chers Camarades,

Conformément à l'entente avec les Camarades de l'Association des Ecrivains et des Artistes Révolutionnaires de France, je dois, il me semble, éclaircir mes positions par écrit.

Tout d'abord, en conformité avec les décisions de la conférence de Kharkov et étant le partisan de sa mise en exécution parfaite, je déclare que je travaillerai sans relâche pour mettre la littérature au service de la propagande qui reflète et soutient la politique du parti communiste français et de l'Internationale Communiste. Je déclare que je soutiens entièrement et dans son ensemble la politique du PCF et de l'Internationale Communiste pour contrecarrer les prétentions de la création de la littérature en dehors du Parti et de la lutte des classes. Pour contrecarrer les prétentions, d'où qu'elles viennent du point de vue politique ou de « valeurs universelles », je m'emploierai de toutes mes forces, par le biais de mes œuvres ou de toutes mes activités, à soutenir l'Association des Écrivains et des Artistes Révolutionnaires au nom de la conquête des masses sous le drapeau de l'idéologie prolétaire, au nom de la lutte des classes et de la victoire révolutionnaire du prolétariat.

Je reconnais qu'à la base de certaines de mes illusions,

dont je ne suis pas totalement détaché, qui sont caractéristiques de l'évolution de l'intellectuel qui passe du camp de la bourgeoisie au camp du « prolétariat », évolution qui malheureusement ne peut pas se produire sans accrocs, j'ai commis un nombre de fautes que je dois aujourd'hui reconnaître. Ces illusions sont dues au fait que j'ai eu une confiance personnelle envers les écrivains et les artistes surréalistes qui, par leur attitude ces derniers temps, ont eux-mêmes montré que ces illusions étaient infondées. Elles m'ont poussé à écrire et à éditer, dans un journal qui se trouve en dehors du contrôle du Parti, un article dans lequel j'ai commis nombre d'erreurs qu'on peut résumer ainsi :

1) J'ai commis une faute en mettant en question certains éléments de la conférence de Kharkov,

2) J'ai exprimé alors de tels espoirs d'une part pour le passage des Surréalistes à l'idéologie prolétaire et d'autre part pour la possibilité de leur participation aux activités révolutionnaires, par la coopération avec l'Association des Écrivains et des Artistes Révolutionnaires. Ces espoirs n'étaient pas conformes à la réalité,

3) J'ai fait l'erreur de faire paraître cet article à côté d'autres articles qui, par leur contenu, étaient faits pour déformer le marxisme : « Ainsi on aurait pu me considérer solidaire d'eux. »

Je reconnais toutes ces erreurs et comme témoignage de cette prise de conscience, je peux me référer à l'article publié, sur ma demande, dans le journal *L'Humanité* du 10 mars 1932 où je déclare mon désaccord avec la brochure *La Pauvreté de la Poésie* avec laquelle, par contre, la majorité des surréalistes se déclaraient solidaire...

A l'heure actuelle, mai 1933, la tâche principale de l'Association des Écrivains et des Artistes Révolutionnaires est la défense de l'URSS qui porte sur ses épaules le danger de la guerre impérialiste. C'est pour cette raison que pour chaque membre de cette Association il serait inadmissible de refuser à cette organisation révolutionnaire la *soumission totale* en se fondant sur les ignobles considérations de la dignité de la petite-bourgeoisie. Le devoir nous incombe donc de renforcer notre lutte contre les adversaires les plus acharnés de cette organisation qui sous une étiquette volée de la littérature prolétarienne, s'efforcent d'introduire en cachette dans les rangs du prolétariat les idéologies social-fasciste et trotskiste.

ANNEXE 4

Lettre de Romain Rolland à Staline publiée, à l'époque, dans la presse soviétique.

Samedi 20 juillet.

« Cher Camarade Staline, – A la veille de repartir de Moscou, je tiens à vous adresser mon salut le plus cordial. Dans mon trop bref séjour en URSS, que ma mauvaise santé a limité, j'ai pris contact avec le puissant peuple, qui, au prix de combats incessants contre mille obstacles, reconstruit, sous la direction du Parti Communiste, un monde nouveau. J'ai admiré sa saine vigueur, sa joie de vivre, son enthousiasme, en dépit des privations et des difficultés, peu à peu surmontées, qui rehaussent encore le prix de ses grands travaux. – Je pars, avec la conviction vérifiée de ce que je pressentais déjà en venant : – que le seul vrai progrès du monde est indissolublement lié avec les destins de l'URSS, – qu'elle est le foyer brûlant de l'Internationale prolétarienne, qui doit être et qui sera un jour le genre humain, – et que le devoir impérieux est, dans tous les pays, de la défendre contre tous les ennemis qui menacent son essor. A ce devoir, vous le savez, cher camarade, je n'ai jamais manqué, je ne manquerai jamais, tant que je vivrai. – Je vous serre la main, et, par votre intermédiaire, je serre les mains innombrables du grand peuple, à qui je me sens fraternellement attaché. R.R. »

Contribution inédite de Lydia Delectorskaya sur ses rapports avec Matisse et la constitution de sa collection

– Comme nous l'avons vu dans le catalogue de l'exposition actuelle consacrée à Matisse à Moscou, les musées russes possèdent beaucoup d'œuvres de Matisse qui y ont été données par vous. Pourquoi vous êtes-vous montrée si prodigue ?

– Je sais, tout le monde me traite de « timbrée » de ne pas l'avoir fait par testament. Mais, d'une part, sait-on jamais comment seront réalisés les vœux d'un testament. Tant de facteurs peuvent créer des embûches. Un testament n'est pas une garantie, n'est pas à l'abri de toutes sortes d'handicaps ; même pour un mot mal écrit il peut être contesté. La malveillance, la négligence des uns, la cupidité des autres, les brouilles entre des États, les démêlés internationaux...

« Et d'autre part, dans une circonstance précise, je me suis rendu compte que, quand on vit comme moi, renfermée, avec peu de fréquentations, c'est un crime par rapport à l'artiste et envers l'humanité de garder un trésor artistique rien que pour soi, qu'il soit au mur, se dégradant plus ou moins au cours des années, ou bien rangé soigneusement dans un carton, relégué dans un placard ou dans un coffre-fort.

« L'artiste crée une œuvre pour qu'elle soit vue. Si elle est réussie, pour qu'elle apporte aux autres une certaine joie, quelques instants exaltants parce qu'il a réussi à leur transmettre, à leur communiquer ce que sa sensibilité exceptionnelle lui avait permis de découvrir, de voir, soit de beauté, soit de nostalgie ou de je ne sais quoi d'autre.

« En me faisant cadeau d'une œuvre, d'un dessin, Matisse savait que – si la suite de la vie me le permet – ces œuvres, tout en étant des affectueuses attentions de sa part envers moi, iront un jour rejoindre le magnifique ensemble de ses peintures des musées en Russie, alors que son dessin y est ni plus ni moins qu'inconnu.

« A toute éventualité j'avais fait un testament, mais je ne suis pas pressée de mourir pour autant.

« Alors, le jour où j'ai découvert que – quel que soit le régime, le gouvernement, les dirigeants, – en Russie il y avait des quantités de gens qui aimaient des œuvres de Matisse, j'ai éprouvé un besoin tenace de partager avec eux les trésors que je possédais pour moi toute seule, de leur permettre de découvrir déjà, sans attendre, avant qu'une génération, ou des générations disparaissent, un des aspects de la création de Matisse.

« Alors, petit à petit – sans m'arracher le cœur en me séparant de mes "béguins", en choisissant successivement ceux dont le départ me chagrinerait le moins – je me suis mise à offrir tantôt au musée Pouchkine, tantôt à l'Ermitage, un ou deux ou trois dessins. Et cela me donnait une satisfaction double : les musées et leurs visiteurs étaient ravis et... Matisse, s'il existe encore quelque part, était sûrement content. Et de plus, moi, je n'avais plus à craindre ni voleurs ni incendies éventuels !

« Matisse me faisait cadeau de deux beaux dessins par an : un au jour de l'an – une sorte de gratification annuelle – et un en juin, à mon anniversaire, en signe d'affectueuse reconnaissance pour mon application de l'aider à vivre avec le plus de sérénité possible pour s'adonner à son art.

« C'était, en quelque sorte, aussi pour garantir mon avenir, bien qu'il savait que je ne saurais jamais vivre en fainéante, que je travaillerais toujours ; mais qui sait ce que réserve l'avenir. Mais de plus, il savait aussi que, comme j'étais seule au monde (je n'ai découvert l'existence de parents éloignés en Russie qu'une dizaine d'années après sa mort), toutes les œuvres que je réussirais à conserver aboutiraient dans les musées russes. Merveilleusement représenté par la peinture, il y était totalement inconnu dans d'autres domaines de l'art : dessin, gravure, sculpture, ni en tant que créateur de "livres de luxe", entièrement conçus par lui et illustrés de gravures originales.

« Donc, non seulement pour m'avantager en cas de besoin mais aussi pour que les dessins, qui le représenteraient un jour dans un ou des musées russes, déjà si renommés par sa peinture, soient par leur qualité en rapport avec leurs collection de peinture, il choisissait pour moi des œuvres de qualité.

« A sa mort, je me suis trouvée complètement désemparée : en vingt-deux ans auprès de lui, j'avais appris à "tout faire" : remplacer une infirmière, une cuisinière, une femme de ménage, une aide d'atelier dans toutes ses variantes, m'occuper de typographie, de composition d'un livre, de la révision de texte, me charger de l'accrochage d'une exposition, de correspondance d'affaire, etc., etc. Mais j'étais une autodidacte. Je n'avais, en fait, aucun métier.

« Avant de trouver un gain stable, quand j'ai commencé de travailler comme "petite main", une aide ignorante, dans un atelier de maroufleur (où, par la suite de circonstances, j'avais fini par travailler seule en contrecollant toutes les grandes et petites « gouaches découpées » de Matisse, restées après lui en assemblages fixés sur leurs supports d'une manière absolument précaire), pour survivre, j'ai dû vendre entre-temps trois ou peut-être quatre de ces dessins.

« Mais !... Au cours d'une dizaine d'années – les dernières de sa vie – mon œil sans doute devenu sensible à ce qu'il faisait (car, comme je l'ai raconté, il a été ma première et seule approche à l'art plastique) – il m'arrivait parfois d'être prise d'un vrai "béguin" pour tel ou tel de ses dessins. Alors, sur une entente entre nous, survenue dans une certaine circonstance, je pouvais me permettre de lui demander de me le vendre, aux conditions convenues entre nous : au prix qu'il aurait fait à un marchand, et non "au prix d'amis", ce qui m'aurait gênée. Et lui pouvait accepter ou refuser. Mais cela l'amusait.

« Et moi, étant donné que je lui consacrais presque intégralement tout mon temps, je n'avais pas le loisir de dépenser mon salaire, confortable mais pas excessif. Je ne suis pas coquette, je vivais la plupart du temps en blouse de travail, je ne raffole ni d'or ni de bijoux, je n'avais plus à soutenir de vieux proches qui m'avaient recueillie quand j'étais restée orpheline et avaient pourvu à mon instruction. Ce sont ces économies involontaires qui me permettaient de m'approprier une œuvre dont j'avais terriblement envie, allez savoir pourquoi ! Je m'endettais même parfois pour des mois de salaire à l'avance. Mais Matisse savait depuis la première année où nous nous sommes connus que, même dans une circonstance désastreuse, je payais mes dettes, que de ma part, mes dettes – avances sur le salaire – n'étaient pas de la "triche", dans l'espoir qu'il me la pardonnerait. Il comprenait que j'avais un besoin de posséder la chose "par moi-même", que l'avoir en cadeau lui aurait enlevé une partie de son charme, aurait rabaissé ma joie orgueilleuse de la posséder.

« Et ce n'est pas ces dessins achetés par "béguin" que j'ai vendus quand je me suis trouvée acculée. Ils étaient mes chéris.

« En prélevant ce dont j'avais besoin dans ce qu'il m'avait donné, en choisissant ce à quoi intérieurement je tenais le moins – soit par goût, soit sentimentalement, en tant qu'évocateur d'un souvenir – j'avais inclus dans "les siens" "les miens". Et je crois que les musées n'ont rien perdu par ces échanges. Tous mes "chouchous" sont à leur destination. Je n'ai gardé que "la poire pour la soif". Mais j'avoue, au dernier que j'ai donné – un petit – j'ai pleuré. Et c'est parce que j'y tenais tant, que j'ai voulu qu'il soit déjà préserver de toute éventualité fâcheuse. A présent c'est "digéré". Mais je fus émue de le revoir au musée.

– Mais au fait, tant que j'y suis pour une fois, je peux aussi raconter comment l'entente « commerciale », entre Matisse et moi, s'était faite.

« Elle date de 1945. La guerre venait d'être terminée. La Russie fêtait la victoire. Mais après quelles souffrances ! Alors que moi, je l'ai vécue plus ou moins passivement, à l'abri, sous l'aile protectrice de Matisse, dans des soucis d'actualité, mais tout de même mineurs.

« Apatride, sans racines en France et n'en ayant plus dans le pays où je suis née, mais que j'aime toujours, j'ai eu un élan de fraternité envers lui. J'aurais aimé y envoyer un immense bouquet de fleurs, par exemple. Mais c'est une chimère, et à quoi bon !

« Et soudain j'ai eu une idée : acheter à Matisse quelques beaux dessins, quitte à m'endetter déraisonnablement, et envoyer cet apport précieux et pour ainsi dire impérissable (par rapport aux fleurs) au Musée de Moscou où, bien sûr, on sait qui est Matisse puisqu'on y garde toute une collection de ses tableaux.

« En catimini, j'ai exploré ses cartons contenant des dessins, pour voir ce qui qui me paraîtrait digne d'un musée et de surcroît me plairait personnellement. J'en choisis sept, d'un format courant pour Matisse et honorable pour les murs d'un musée. Ensuite j'ai griffonné une petite lettre, expliquant à Matisse mon projet, agrémentée de petits croquis approximatifs de dessins que j'aurais aimé lui acheter, à condition qu'il ne me fasse pas "un prix d'amis", car je ne voulais surtout pas le "taper", mais que je paierais le prix qu'il aurait fait à un marchand de tableaux (qui paie, bien sûr, toujours moins qu'un collectionneur).

« En lisant ma vraiment très timide missive Matisse ne manifesta nulle surprise, me dit qu'il était d'accord sur le principe et me demanda de lui montrer les dessins que je voulais. Il approuva mon choix, mais pour le prix de sept il m'en donna un de plus, comme "cadeau" : Il camoufla ainsi une réduction de prix, que je n'aurais pas pu accepter après le ton catégorique de ma lettre.

« Ravie, j'ai vite écrit au Musée de Moscou pour demander si le don que je projetais de lui faire y serait accepté (après tout, venant d'une "sale émigrée"... qui sait ?).

« J'ai reçu une réponse favorable.

« Entre-temps, un jour, Matisse, qui travaillait déjà rarement d'après moi, me redemanda de poser pour un grand dessin au fusain. Au bout de trois séances ce fut un dessin magnifique. Mais il ne le satisfaisait pas. Il y retravailla le lendemain encore et là le jugea conclu.

« Je fus désolée en cachette : je le trouvais la veille bien plus joli. Mais plus je le voyais, plus j'y découvrais de noblesse, d'ampleur, de finesse d'expression. Et j'ai fini par oublier son état précédent que j'avais regretté.

« Quelques jours après il le signa et me dit de le vaporiser au fixatif pour fixer le fusain. Quand je le lui rapportai, le fusain fixé et déjà sec, après l'avoir bien regardé il me dit : "Je joins ce dessin de ma part à votre envoi au Musée de Moscou." Comme on dit populairement : "J'ai failli tomber raide !" Et il accompagna ce dessin d'une lettre personnelle à la direction du musée.

OUVRAGES CITÉS ET BIBLIOGRAPHIE

AKHMATOVA Anna, *Poetitchekoe Stranstie*, Moscou, éd. Radonga, 1991.
– *Poème sans héros et autres œuvres*, Paris, La Découverte, 1991.

Anthologie de la Poésie russe, traduction de Nikita Strouvé, Paris, éd. Aubier-Flammarion, 1970.

ALEXANDRIAN Saran, *André Breton par lui-même*, Paris, Le Seuil, 1971.
– *Max Ernst*, Sornogy, 1986.
– *L'aventure en soi*, autobiographie, Mercure de France, 1990.
– *Le Surréalisme et le rêve*, Gallimard, 1974.

ARAGON Louis, *Elsa : Poème*, Paris, Gallimard, 1959.
– *Le Fou d'Elsa : Poème*, Paris, Gallimard, 1963.
– *Œuvre poétique*, Paris, Messidor, 1975.
– *Il ne m'est Paris que d'Elsa*, nouvelle édition, Paris, Seghers, 1988.

BELISHA Judith, *Le Guide des villes romantiques*, Paris, Hachette, 1990.

BENOIS Alexandre, *Vospominanta*, Moskva, éd. Nouka, 1980.
« Préface » dans *Salon d'automne*, exposition de l'art russe, Paris, 1906.

BERBEROVA Nina, *C'est moi qui souligne*, traduit par Anna et René Misslin, Paris, Actes Sud, 1982. Jeles Gehtchina, éd. Knijnaïa/Palata, Moscou, 1991.

BONNET Marguerite, *André Breton : Naissance de l'aventure surréaliste*, José Corti, 1975, 1988 (éd. Revue).

BRETON André, *Œuvres complètes*, 2 vol., « Bibliothèque de la Pléiade », Gallimard, 1988-1992. Édition, introduction et notes de Marguerite Bonnet.

BRIK Lili, *Avec Maïakovski : Entretiens avec Carla Benedetti.*

DAIX Pierre, *La Vie quotidienne des surréalistes 1917-1932*, Paris, Hachette, 1993.
– *Aragon : Une vie à changer*, Paris, éd. du Seuil, 1975.
– *La Vie de peintre de Pablo Picasso*, Paris, éd. du Seuil, 1977.

– *Pablo Picasso le créateur*, Paris, éd. du Seuil, 1987.

DALI Salvador, *Visages cachés*, réédition, Paris, Carrère, 1988.

DESANTI Dominique, *Les Clés d'Elsa*, Paris, Éditions Ramsay, 1983.

– *Les Staliniens : Une expérience politique 1944-56*, Paris, Marabout, 1975.

EHRENBOURG Ilya, *Men, Years – Life I, II, III, First years of Revolution 1918-21*, tr. Anna Bostock and Yvonne Kapp, London, MacGibbon and Kee, 1962.

ÉLUARD Paul, *Lettre à Gala*, Paris, Gallimard, 1984.

– *Œuvres complètes*, 2 vol., « Bibliothèque de la Pléiade », Paris, Gallimard, 1968.

Histoire de la littérature russe, sous la direction de Etim Etkind, Georges Nivat et Ilya Sermon,

– *L'âge d'argent*, Paris, Fayard, 1987.

– *La révolution et les années vingt*, Paris, Fayard, 1989.

– *Gel et dégel*, Paris, Fayard, 1991.

– *Des origines aux lumières*, Paris, Fayard, 1993.

LÉVY Bernard-Henri, *Les Aventures de la Liberté*, Paris, Grasset, 1991.

MARCADÉ Valentine, *Le Renouveau de l'art pictural russe, 1863-1914*, Lausanne, l'Age d'Homme, 1972.

MATISSE Henri, *... Une apparente facilité...*, Paris, éditions Maeght, 1986.

MOREL Jean-Pierre, *Le Roman insupportable : l'Internationale littéraire et la France, 1920-1932*, Paris, NRF, 1985.

POZNER Vladimir, *Vladimir Pozner se souvient de...*, Paris, Julliard, 1972.

RILKE Rainer Maria, PASTERNAK Boris, TSVETAIEVA Marina, *Correspondance à trois : été 1926*, éd. Lily Denis, tr. Lily Denis, Philippe Jaccottet, Eve Malleret, Paris, Gallimard, 1983.

ROLLAND Romain, *Voyage à Moscou : juin-juillet 1935*, Paris, Albin Michel, 1992.

ROY Claude, *Nous*, Paris, Gallimard, 1972.

RUSSELL John, *The Meanings of Modern Art*, London, Thames and Hudson, 1981.

SADOUL Georges, *Une femme, un homme*, Europe 45 (février-mars 1967), p. 104-23.

SOUPAULT Philippe, *Mémoires de l'oubli*, Paris, Lachenal et Ritter, 1986.

TCHOUKOVSKAÏA Lydia, *Entretiens avec Anna Akhmatova*, Paris, Albin Michel, 1989.

THIRION André, *Révolutionnaires sans révolution*, nouvelle édition revue et corrigée, Paris, Le Pré-aux-Clercs, 1988.
TRIOLET Elsa, *Maïakovski : Poète russe*, Paris, Pierre Seghers, 1945.
– *Les Manigances : Journal d'une égoïste*, Paris, Gallimard, 1962.
– *Marina Tsvetaieva : Poèmes*, Paris, Gallimard, 1968.
– *Le Monument*, Paris, Gallimard, 1965.
– *La Poésie russe* : édition bilingue, anthologie réunie et publiée sous la direction d'Elsa Triolet, Paris, éditions Seghers, 1965.
– *Pour que Paris soit*, Paris, éditions Cercle d'Art, 1956.
– *Le Rendez-vous des étrangers*, Paris, Gallimard, 1956.
– *Les Souliers grillés*, Almanach Ouvrier-Paysan 1947, Paris, Éditions sociales for l'Humanité, 1947, p. 193-7.
VIEULLE Chantal, *Gala*, Lausanne, Favre, 1988.
VOLOCHINE Maximilian, *O Repine*, Moscou, Ole-Lukje, 1903.
Stihotvorenija 1900-1910, Moscou, Grif, 1910. *M.S. Sar'jan*, Saint-Pétersbourg, Apollo, 1933. *Liki tworcestva*, vol. 1, Saint-Pétersbourg, 1914. *Anno mundi argentis ; 1915/Stihotvorenija*, Moscou, Zerna, 1916. *Iverni, Izbrannye Stihotvorenija*, Moscou, Tvorcestvo, 1918. *Demony gluhonemye*, Har'kov, Kamena, 1919.
Stihi o terrore, Berlin, Izd-vo pisatelej v Berline, 1923. *Puti Rossii, Stihotvorenija*, Predislovie Vjac Zavalisina, Regensburg, Eho, 1946, Munich, Eho, 1969.
M.A. Volosin et F. Sologub, Publ., *Vstupit. stat'ja i kommentarij VI.* Kupcenko, « Ezegodnik rukopisnogo otdela Puskinskogo Doma na 1975 god », Leningrad, 1977.
Stihotvorenija, Predislovie S. Narovcatov primec. Evstigneeva, « Biblioteka poeta », malaja serija, 1977.

REMERCIEMENTS

Quinze ans de rencontres, de recherches, de notes confidentielles de part et d'autre du rideau de fer, de témoignages recueillis de première main à Paris et en Russie destinés à déchiffrer une énigme de ce siècle, de documentations accumulées et classées, d'archives secrètes soviétiques rendues récemment accessibles à la consultation. Plus de deux ans d'écriture après nos retrouvailles aux heures immaculées de la Maison-Blanche sonnant le glas du communisme à Moscou, tel est le parcours des dix-sept ans que nous avons consacrés à ce livre.

A l'orée de 1994, nos pensées vont vers celles qui ne sont plus et qui nous ont encouragés aux premiers jours, les égéries russes aujourd'hui disparues : Gala Dali, Lili Brik, le grand amour de Maïakovski, Elsa Triolet, Maria Pavlovna Romain Rolland, Isa de Chirico, Nadia Léger et Louba Krassine, baronne d'Astier de La Vigerie. Ce livre n'aurait pu être mené à bien sans l'aide, l'information, les documents inconnus, les archives personnelles des égéries russes qui n'ont cessé de nous conduire dans notre travail : Lydia Delectorskaya, modèle et collaboratrice dévouée d'Henri Matisse, et Dina Vierny, inspiratrice créative d'Aristide Maillol. Nombre d'erreurs ou maladresses nous ont été épargnées au terme d'un travail de relecture et de vérifications qu'elles ont eu la générosité de mener afin que cet ouvrage soit conforme à leur vraie vie. Comment ne pas citer aussi les grandes figures de l'art et de la littérature que nous avons eu l'honneur de rencontrer ou de côtoyer : Salvador Dali, Pablo Picasso, Louis Aragon et Marc Chagall.

Nous voudrions également exprimer notre gratitude à nos confrères russes appartenant à toutes les générations de l'histoire contemporaine : les écrivains, poètes, philosophes et cinéastes Valentin Kataev, Boulat Okoudyava, Eldar Riazanov et bien entendu Alexandre Iakovlev qui, en sa qualité de Président de la Commission de Réhabilitation des victimes de la terreur stalinienne, nous a donné toutes les clés pour analyser la période de l'entre-deux-guerres où se sont notamment développées les activités des cantatrices de l'Orchestre rouge. Notre reconnaissance va également à ceux qui, par leurs écrits, contacts et leurs souvenirs, ont contribué à une vue d'ensemble sur cette époque : Serge Lifar et Rudolph Noureev qui nous ont tant apporté dans la compréhension des ballets russes, Maurice Druon, Henri Troyat, Maurice Rheims, Michel Droit, de l'Académie française, André Thirion, Dominique Desanti, Saran Alexandrian, Pierre Argillet, Roger Thérond, Mme Edgar Faure, le comte Serge Tolstoï, Alex Grig, M. et Mme Guy Sorman ainsi que Macha Zonina.

Nous aurons une pensée particulière pour Fred Siksou qui a présidé à nos retrouvailles. Nous mentionnerons également Muriel Ganem-Mery et Jacques Baudouin, Lydia Aubry et Philippe Legrand, Irène Augenblick et Stéphane Frappat, Marguerite Carbonniere et Slava Zaitsev au dévouement efficace desquels nous avons été si sensibles ainsi que Elga de Caraman, Thierry Taittinger, Jean-Marc de Margerie et Gaël de Vaumas.

Nous tenons aussi à remercier en France l'Académie des Beaux-Arts, et en Russie le Musée historique d'État de la ville de Moscou, les Archives de politique étrangère russe, le Musée d'État de l'histoire de la ville de Saint-Pétersbourg, l'Institut de littérature russe de l'Académie des Sciences de Russie, la Bibliothèque Lénine, la Bibliothèque Pouchkine, le Musée Mémorial littéraire F. M. Dostoïevski, le Musée russe, le Musée d'État de l'Art théâtral et musical, l'Université Lomossov, le Musée du Théâtre Marinski

Comment ne pas citer ceux qui ont encouragé notre entreprise artistique, Irina Antonova, directrice du Musée Pouchkine, Alla Boutrova, sa conservatrice, Nahed Ojjeh, Paulette et Max

Heilbronn, Lydia Varsano, Mme Pierre Matisse, M. Claude Duthuit et Solange de Turenne.

L'accueil qui nous a été réservé a constitué un encouragement à cette téméraire entreprise. Nous ne pouvons oublier les heures de labeur à Peredelkino, village d'écrivains et haut lieu de la littérature russe, à Koktebel en Crimée, à Beauchesne en Anjou et à Las Alamandas sur la côte Pacifique. A cet égard nos chaleureux remerciements vont à Isabelle Saint Bris et à Isabel Goldsmith qui, en hôtesses remarquables, ont veillé avec tact, patience et intelligence sur la progression de notre travail.

TABLE DES MATIÈRES

DES MÊMES AUTEURS :

Gonzague Saint Bris

Qui est snob ?, essai, Calmann-Lévy, 1973.
Athanase ou La manière bleue, roman, Julliard, 1976.
Le Romantisme absolu, essai, Stock/Edition°1, 1978.
Ligne ouverte au cœur de la nuit, document, Robert Laffont, 1979.
La Nostalgie, camarades !, essai, Albin Michel, 1982.
Les Histoires de l'Histoire, récits, Michel Lafon, 1987.
La Fayette, la stature de la liberté, Éditions Filipacchi, 1989. (prix Contrepoint 1989, Award de littérature de l'Université J.F. Kennedy, prix de la société de Géographie, Plume d'or de la biographie).
Desaix, le Sultan de Bonaparte, biographie, Librairie Académique Perrin, 1995 (prix Dupleix).
Romans secrets de l'histoire, Michel Lafon, 1996.
Alfred de Vigny ou La volupté et l'honneur, Grasset, 1997.
Les Larmes de la gloire, Anne Carrière, 1998.
Agnès Sorel, beauté royale, Éditions de la Nouvelle République, 1998.
Je vous aime, Inconnue. Balzac et Eva Hanska, Nil, 1999 (prix Cœur de France).
Le Bel Appétit de Monsieur de Balzac, Éditions du Chêne, 1999.
La Trilogie impériale :
Le Sacre... et Bonaparte devint Napoléon, Tallandier, 1999.
Les Vingt Ans de l'Aiglon, Tallandier, 2000.
Le Coup d'éclat du 2 décembre, Tallendier, 2001.
La Grande Vie d'Alexandre Dumas, Minerva, 2001.
Les Vieillards de Brighton, roman, Grasset, 2002 (prix Interallié).
Mes châteaux de la Loire, carnets de voyage, Flammarion, 2003.
Les Princes du romantisme, biographies, Robert Laffont, 2003.
L'Éducation gourmande de Flaubert, essai, Minerva, 2004.
Sur les pas de George Sand, carnets de voyage, Presses de la Renaissance, 2004.
Sur les pas de Jules Verne, carnets de voyage, Presses de la Renaissance, 2005.
L'Enfant de Vinci, roman, Grasset, 2005.
La Fayette, biographie, éditions Télémaque, 2006 ; Folio, 2007.
Marie, L'Ange rebelle, biographie, Belfond, 2007.
Histoires d'été, du 14 juillet au 27 août, récits, éditions Télémaque, 2007.
Les Romans de Venise, document, Éditions du Rocher, 2007.
François Ier et la Renaissance, biographie, éditions Télémaque, 2008.
La Malibran, la voix qui dit je t'aime, biographie, Belfond, 2009.
Henri IV et la France réconciliée, biographie, éditions Télémaque, 2009.
Au paradis avec Michael Jackson, témoignage, Presses de la Cité, 2010.

DES MÊMES AUTEURS :

Vladimir Fédorovski

Histoire de la diplomatie française, Éditions de l'Académie diplomatique, 1985.
Le Département du diable, Plon, 1996.
Le Triangle russe, Plon, 1999.
Le Retour de la Russie, en coll. avec Michel Gurfinkiel, Odile Jacob, 2001.
De Raspoutine à Poutine, les hommes de l'ombre, Perrin-Mémorial de Caen, 2001 (prix d'Étretat).
Les Tsarines, Éditions du Rocher, 2002.
L'Histoire secrète des Ballets russes, Éditions du Rocher, 2002 (prix des Écrivains francophones).
La Fin de l'URSS, Mémorial de Caen, 2002.
La Guerre froide, Mémorial de Caen, 2002.
Le Roman de Saint-Pétersbourg, 2003 (prix de l'Europe).
Le Roman du Kremlin, Le Rocher-Mémorial de Caen, 2004 (prix Louis-Pauwels, prix du Meilleur Document de l'année).
Diaghilev et Monaco, Éditions du Rocher, 2004.
Le Roman de la Russie insolite, Éditions du Rocher, 2005.
Regards sur la France, ouvrage collectif sous la direction de K. E. Bitar et R. Fadel, Seuil, 2005.
Paris-Saint-Pétersbourg : la grande histoire d'amour, Presses de la Renaissance, 2005.
Le Roman de l'Orient-Express, Éditions du Rocher, 2006 (prix André-Castelot).
Le Fantôme de Staline, Éditions du Rocher, 2007 (prix du Droit de Mémoire).
Le Roman de l'âme slave, Éditions du Rocher, 2009.
Les Amours de la Grande Catherine, Éditions Alphée-Jean-Paul Bertrand, 2009.
Les Romans de la Russie éternelle, Éditions du Rocher, 2010.
Le Roman de Tolstoï, Éditions du Rocher, 2010.